Table des matières

À trois grands Montréalais, qui ont contribué à l'embellissement de notre ville et à l'amélioration de la qualité de vie pour leurs citoyens.

Maurice T. Custeau,
vice-président des quotidiens de Quebecor Inc.

Pierre Bourque,
assistant-directeur,
module parcs, Jardin botanique,
Service des travaux publics,
horticulteur en chef,
Ville de Montréal

Paul-Émile Sauvageau,
commissaire,
Communications-Embellissement,
CIDEM,
Ville de Montréal

Photo de la couverture:
Photo Malak

Maquette de la couverture:
Gilles Cyr, Le Graphicien inc.

Typographie et mise en pages:
Typographie SAJY, Montréal-Nord

LES ÉDITIONS QUEBECOR
Une division de Groupe Quebecor Inc.
225, rue Roy est
Montréal, H2W 2N6
Tél.: (514) 282-9600

© 1984 LES ÉDITIONS QUEBECOR
Dépôts légaux, 1er trimestre 1984

Bibliothèque nationale du Québec
Bibliothèque nationale du Canada
ISBN 2-89089-222-0

Introduction

Le bonheur avec vos plantes toute l'année

Ce livre est un guide pratique à l'intention de ceux qui en sont à leur tout début dans le jardinage aussi bien qu'aux jardiniers amateurs chevronnés. Il a pour objectif de fournir des renseignements clairs et précis sur les plantes susceptibles d'intéresser la majorité des gens qui font de l'horticulture, sous ses diverses formes, leur loisir préféré. Sans être trop technique, ce manuel décrit avec suffisamment de détails les meilleures méthodes permettant d'obtenir tout le succès possible avec les plantes les plus populaires, tant à l'extérieur que dans la maison.

Afin de bien guider le lecteur durant toute l'année, ce livre est en quelque sorte un calendrier horticole qui indique les diverses plantes à cultiver d'un mois à l'autre et les soins appropriés selon l'époque de l'année. C'est à la fois une synthèse et une analyse des activités qui doivent tour à tour attirer et retenir l'attention de l'ami des plantes au cours des quatre saisons.

Je souhaite que ces pages soient une cordiale invitation à tous ceux et toutes celles qui ne s'intéressent pas déjà aux plantes à se joindre aux centaines de milliers de leurs concitoyens qui oublient la grisaille du quotidien en mettant un peu de verdure et de couleur dans leur existence, grâce à leurs fidèles amies les plantes.

Il n'est pas nécessaire de posséder un vaste domaine, ni d'être propriétaire d'un terrain pour cultiver, dans un jardin, des plantes ornementales et comestibles ou encore, pour s'entourer de magnifiques plantes, d'habiter une fastueuse demeure. Les locataires, sans terrain, avec un simple balcon et des fenêtres, peuvent réussir merveilleusement la culture des légumes et des fleurs dans des contenants. Le plus humble des logis est très souvent le lieu de prédilection de plantes d'une grande beauté.

Le bonheur avec vos plantes toute l'année s'adresse à tous les âges et à toutes les conditions. C'est un modeste apport à l'ensemble du travail et des efforts entrepris pour améliorer la qualité de notre vie collective.

JANVIER

Avoir le «pouce vert», c'est aimer vraiment ses plantes

Je crois qu'il est temps d'enterrer à tout jamais le mythe du «pouce vert». Récemment, quelqu'un qui admirait chez moi un beau plant de gardénia en fleur s'est exclamé:
— Vous avez sûrement le pouce vert!

Je n'ai pas expliqué, comme je l'avais déjà fait d'ailleurs quelque temps auparavant, que cette plante recevait tous les soins appropriés, que je connaissais ses exigences et qu'il suffisait de l'observer et de ne rien négliger. Ce gardénia était en face d'une fenêtre bien ensoleillée et fraîche, dans un pot rempli d'un terreau ayant un pH de 5,0 à 5,5, donc acide, riche en matière organique et en éléments nutritifs, et ce mélange de sol était maintenu légèrement humide et fertilisé tous les 15 jours avec un engrais soluble de formule 10-30-20.

Plus d'un jardinier au pouce vert ne se gênera pas pour déclarer qu'il «parle à ses plantes».

C'est loin d'être faux, puisque le jardinage, à l'intérieur ou au jardin, est à la fois une science et un art. Comme science, la culture des plantes demande des connaissances techniques précises, et comme art, elle n'exige pas tant la mise en pratique de renseignements ou de méthodes que l'amour des plantes, puisque les végétaux semblent être très influencés par les soins attentifs.

Au fond, «parler à ses plantes» revient à dire qu'on les aime. Le jardinier qui aime ses plantes s'en occupe attentivement tous les jours. Il examine le sol afin de voir s'il est sec ou humide. Il observe avec soin toutes les parties de chaque plant, le feuillage en particulier, pour y déceler les feuilles présentant des anomalies.

Je connais des amis des plantes qui n'hésitent pas à transporter leurs plantes à l'extérieur, au printemps, lorsque le temps est assez réchauffé, pour les faire profiter d'une heure ou deux de soleil.

D'autres sont tellement attachés à leurs violettes africaines qu'ils protègent amoureusement chaque plant avec un petit écran pour éviter que le soleil de midi, au printemps et en été, ne brûle le feuillage.

7

Ne pas confondre

Il ne faut pas confondre ces soins attentifs avec le comportement de ceux qui veulent adapter des plantes à la décoration intérieure de leur logis ou de leur demeure. Ces végétaux sont installés derrière de fastueux rideaux, ou placés dans un coin sombre, dans un pot superbe dépourvu d'orifices de drainage, simplement parce que la verdure ou les fleurs constituent une décoration appropriée à la pièce.

Ces malheureuses plantes peuvent recevoir un arrosage hebdomadaire, lorsque l'on nettoie la pièce. Elles sont traitées comme des meubles, des objets inanimés, plutôt que comme des êtres vivants, avec leurs exigences vitales, leurs besoins, leurs préférences.

Avoir de la chance

Il arrive parfois qu'on m'apporte une plante d'apparence chétive, à demi morte, en me disant:

— Vous êtes chanceux avec les plantes. Pourriez-vous me dire ce qu'elle a?

Si j'explique que rares sont les plantes qui fleuriront derrière d'épais rideaux, je suis à peu près certain qu'on va précisément installer la pauvre plante dans un endroit aussi peu ensoleillé que possible. Et si je laisse entendre que bien peu de plantes peuvent avoir une croissance normale si on les place au-dessus d'un radiateur ou dans l'obscurité, il n'est pas rare que mon interlocuteur garde son plant à la chaleur ou dans un coin sombre.

Il se produit parfois que, par hasard, des gens choisissent précisément le site convenant à une plante et lui fournissent les arrosages appropriés. La plante survit, prospère et on se dit chanceux. Pourtant il n'y a pas de place pour la chance dans la culture des plantes.

Soins appropriés

Chaque plante a trois exigences essentielles, primordiales: de la lumière, de l'eau et des éléments nutritifs. Toutefois, ces exigences varient énormément d'une plante à l'autre. Chacune a des besoins spécifiques pour avoir une croissance normale et être vraiment belle. En outre il s'avère plutôt difficile de préciser les différentes exigences. Ainsi, par exemple, il peut s'agir d'un plant reçu en cadeau, d'une bouture ou encore d'une plante achetée sans aucune indication permettant d'identifier le plant et ses besoins. Il faut donc consacrer un minimum de temps et d'efforts pour identifier la plante et apprendre quelles sont ses préférences.

L'Alocasia indica metallica est une magnifique plante tropicale dont la culture est recommandée seulement aux amis des plantes qui savent en prendre bien soin. Elle demande un bon terreau pour plantes vertes, beaucoup de lumière, une température de 16 à 30°C et des arrosages lorsque le sol se dessèche légèrement.

Un léger progrès

Fort heureusement, ces derniers temps, on constate quelque progrès de ce côté. Les commerces non spécialisés qui vendent des plantes indiquent de plus en plus le nom des plants sur les contenants, à l'instar des jardineries, pépinières et fleuristes. Certains ajoutent de brèves directives sur leur culture, comme «ensoleillé», «température fraîche», ou «semi ombragé», «arrosage abondant», etc. Ce sont autant de détails qui aident l'amateur.

Plantes vertes d'abord

Ceux qui s'intéressent aux plantes d'intérieur uniquement comme éléments de décoration des pièces de leur maison ne devraient avoir que des plantes vertes et oublier celles qui produisent des fleurs car, en général, elles ont besoin, entre autres, de beaucoup de lumière et d'un sol maintenu constamment humide.

Il ne faut jamais perdre de vue que nos maisons modernes, avec leur système de chauffage central, constituent un environnement préjudiciable à la plupart des plantes. Au contraire, autrefois, l'air frais des logis favorisait la croissance des plantes de l'automne au printemps.

Les gens qui disposent de peu de temps pour s'occuper des plantes devraient choisir celles qui peuvent s'adapter à l'atmosphère plutôt sèche des demeures modernes. Cependant, il est possible d'en cultiver beaucoup plus. Il suffit pour cela d'humidifier l'atmosphère et de baisser la température durant la nuit. Ces deux précautions peuvent marquer le début d'une amitié réelle et durable avec les plantes.

Cultivez vos plantes d'intérieur à partir des semences

Les plantes d'intérieur peuvent être une merveilleuse contribution à la décoration d'une demeure. Il n'existe pas de façon plus économique de les produire en plus grande variété ni plus abondamment qu'à partir des graines de semence.

Le seul inconvénient c'est que d'ordinaire on ne sait pas se restreindre. En effet, certains amateurs sèment assez de graines pour approvisionner une pépinière. Que faire par exemple avec 120 bégonias Rex, alors que vous vouliez simplement 2 plants? Il faut donc semer moins de graines. La germination dépend du contrôle de la température, de l'humidité et de la lumière, bien qu'il ne soit pas nécessaire, en ce qui concerne l'environnement des plantes, de vérifier constamment avec un thermomètre et d'autres instruments. La température de germination de la semence devrait être de 10 degrés plus élevée que celle requise pour la croissance normale de la plante.

L'emploi d'un câble chauffant au fond de la terrine ou caissette, ou encore une miniserre pourvue de cet élément favorisent une germination et une croissance rapides.

Équipement rudimentaire

Placez le contenant dans un endroit assez chaud et bien éclairé, soit près d'une fenêtre ensoleillée ou sous un système d'éclairage artificiel (tubes fluorescents horticoles). L'équipement nécessaire au départ des semences est à la fois simple et peu coûteux. Procurez-vous une petite quantité de mélange sans sol pour semis ou encore de la vermiculite ou de la mousse de sphaigne. Humidifiez un peu de ce matériau épandu dans un pot, une terrine ou une caissette. Semez une seule espèce de graine par contenant, puisque toutes les semences ne germent pas au même rythme. Vous éviterez ainsi de déranger les plants les plus lents en enlevant ceux dont la germination est plus rapide.

Disques de tourbe

L'une des façons les plus efficaces, pour ne pas dire la meilleure, d'effectuer les semis, c'est l'utilisation de disques de tourbe qui sont la combinaison d'un pot et de tourbe horticole dans une unité compressée à un septième de son épaisseur. Il suffit d'arroser légèrement un disque pour obtenir un pot de 4 cm (1¾″) de diamètre par 5,5 cm (2⅛″) de hauteur. Semez directement dans ce pot. Ces disques sont complets, c'est-à-dire qu'ils contiennent une quantité suffisante d'éléments nutritifs pour la croissance rapide des plantes. Ils donnent des plants de qualité supérieure, bien formés et exempts de maladies, tout en évitant le problème de repiquage et celui de la transplantation.

Pots en tourbe pressée

Les pots en tourbe pressée sont aussi très pratiques pour commencer des plants. Lorsqu'arrive le moment de la transplantation, il suffit de placer le pot, qui est biodégradable, dans un pot en plastique ou en terre cuite, sans déranger le plant.

Humidité et lumière

Quel que soit le contenant utilisé pour les semis, sauf les serres miniatures, genre Merrigro par exemple, il est indispensable de l'envelopper dans un sac en plastique transparent, puis de l'installer dans un endroit bien éclairé. Il importe aussi qu'il y ait de la chaleur sous le contenant. L'humidité à l'intérieur du sac est à surveiller; si elle est exagérée, il faut aérer. Le milieu de germination doit être maintenu légèrement humide en tout temps, soit par de légers arrosages, soit par des vaporisations d'eau.

Fertilisation

Dès l'apparition des tiges, fertilisez avec une solution d'engrais complet, soit la formule 20-10-20 pour les plantes vertes ou plantes tropicales cultivées pour leur feuillage, soit la formule 10-30-20 dans le cas des plantes à fleurs. S'il s'agit de plantes vertes ou à fleurs, il est nécessaire que la solution fertilisante soit plutôt faible, à savoir entre ⅛ à ¼ de la concentration recommandée pour les plantes adultes (⅛ à ¼ de cuillère à thé d'engrais par litre d'eau).

Quand vous commencez la fertilisation des plantules (jeunes plants), enlevez toute source de chaleur sous le contenant, terrine, caissette, pot, etc. Les jeunes plants doivent alors demeurer entourés ou enveloppés d'un sac en plastique durant 2 à 3 jours de plus. Lorsque 4 vraies feuilles auront été formées, repiquez les jeunes plants dans des pots individuels. S'il s'agit de plantules parties sur des disques en tourbe biodégradables, éliminez les plants les plus faibles puis placez chaque disque ou pot de tourbe dans un pot individuel. Les pots en plastique ou en terre cuite sont remplis d'un terreau de qualité, riche en matière organique et en éléments nutritifs, comme le terreau Fertox, libre de maladies des plantes, d'insectes et de mauvai-

Placez les contenants de semis dans un endroit bien éclairé, où la température est de 10 degrés plus élevée que celle requise pour la croissance normale de la plante. L'humidité du terreau et de l'atmosphère est également importante pour une bonne germination.

ses herbes. Gardez les plants enveloppés durant quelques jours encore.

Les annuelles

Bien que les annuelles ornent abondamment nos jardins et parterres du printemps à l'automne, la plupart des gens ne pensent pas à les cultiver comme plantes d'intérieur.

Presque toutes sont en fleur 8 à 12 semaines après avoir été semées, si on leur fournit un bon éclairage durant 16 à 18 heures par jour et une température de 20 à 22°C.

Plantes tropicales

Plusieurs jolies plantes tropicales peuvent être cultivées à partir de graines de semence. Ces plants exigent moins de lumière que les plantes à fleurs. Voici la durée de germination de quelques plantes vertes: *Aralia,* 15 jours. *Begonia Rex,* 15. *Coffea arabica,* 20. *Cunonia canensis,* 25. *Desmodium motorium,* 10. *Eucalyptus globulus,* 20. *Cyperus alternifolius,* 25. *Fatsia japonica,* 15. *Peperomia maculosa,* 20. *Pilea repens,* 15. *Pittosporum tobira,* 15. *Smilax,* 30. *Ficus,* 15. *Schefflera,* 20. *Philodendron,* 30 jours et plus. *Grevillea robusta,* 20 jours et beaucoup plus. *Thea sinensis,* 50 jours à un an et même davantage.

Les cactus et autres plantes grasses sont faciles et agréables à cultiver à partir de semence. La germination des cactus est de 10 à 50 jours selon la variété, et elle varie passablement chez les plantes succulentes, par exemple 5 jours pour les *Sedum* et 15 jours dans le cas des *Echevaria* et des *Sempervivum*.

Plantes à fleurs

Les plantes exotiques à fleurs se cultivent facilement à partir de semis. En voici quelques exemples: *Abutilon, Acacia, Allophytum mexicanum, Anthurium scherzerianum, Ardisia crispa* (germination de 6 mois et plus), *Browallia speciosa, Callistemon viminallis, Crossandra infundibuliformis* (germination de 25 jours et même des années), *Eucnide bartoniodes, Exacum affine, Gossypium, Heliotropium, Manettia bicolor, Malaleuca hypercifolia* et *Streptosolen jamesonii*. Puisque pour la plupart des plantes la durée et l'efficacité de germination sont déterminées par l'âge de la semence, sa bonne conservation aussi bien que sa qualité, il est recommandé de s'adresser à un grainetier de réputation et de compétence bien établies.

15

Les plantes d'intérieur ont aussi besoin d'éléments nutritifs

Comme tous les autres végétaux, les plantes d'intérieur ont besoin de fertilisation afin d'avoir les éléments nutritifs indispensables à leur croissance normale. Même si une croissance insuffisante peut avoir d'autres causes qu'une alimentation défectueuse, il arrive très souvent qu'une fertilisation adéquate corrige ce problème. Toutefois, avant d'appliquer un engrais à une plante qui pousse mal, il est bon de vérifier, au préalable, si les autres facteurs essentiels à la vie de cette plante, comme l'éclairage, la température, les arrosages et l'humidité n'ont pas été négligés. Il arrive fréquemment que le milieu où est installée la plante lui soit préjudiciable, même si la fertilisation est adéquate.

Signes de carence

Lorsqu'une plante d'intérieur semble mal se développer et jaunit ou que certaines parties de ses feuilles manquent de lustre, il se peut fort bien qu'elle ait besoin d'engrais.

Cependant, une insuffisance ou un excès de lumière et une température défavorable peuvent aussi nuire à la croissance. L'apparence minable d'une plante peut dépendre d'un de ces facteurs ou de l'effet combiné de la lumière, de la température et de la nutrition.

La plupart des plantes ont besoin d'un certain nombre d'éléments nutritifs. Toutefois, il ne s'en trouve que trois qui soient nécessaires en quantités relativement considérables. Les autres se trouvent d'ordinaire en quantités suffisantes dans le sol. Les trois éléments fondamentaux sont l'azote (N), le phosphore (P) et la potasse (K).

L'azote a pour rôle essentiel de maintenir en existence les organismes vivants. Il stimule la croissance des tiges et des feuilles. Le phosphore est nécessaire pour le développement des jeunes plants et, plus tard, pour la structure des tiges comme pour la production abondante de fleurs, de fruits et de graines. La potasse est importante pour former de l'amidon et des sucres, ainsi que pour véhiculer ces matériaux à l'intérieur de la plante. Elle contribue aussi à la croissance des racines et aide à maintenir l'équilibre entre les deux autres éléments. Signalons ici que les chiffres des formules d'engrais sont toujours donnés dans l'ordre N, P et K. Ainsi, un engrais 4-12-8 contient 4 pour 100 d'azote, 12 pour 100 de phosphore et 8 pour 100 de potasse.

Addition au terreau

Quel que soit le mélange de sol que l'on prépare soi-même, on devrait toujours y ajouter de l'engrais. Les engrais offerts dans le commerce contiennent habituellement assez de nourriture pour permettre à la plante de remplir le pot de racines. Il faut donc ajouter au terreau ou mélange de sol qui sera utilisé pour l'empotage un engrais complet comme le 4-12-8 ou le 10-25-10, à raison d'une cuillerée à thé pour un pot de six pouces. Appliquer un tiers de cuillerée à thé au sol d'un pot de quatre pouces. Ce sont là des quantités optimales. Il faudra mesurer l'engrais minutieusement pour éviter d'endommager les plantes.

Quand les plantes d'intérieur sont établies et en pleine croissance, elles peuvent avoir besoin d'engrais à certains intervalles. On ne doit les fertiliser qu'en période de croissance active. Une plante peut habituellement survivre même si elle manque d'engrais, mais tout excès peut causer une croissance exagérée, des feuilles brûlées et une floraison manquée ou rare. Il faut s'employer à fournir une application optimale et courir le risque d'une déficience plutôt que d'un excès si on n'est pas certain des quantités exactes à utiliser.

En général, les plantes d'intérieur ont besoin de deux applications d'engrais par mois. Il faut étudier ses plantes de près et apprendre à distinguer celles qui poussent rapidement et celles qui sont très lentes à le faire. Bien entendu, les plantes qui poussent vite sont celles qui ont besoin d'être nourries fréquemment.

Le meilleur moyen d'alimenter les plantes cultivées en pots consiste à utiliser une solution préparée à partir d'un engrais soluble. Comme nous l'avons déjà mentionné, l'azote, le phosphore et la potasse sont des éléments essentiels. On les trouve dans les engrais solubles de formule 20-20-20, 10-30-20 et 20-10-20.

Chez les jardiniers

Plusieurs jardiniers professionnels ou producteurs commerciaux de plantes d'intérieur en serres fertilisent leurs plants avec une solution préparée avec 1 cuillerée à soupe d'engrais 20-20-20 par gallon d'eau, une fois par mois durant les jours sombres de l'hiver et toutes les deux semaines au printemps et en été, lorsque la croissance est plus active.

18

Ces belles plantes d'appartement, *Dieffenbachia picta, Cyclamen, Maranta, Fittonia argyroneura, Coleus* et *Asparagus meyeri,* sont vigoureuses et saines grâce à des soins adéquats et particulièrement à des apports réguliers d'éléments nutritifs par des applications d'engrais solubles.

Lorsque vous projetez de fertiliser le sol d'une plante de maison, faites un arrosage un jour ou deux avant d'appliquer l'engrais soluble. Ne jamais nourrir les plantes quand leur sol est très sec. Une application modérée donne plus de satisfaction qu'une plus forte que l'on appliquerait à intervalles plus éloignés. Le programme suggéré ici permettra à vos plantes de pousser rapidement et de façon satisfaisante.

Bien entendu, lorsqu'on devient très compétent dans l'art de cultiver un groupe particulier de plantes, par exemple les violettes africaines, les gloxinias, les smithianthas ou les broméliacées, on apprend à être plus précis quant aux applications. On en vient à régler le choix des engrais et les quantités appliquées pour répondre aux besoins précis des plantes.

Le vaste choix des lierres pour la culture à l'intérieur

Même si le nombre d'espèces de lierres peut se compter sur les doigts d'une main, leurs habitudes de croissance sont très variées. Non seulement les espèces présentent des aspects très diversifiés de configurations et de formes, mais il y a aussi des formes différentes de feuilles chez un même plant, ce qui rend l'identification d'un plant, à partir d'une seule feuille, presque impossible.

Le type ou genre de croissance diffère aussi au fur et à mesure que le plant vieillit, acquiert de la maturité, avec un feuillage qui change à chaque stade (plantule ou nouveau plant, plante grimpante, puis plante ligneuse). Seuls de très vieux lierres parviennent au stade mature et alors il faut avoir recours à un tuteur. Quand les tiges atteignent le sommet du tuteur, elles deviennent arborescentes.

Ce n'est qu'à ce stade que des globes de fleurs vert jaunâtre, qui forment des gousses orange ou noires, feront leur apparition. Chose étrange, les boutures prélevées à ce stade ligneux vont conserver leur forme et ne seront pas retombantes, comme les jeunes plants.

Variétés anormales

Bien qu'il n'existe que cinq espèces de lierres, le nombre des variétés atteint des centaines. La plupart sont des variétés anormales, résultant de mutations du lierre anglais (*Hedera helix*). Le véritable lierre anglais possède des feuilles de grandeur moyenne, d'un beau vert luisant, avec cinq lobes. C'est un type rustique utilisé comme couvre-sol ou comme plante grimpante sur les murs de pierre ou de brique. Même si ce lierre survit à des températures inférieures à zéro, ses tiges meurent jusqu'au sol dans les régions au climat rigoureux. C'est, en outre, une excellente plante d'intérieur.

Les centaines de variétés anormales du type *Hedera helix* ne résistent pas, pour la plupart, aux rigueurs de l'hiver. Cependant une variété, la *Baltica,* ressemblant au lierre anglais, est plus rustique et considérée comme le meilleur type à utiliser sous les climats froids. La sous-variété de *Baltica,* la *Thorndik sub zero,* est extraordinairement rustique. Les autres variétés capables de résister aux basses températures sont la *Mammorata,* dont les feuilles sont petites, tachetées, de couleur verte et blanche. Il y a aussi la *238e rue,* aux feuilles non lobées, d'un vert cireux, qui produit des tiges fleuries. La *Sagitaefolia,* et sa variété *Purpurea,* est couverte de petites feuilles en pointe de flèche, tandis que la variété *Helvetica* produit de petites feuilles en forme d'écusson. La *Deltoidea* est une variété rustique, à croissance lente, retombante, portant de petites feuilles cordées, vert foncé.

Qu'est-ce qu'un nom?

Les autres variétés d'*Hedera helix* sont beaucoup plus utiles que les précédentes comme plantes d'ornement à l'intérieur. Le *Walthamensis,* ou lierre anglais nain, est une plante grimpante vigoureuse dont les petites feuilles aux nervures blanches ont la même forme que celles du lierre anglais. Je dois mentionner ici qu'il y a eu un tel abus et mélange de noms de lierres que le même nom peut s'appliquer à plusieurs cultivars ou encore le même cultivar peut avoir reçu des noms différents. L'une des meilleures variétés parmi les lierres aux feuilles dorées est certes la *California gold.* Ce lierre compact et buissonneux, de croissance lente, est un plant retombant dont les feuilles délicates, tachetées d'or, donnent un effet saisissant. Une autre variété très voisine de la précédente, *Gold dust,* ressemble à l'*Hedera helix,* sauf que ses feuilles tachetées, trilobées, ont une forme différente. *Gold heart,* originaire d'Italie, est encore plus remarquable, avec ses feuilles minuscules, en forme de cœur, d'une belle couleur vert foncé, avec un centre vert clair.

Variétés communes

Les lierres les mieux connus sont ceux aux feuilles vertes et blanches. La meilleure variété de ce groupe est indéniablement la *Glacier improved,* dont le feuillage vert et blanc est petit, délicat. *Jubilee* est un type miniature intéressant, mais il est plutôt difficile à cultiver. Sa croissance est si lente qu'il peut être gardé dans le même petit pot durant des années. Une série de lierres porte des feuilles en forme d'éventail, d'autres en forme de cloche, alors qu'un troisième groupe présente des

HEDERA HELIX SHAMROCK   HEDERA HELIX GOLD DUST

HEDERA HELIX FLUFFY RUFFLES   HEDERA HELIX WILLIAMSIANA

Le vaste choix des lierres pour la culture à l'intérieur.

petites feuilles, comme la variété *Jubilee,* bien qu'il ait une tendance naturelle à revenir à un type semblable au *Glacier.* Il est à signaler, par ailleurs, que l'un des plus beaux lierres verts et blancs est sans aucun doute la variété *Williamsiana.* Ses feuilles, de grandeur moyenne, possèdent des lobes profonds, tournés vers le bas, ayant l'apparence d'une frange. Ce lierre est, cependant, plutôt difficile à cultiver.

Manda's crested est une variété semblable à la *Williamsiana.* C'est une très belle vigne dont les feuilles vertes sont bordées de rose. *Fluffy ruffles* est assez ordinaire, sauf que ses tiges sont tordues et recourbées et que le plant ressemble à une boule verte vaporeuse.

Les plus populaires

Les lierres les plus populaires cultivés par les fleuristes sont des cultivars compacts et touffus, à ramification spontanée, de l'*Hedera helix.* La première variété, créée il y a plus de cinquante ans, a été la *Pittsburg,* variété anormale, aux petites feuilles vertes, dérivée de *Hedera helix* et remarquable pour sa croissance touffue. Depuis, on a vu apparaître des douzaines de variétés, dont les feuilles sont de moyennes à très petites. Ce sont tous des plants touffus, à ramification spontanée, qui n'ont pas besoin d'être pincés. Voici quelques-unes des meilleures variétés à feuilles de moyenne grandeur: *Abundance, Garland, Maple Queen* et *Curlilocks* (*Hedera cristata*).

Petites et délicates

Les variétés à feuilles minuscules sont les plus en vogue. Dans ce groupe il convient de placer au premier rang la variété *Pink Oak,* l'une des plus petites et des plus vieilles. Son feuillage délicat et abondant retombe en cascade. *Irish Lace* est une variété encore plus petite. Ses jolies feuilles ont cinq pointes. Ajoutons que la culture des lierres est facile. Les plantes ne demandent qu'un bon sol de jardin, poreux, friable, bien équilibré et suffisamment riche en humus et en éléments nutritifs, particulièrement l'azote. Il leur faut un éclairage modéré, ce qui revient à dire près d'une fenêtre ensoleillée, mais sans soleil direct, ou sous un système d'éclairage artificiel (tubes fluorescents horticoles ou l'équivalent). L'humidité ambiante doit être élevée, 35 pour 100 et plus. La température idéale se situe entre 15 et 21°C. Les arrosages sont généreux afin de maintenir le terreau légèrement humide. La fertilisation, avec un engrais soluble, la formule 20-10-20 par exemple, s'effectue tous les 15 jours. Le bouturage de tige se fait en toute saison.

Comment réussir la floraison d'un plant d'oiseau de Paradis

L'oiseau de Paradis (*Strelitzia reginae*) est une plante tropicale que plusieurs jardiniers amateurs des régions au climat rigoureux, comme le Québec par exemple, ne réussissent pas à cultiver avec succès ni à faire fleurir. Cette plante flamboyante, de la famille du bananier, originaire d'Afrique du Sud, porte des fleurs magnifiquement colorées, à l'extrémité d'une hampe robuste. Sa croissance est lente. Ainsi, une bouture de racine, prélevée sur un plant que l'on veut multiplier, va produire une plantule qui ne fleurira qu'au bout de 2 ou 3 ans, tandis qu'une nouvelle plante obtenue par semis ne donnera des fleurs qu'après 5 ans, voire même jusqu'à 10 ans. Les principaux facteurs à surveiller sont en premier lieu la lumière. L'oiseau de Paradis demande au moins 4 heures d'ensoleillement par jour durant l'hiver. La température ambiante est également très importante, étant de 18 à 21°C. Les arrosages doivent être généreux, mais le sol doit se dessécher légèrement entre deux arrosages. Pour ce qui est de la fertilisation, avec un engrais soluble pour plantes à fleurs, telle la formule 10-30-20, elle est à effectuer tous les 15 jours, sauf au cours des périodes où le plant est au repos. L'humidité de l'air ambiant est un autre facteur à ne pas négliger. C'est pourquoi il est recommandé de bassiner la plante, c'est-à-dire de vaporiser de l'eau fréquemment.

Une expérience pratique

Je cultive depuis quatre ans déjà un plant d'oiseau de Paradis et il s'améliore constamment d'une année à l'autre. Il m'a été donné par un amateur qui a coupé en deux la racine de son plant qui devait avoir alors environ six ans. Je me suis hâté de planter cette division dans un pot de 12 pouces de diamètre et profond de 11 pouces, m'assurant en outre que le contenant se draine bien. Ce pot a été rempli de sol tout usage pour plantes d'intérieur. J'ai coupé les vieilles feuilles qui étaient devenues brunâtres, puis arrosé le sol généreusement. Ayant reçu ce cadeau à la fin du mois de mai, j'ai attendu jusqu'au 10 juin pour installer ma nouvelle acquisition à l'extérieur, au jardin, dans un endroit où les plantes reçoivent le soleil des premières heures de l'avant-midi et de fin d'après-midi. D'ailleurs, chaque été, cette plante est constamment remise sur ce même site, depuis cette époque. En septembre, lorsque les nuits commencent à devenir passablement fraîches, l'oiseau de Para-

dis est placé dans un solarium, près d'une fenêtre bien ensoleillée, orientée au sud. Cette pièce est également bien éclairée par
de grandes fenêtres du côté ouest. La température est bien
contrôlée, ne dépassant jamais les 21 degrés C durant le jour.

La plante d'intérieur connue sous le nom populaire d'oiseau de Paradis est
remarquable pour ses superbes fleurs magnifiquement colorées qui ressemblent à des têtes d'oiseaux tropicaux.

Arrosages et fertilisation

J'arrose abondamment mon oiseau trois fois par semaine,
mais, une demi-heure après chacun des arrosages, je prends la
précaution d'enlever l'eau qui pourrait encore séjourner dans le
plat installé sous le pot. Tous les 15 jours, alors que le plant
produit de nouvelles feuilles ou des bourgeons floraux, je le
fertilise avec une solution d'engrais 10-30-20.

En quatre ans ma plante a eu une croissance vigoureuse. Elle atteint maintenant près de 5 pieds de hauteur si on la mesure à partir de la base des racines jusqu'à l'extrémité de sa feuille la plus haute. Pour vous donner une idée de sa vigueur, disons par exemple que du mois d'août 1980 jusqu'en février 1981 elle a produit six magnifiques fleurs.

Couper la tige et les feuilles

Lorsque les fleurs sont fanées, la tige est coupée près de la base de la feuille dont elle est sortie. Les vieilles feuilles sont alors éliminées. Il importe cependant de conserver un minimum de 14 ou 15 feuilles par plant, soit 7 ou 8 feuilles pour chacune des deux sections du système radiculaire.

L'an dernier, j'ai noté mes observations concernant la croissance et la floraison de mon plant. En voici le résumé. Le 1er août, la plus nouvelle feuille est partiellement ouverte, tandis qu'un deuxième bourgeon floral se prépare à ouvrir et que l'extrémité d'une autre nouvelle feuille apparaît. Le 13 août, le bourgeon à fleur devrait s'ouvrir d'un moment à l'autre. Une vieille feuille dont le bout a bruni doit être coupée. Le 20 août, apparition de la deuxième fleur. Le 22 août, les nuits sont un peu plus fraîches. D'autres fleurs sont apparues. Le 29 août, les fleurs sont belles, mais la première commence à se dessécher. Le 5 septembre, le plant est entré au solarium pour l'hiver. Le 15 octobre, apparition d'une nouvelle feuille sur la section du plant qui a donné les fleurs. Une autre fleur nouvelle vient de paraître. Le 2 novembre, une nouvelle feuille est apparue. Je diminue les arrosages ainsi que la fertilisation afin de retarder la floraison et d'avoir des fleurs durant la saison des Fêtes. Le 4 décembre, la nouvelle feuille est ouverte, c'est le moment d'ôter une vieille feuille. Le 12 décembre, une fleur s'est épanouie durant la nuit. Elle est cependant plus petite que les précédentes. Le 15 décembre, la pointe d'une nouvelle feuille se montre, tandis que les fleurs s'épanouissent lentement puisque les heures d'ensoleillement sont courtes. Le 20 décembre enfin, trois fleurs sont épanouies et la nouvelle feuille grandit rapidement.

Bref, la *Strelitzia reginae* est une plante qui exige que l'on soit patient et que l'on prête attention à ses exigences. Elle nous récompense, cependant, généreusement par la production de superbes fleurs.

Multiplication des plantes par bouturage et marcottage aérien

Le bouturage, le marcottage et autres procédés différents permettent la multiplication des plantes par fragmentation. Ils sont utilisés pour les plantes qui ne se reproduisent pas ou difficilement par semis, ou pour celles qui perdent quelques-uns de leurs caractères.

Le bouturage permet d'obtenir de nouveaux plants à partir de fragments de plantes détachés d'un plant-mère, sous forme de tiges, de feuilles ou de racines.

Cette technique, l'une des plus utilisées en horticulture, devrait être pratiquée par tous les jardiniers amateurs, en raison de sa simplicité, de sa rapidité et de son coût minime.

Tous les amateurs ne réussiront peut-être pas la première fois. Certains risquent d'être déçus par les résultats au début. Toutefois, avec un peu de pratique, ils verront leur patience récompensée par la naissance de plusieurs nouveaux plants.

Matériel nécessaire

La multiplication des plantes n'exige pas un matériel bien compliqué. Il suffit de se procurer des pots ou des plats peu profonds (terrines) ou encore des caissettes, un couteau bien aiguisé, des sacs en plastique pour recouvrir les contenants, des hormones végétales pour stimuler le racinement des nouveaux plants et, autant que possible, un système d'éclairage artificiel, par exemple les tubes horticoles du type Agro-Lite, Gro Lux, Vita Lite, Plant Gro, etc...

Puisque la chaleur est indispensable à la formation des racines, il est très important, pour ne pas dire indispensable, de prévoir une source de chaleur sous les contenants. Il faut donc placer les contenants au-dessus ou à proximité d'une source de chaleur convenable, comme un radiateur. Les câbles chauffants de 30 watts placés sous les contenants donnent d'excellents résultats.

Il ne faut pas oublier non plus le milieu d'enracinement, qui peut être un mélange, à parties égales, de sable grossier et de tourbe horticole moulue, de la vermiculite horticole, de la sphaigne moulue ou de la perlite.

Le tampon de mousse de sphaigne, qui doit être tenu constamment humide, est enveloppé dans une feuille polyéthylène. Cette enveloppe et le tampon sont maintenus sur l'incision jusqu'à l'apparition des racines.

Ensuite, cette incision est entourée d'un tampon de mousse de sphaigne humide.

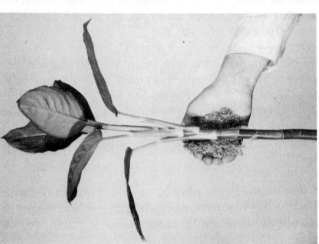

La première phase du marcottage aérien d'un *Dieffenbachia* consiste à pratiquer une incision dans la tige.

Enracinement dans l'eau

Plusieurs plantes peuvent se multiplier en utilisant l'eau comme milieu d'enracinement. Ainsi, les feuilles de violettes africaines, d'*Aglaonema simplex* produisent facilement des racines dans l'eau. Il importe, si vous utilisez l'eau, de recouvrir le dessus du contenant d'un morceau de papier ciré.

Ce papier doit être perforé afin que les boutures puissent être en contact avec l'eau. En outre, pour qu'il y ait assez d'oxygène dans l'eau, il faut changer celle-ci fréquemment. Il est bon, par ailleurs, de déposer quelques morceaux de charbon de bois dur dans l'eau pour en maintenir la limpidité. Même si l'eau est un moyen facile, peu compliqué de provoquer l'enracinement des nouvelles plantes, il faut dire que la majorité des plantes se bouturent mieux dans un mélange de sable et de tourbe horticole, dans la vermiculite ou la perlite. Notons, en passant, que certains préfèrent installer les boutures directement dans le sol, à la base de la plante-mère, bien que ce soit là une méthode qui comporte des risques sérieux d'insuccès.

Bouturage des tiges

La propagation des plants de *Philodendron, Aglaonema, Dieffenbachia, Ficus* et de plusieurs autres de la catégorie des plantes tropicales se fait par le bouturage de tiges, à condition que l'on prenne la précaution d'enlever quelques feuilles, de fournir une humidité constante au milieu d'enracinement, ainsi que des vaporisations fréquentes de la partie du plant qui dépasse le sol, et celle d'assurer en outre la protection de la bouture contre les rayons solaires et les courants d'air. Mieux vaut, somme toute, faire appel au procédé de marcottage aérien.

Marcottage aérien

Le marcottage aérien consiste à pratiquer une incision dans la tige d'un plant à l'endroit où vous désirez que les racines se forment. C'est une méthode utilisée lorsqu'il faut renouveler une plante qui, devenue trop grande, a perdu son apparence, ce qui se produit fréquemment dans le cas des plantes vertes à tige rigide: *Dieffenbachia, Ficus, Dracaena* et autres. Cette technique permet aux racines de se former sur des tiges qui demeurent attachées à la plante.

En vous servant d'une lame de rasoir ou d'un couteau bien aiguisé, coupez, de haut en bas, en pénétrant environ jusqu'au centre de la tige. Poudrez légèrement la plaie avec une hormone d'enracinement, puis attachez un petit tuteur sur le côté non entaillé de la tige, afin d'éviter que celle-ci ne se brise. Entourez la tige d'une poignée de mousse de sphaigne humide. Enveloppez cette sphaigne dans une feuille de polyéthylène qui sera maintenue en place par deux petites broches placées en haut et en bas de l'incision.

Bassinez régulièrement la partie supérieure et inférieure des feuilles, ainsi que la partie de la tige surplombant l'incision. La mousse de sphaigne doit être maintenue constamment humide par des arrosages fréquents. Les racines apparaîtront au bout de six à huit semaines. Vous n'aurez alors qu'à couper la tige en dessous de la plaie et le nouveau plant sera prêt à être empoté.

Stimulation de l'enracinement

L'emploi d'hormones végétales, sous forme de poudre ou en solution, stimule la croissance des racines, ce qui donne des plantules plus vigoureuses et d'une croissance plus rapide. Il suffit de poudrer l'extrémité de la bouture ou de la tremper dans la solution, puis de l'installer dans le milieu d'enracinement.

Certaines plantes émettent de la sève quand on les coupe, on dit alors que les boutures «pleurent». Pour éviter une trop grande perte de sève, saupoudrez la plaie avec du charbon de bois dur pilé.

La meilleure époque

La meilleure époque pour le bouturage est le printemps ou la fin de l'été. Il faut, par ailleurs, que la plante-mère soit en bon état. Ne prélevez pas de boutures sur une plante faible, anémique. De plus, la pousse ne doit être ni trop vieille ni trop jeune. Il est recommandé de choisir, de préférence, une tige qui ne porte pas trop de feuilles. Ces feuilles ne doivent pas être trop grandes, puisqu'elles ont tendance à se faner lorsque la tige est coupée.

La lumière étant très importante pour le développement des racines, le réceptacle qui contient les boutures doit être placé devant une fenêtre bien éclairée ou installé sous des tubes fluorescents horticoles.

Les plantes vertes

Les plantes vertes ou plantes tropicales se multiplient par bouturage de feuilles ou de tiges ainsi que par marcottage aérien.

Le bouturage des feuilles, comme dans le cas des *Bégonia Rex,* des *Aglaonema simplex* et *Sanseveria,* consiste à enlever des morceaux de feuilles et à les planter dans un mélange d'enracinement. Bientôt, les nouvelles racines et les tiges font leur apparition à la base de la bouture.

Pour ce bouturage il est indispensable d'utiliser un bon milieu d'enracinement, tel la vermiculite, la perlite ou un mélange de sable et de tourbe horticole ou encore simplement du sable grossier. Ce matériau est placé dans une boîte à semis, un pot ou un plat, et les boutures y sont insérées.

Autres plantes de maison

Plusieurs autres plantes de maison, telles les violettes africaines et les gloxinies peuvent être multipliées à partir de boutures de feuilles. Il faut choisir une feuille bien développée et saine, l'enlever avec un couteau bien aiguisé. La bouture est placée dans un contenant (un petit pot) rempli d'un mélange sans sol (vermiculite, sable et tourbe horticole, etc.) ou de terreau recouvert d'une mince couche de sable.

Les plantes grasses, comme les *cotylédons, orpins, kalanchoés, bryophyllums* et autres, sont aussi multipliées par les feuilles.

Quel que soit le matériau utilisé pour l'enracinement, il est indispensable de l'arroser avant d'y introduire les boutures. Ce milieu maintenu humide se tasse plus facilement autour des boutures.

Comment conserver les plantes de Noël d'une année à l'autre

De plus en plus nombreux sont les gens qui connaissent les soins appropriés à donner aux plantes de Noël reçues en cadeau à l'époque des Fêtes. Ils savent par exemple que ces plantes, poinsetties, azalées, cyclamens, piments décoratifs, orangers nains, cerisiers de Jérusalem, bégonias de Noël, etc., demandent passablement de lumière et, dans la plupart des cas, une température normale de maison, soit de 18 à 21 degrés C, tandis que l'humidité de la pièce doit être élevée et qu'il faut arroser le sol généreusement et souvent afin de le maintenir légèrement humide.

Toutefois, il y a encore trop peu de personnes qui réussissent à conserver ces jolies plantes durant plusieurs années. Pourtant c'est relativement facile. Il suffit de connaître quelques données techniques et de les appliquer.

Les poinsetties

Rien de plus aisé que de garder une poinsettie (*Poinsettia*) d'une année à l'autre et même de la voir gagner en beauté et en majesté avec le temps.

Voici une brève description de la méthode recommandée. À la chute des feuilles et des bractées (feuilles colorées rouge), ce qui survient habituellement à la fin de février ou au début de mars, diminuer les arrosages à une fois par semaine. Entreposer la plante dans l'obscurité, dans une cave, un sous-sol ou tout autre endroit où la température est fraîche, c'est-à-dire de 14 degrés C.

Rabattre le plant à 5 ou 6 pouces du sol, à la fin d'avril et le rempoter dans un terreau approprié (sol pour plantes tropicales). Dès l'apparition des nouvelles pousses, recommencer les arrosages réguliers afin de maintenir le sol légèrement humide. Lorsque les tiges ont de 8 à 10 pouces de haut, rempoter dans un pot plus grand. Les arrosages doivent être modérés. Au début de juin, installer le plant, à l'extérieur, dans un endroit semi-ombragé, à l'abri du vent, puis, à la fin d'août ou au début de septembre, le rentrer et le placer devant une fenêtre bien éclairée.

Pour conserver un plant d'azalées (*Azalea*), lorsque sa floraison est terminée, il est nécessaire de le garder dans un endroit bien éclairé et de diminuer un peu les arrosages. Au début de juin, l'installer à l'extérieur pour l'été, dans un site partiellement ombragé. Tailler les pousses trop longues et ébourgeonner les autres, à la fin de juin. Rentrer le plant en septembre, dans un endroit frais, à une température de 5 à 10 degrés C.

Vers le 15 décembre, l'installer dans une pièce plus chaude, 21 à 23 degrés C le jour et 18 degrés C la nuit, près d'une fenêtre ensoleillée.

Les cyclamens

La conservation des cyclamens n'est pas facile. En avril, lorsque les feuilles jaunissent et qu'il n'y a plus de nouvelles fleurs, diminuer les arrosages à une fois par semaine et même à deux fois par mois. L'été, au début de juin, le plant est placé à l'extérieur, dans un endroit ombragé, à l'abri du vent. Rempoter le tubercule au mois d'août, mais ne l'enfoncer qu'à la moitié de sa hauteur dans le terreau.

Le plant est ramené à l'intérieur dès les premiers jours de septembre. La température doit être fraîche, 18 à 19 degrés C durant le jour et seulement 10 la nuit. Les journées doivent être courtes et bien éclairées, et les nuits longues, à l'obscurité complète.

Les plantes à fruits

Les orangers nains (*Calamondins*), cerisiers de Jérusalem et piments décoratifs peuvent être conservés longtemps, à la condition de leur donner une lumière abondante, une température de 21 à 24 degrés C durant le jour, ne dépassant pas les 16 à 19 la nuit. Les arrosages et les bassinages sont particulièrement importants. Le sol doit être gardé humide et il faut vaporiser de l'eau dégourdie fréquemment sur le feuillage.

Le bégonia de Noël

Lorsque toutes les fleurs sont fanées, enlever ces fleurs, sans toucher aux feuilles saines.

Diminuer les arrosages et maintenir le sol légèrement humide. De nouvelles pousses apparaîtront à la base du plant, après quelques semaines. Quand chacune de ces pousses est munie de deux feuilles, couper les vieilles tiges juste au-dessus des jeunes, puis rempoter le plant. Il ne faut pas installer cette plante à l'extérieur durant l'été, car, même si elle a besoin de lumière au cours de sa période de croissance, elle doit être protégée contre les rayons directs du soleil. Il vaut mieux la garder à la maison, dans un portique, à l'abri du vent.

Les kalanchoés

Après la floraison, couper les inflorescences et rempoter au printemps, dans un terreau léger (sableux), puis tailler les vieilles tiges et pincer les jeunes tiges. Au début de juin, quand tout danger de gel est passé, placer le plant à l'extérieur, dans un emplacement bien ensoleillé, à l'abri du soleil direct. Rentrer à l'intérieur au cours de la première semaine de septembre.

Le cactus de Noël

Lorsque sa période de floraison est terminée, le cactus de Noël (*Zygocactus truncatus*) commence, au printemps, à produire de nouvelles pousses. C'est le moment de le rempoter dans un terreau riche en humus et en éléments nutritifs, puis de prélever des boutures. Au commencement de l'été, il est installé à l'extérieur, dans un endroit ombragé. En septembre, avec l'arrivée des nuits fraîches, ramener le plant à l'intérieur. Au début d'octobre, il est mis au repos, pour six semaines, près d'une fenêtre orientée au nord, où la température ne dépasse pas 13 degrés C durant la nuit. Les arrosages sont réduits au minimum et ne reprennent progressivement qu'à l'apparition des bourgeons à fleurs, alors que la plante est placée près d'une fenêtre bien éclairée. La période de floraison du zygocactus dure de la mi-novembre au début de février. Il lui faut alors des jours courts, beaucoup de lumière et une température de 18 à 21 degrés C durant le jour et de 16 à 18 la nuit, alors que l'obscurité est complète.

FÉVRIER

La mise en végétation des bégonias tubéreux

Une foule de jardiniers amateurs croient que l'on peut cultiver seulement quelques plantes peu attrayantes dans les endroits ombragés ou semi-ombragés. Trop souvent ils se contentent d'installer quelques coléus ou des impatientes alors qu'ils pourraient facilement faire de ces sites délaissés des points d'attraction du jardin grâce aux bégonias tubéreux. Ces plantes bulbeuses à floraison estivale conviennent aux plates-bandes et bordures, ainsi qu'aux boîtes à fleurs, bacs, jardinières et corbeilles, suivant que l'on choisit les bégonias à port dressé (*Begonia tuberhybrida erecta*) ou à port retombant (*Begonia tuberhybrida pendula*). En outre, les fleurs varient de la forme simple à semi-double et double. Ainsi, le bégonia à fleurs de camélia possède de très grosses fleurs doubles tandis que sur le *Begonia tuberhybrida multiflora,* à port plus trapu, les fleurs sont plus petites. Si les fleurs sont de toutes les teintes imaginables, sauf les tons de bleu, par ailleurs, les pétales peuvent être entiers, dentés ou frangés.

Les bégonias se présentent sous une grande variété de formes ressemblant tantôt à des roses, à des dahlias simples, à des camélias, ou même à des narcisses.

C'est le moment

Procurez-vous des tubercules, sans tarder, dans un centre de jardinage et partez-les à l'intérieur. C'est un procédé fort simple qui se résume à remplir une caissette ou terrine peu profonde avec un terreau composé de 2 parties de bonne terre de jardin et 1 partie de tourbe horticole, à y déposer les tubercules, en vous assurant qu'ils ont la tête en haut. La partie concave ou creuse est le dessus où, habituellement, on voit pointer un ou deux bourgeons.

La base, qui est arrondie, peut au moment de la plantation porter déjà quelques racines rosâtres. La position renversée des tubercules dans le terreau a pour but d'éviter la pourriture résultant fréquemment de l'humidité qui s'accumule dans la dépression du sommet.

Je vous recommande d'arroser copieusement le terreau, puis de placer les caissettes ou terrines sur une tablette ou une table, au sous-sol ou dans un autre endroit frais de la maison (environ 10 degrés C) durant quelques jours ou une semaine,

afin que les tubercules absorbent lentement l'humidité. Dès que les tubercules commencent à pointer à travers le terreau, exposez-les dans une fenêtre bien éclairée, pour 2 ou 3 semaines, à une température de 18 à 24 degrés C.

De temps à autre, regardez les tubercules afin de voir s'ils ont commencé à raciner. Maintenez la surface du sol humide par de fréquentes aspersions d'eau un peu tiède.

L'empotage

Lorsque les tubercules ont développé une bonne masse de racines, replacez-les dans leur position normale et transplantez-les individuellement dans des pots de 4 à 5 pouces remplis d'un mélange composé d'une partie de terre franche sablonneuse, une partie de tourbe horticole et une partie de sable grossier.

Vous pouvez aussi utiliser un mélange préparé par un centre de jardinage ou un fleuriste.

Recouvrez le sommet des tubercules d'un quart à un demi-pouce de terreau. Jusqu'à ce que les jeunes pousses sortent de terre, c'est-à-dire durant environ 15 jours, gardez les tubercules à une température de 18 à 24 degrés C. Une fois la croissance stimulée, déménagez les jeunes plantes dans un endroit plus frais (10 à 15 degrés), afin qu'ils deviennent plus robustes.

Vous éviterez ainsi que les plantes grandissent trop et que leur tête soit trop lourde pour les tiges, qui peuvent se briser au moment de la transplantation, sous l'effet du vent ou de la pluie.

Les jolies fleurs printanières vous apportent un message de la Saint-Valentin

Les fleuristes, jardiniers et pépiniéristes affirment, non sans raison d'ailleurs, que les fleurs printanières, tulipes, jacinthes, narcisses, crocus et autres, sont véritablement les symboles de l'amour à la Saint-Valentin.

Autrefois, les gentilshommes se plaisaient à employer le langage des fleurs dans leur message d'amour à leur bien-aimée. Ces messages transmis sous forme de petites gerbes de fleurs et de verdure formaient un écrin de beauté florale serti de filigrane. Il est intéressant de rappeler la signification de certaines de ces fleurs. Tulipe rouge: déclaration d'amour. Jacinthe dorée: le cœur ne se contente pas de flatterie. Prèle: la plus jolie des plus jeunes. Œillet: je vous aime depuis longtemps. Narcisse: que notre affection soit mutuelle. Cannelier: ce que je possède est à vous. Crocus: bonheur. Bouton-d'or: richesse.

Les amoureux qui suivent le rituel des temps anciens peuvent entretenir une conversation au moyen du langage des fleurs.

Porter la fleur aux lèvres, c'est dire «oui» et pincer un pétale pour le jeter loin de soi c'est répondre «non». Pencher une fleur vers la gauche signifie «toi et moi» et l'incliner vers la droite veut dire «tu ou toi». Toucher une feuille signifie «espérance».

Les tulipes sont particulièrement appropriées pour transmettre des messages ou aveux d'affection. Ainsi, les variétés aux fleurs bicolores ou panachées disent: «Vos yeux sont superbes et révèlent votre tendresse». Les tulipes rouges, comme les fiançailles, sont un engagement, une déclaration solennelle d'amour, tandis que les tulipes jaunes déclarent sans hésitation: «Aujourd'hui, je vous aime plus qu'hier et moins que demain.»

Il ne faut surtout pas être au désespoir si une seule fleur ne suffit pas à révéler tous vos sentiments, votre tendresse, votre attachement. L'amour est complexe et vous pourrez avoir besoin d'un bouquet composé de plusieurs tulipes et jacinthes de diverses couleurs pour extérioriser, souligner ce que vous ressentez.

Assurez-vous que votre bouquet de fleurs coupées ou le pot

de bulbes à floraison printanière se compose de bourgeons. De jour en jour ces bourgeons vont s'épanouir l'un après l'autre pour donner une magnifique floraison de couleurs variées.

Il est opportun de signaler ici que les bouquets préparés par les fleuristes n'ont pas besoin d'être changés d'eau tous les jours. Si, par contre, il s'agit de fleurs coupées non préparées en arrangement, il y a certaines précautions à prendre pour assurer la durée des tulipes et des jacinthes, par exemple. Tout d'abord, à l'aide d'un couteau bien aiguisé, enlevez environ un quart de pouce à chacune des tiges. Coupez en biais. Si les fleurs sont encore en bourgeons et que vous désiriez qu'elles s'épanouissent rapidement, enveloppez les tiges et les bourgeons dans un papier ciré puis plonges-les dans un seau rempli d'eau tiède. Ensuite, placez-les dans un endroit frais de trois à six heures durant. Les tiges vont allonger et les bourgeons s'ouvriront en peu de temps.

S'il s'agit, d'autre part, de bulbes à fleurs dans un pot, n'oubliez pas qu'il faut arroser tous les jours ou au moins tous les deux jours. Le sol doit être maintenu légèrement humide. Installez le pot dans une pièce bien éclairée, loin des sources de chaleur, foyer, calorifère, réchaud, etc.

Ne retardez plus, procurez-vous un riche bouquet de fleurs printanières multicolores chez votre fleuriste pour votre message de la Saint-Valentin ou encore visitez une pépinière ou une jardinerie où vous trouverez un beau choix de potées fleuries, des tulipes satinées, des jacinthes odoriférantes ou des narcisses ensoleillés. Ces gentilles fleurs printanières rediront pour vous, pendant des jours, à l'être aimé: «Je vous aime.»

Cultivez les herbes aromatiques sur le bord d'une fenêtre

Il faut bien se rendre à l'évidence, la plupart des fines herbes ne sont pas de bonnes plantes d'intérieur. Elles poussent trop rapidement. Les herbes condimentaires ont besoin, pour une croissance normale, d'une température fraîche et de beaucoup de lumière. À notre époque où il faut éviter de trop chauffer nos demeures pour économiser l'énergie, les herbes aromatiques peuvent certes être maintenant cultivées avec de meilleurs résultats que par le passé.

La ciboulette, le persil et le basilic sont les herbes condimentaires les plus utilisées. De plus, elles se cultivent facilement à l'intérieur. Vous devriez essayer la culture de la ciboulette, vous ne le regretterez pas, surtout si vous coupez les tiges souvent pour obtenir une récolte continue. Le persil italien, dont la saveur est plus prononcée que le persil frisé, est souvent préféré à ce dernier, qui est cependant le plus populaire. Le basilic fin vert pousse mieux lorsqu'il est cultivé en pot. Des coupes fréquentes permettent de faire durer le plant tout l'hiver.

CIBOULETTE   BASILIC   PERSIL

Vaste choix

Ceux qui désirent avoir plus que les trois fines herbes de base peuvent en cultiver des douzaines d'autres. La sarriette vivace et le thym, substituts pour le sel et le poivre, se combinent avec bonheur pour rehausser le goût des soupes, surtout la soupe aux pois, la soupe de poisson et la soupe de légumes en conserve.

Bien qu'elles se ressemblent, la marjolaine ordinaire et la marjolaine vivace ont un goût tout à fait différent. La marjolaine ordinaire a une saveur plus forte. Il suffit d'en ajouter un peu à une salade pour lui donner cette fraîcheur de jardin si recherchée. La marjolaine est utilisée avec la sarriette d'été et le thym pour assaisonner la volaille. Mettez une pincée de marjolaine vivace sur les œufs, les hamburgers et les salades, ou combinez-la avec le cerfeuil, le jus de citron et de l'huile à salade pour le poisson grillé, surtout le flétan et l'espadon.

Le romarin, herbe condimentaire très en vogue, est presque un petit arbuste qui doit être cultivé dans une ambiance fraîche et humide. Une des utilisations peu connues de cette plante consiste, pour parfumer l'air stagnant d'une pièce, à en brûler quelques tiges. Pourquoi ne pas l'employer comme thé de santé durant l'hiver ou encore l'utiliser pour relever l'agneau ou le porc?

L'estragon français, indispensable dans tout assortiment de fines herbes, devient dormant au début de l'hiver, au jardin. Pourquoi ne pas en empoter quelques plants avant que le sol ne gèle pour les cultiver à l'intérieur? Hachez-les pour rehausser le goût des omelettes, des œufs brouillés ou des salades. Puisque l'estragon français se reproduit à partir de boutures de racines, vous pourrez continuer à couper les nouvelles pousses.

Moins de lumière

Le romarin, les menthes, le cerfeuil et l'aspérule odorante ne demandent pas beaucoup d'éclairage.

La menthe poivrée et la menthe verte sont de très jolies plantes vertes qui permettent de préparer un thé digestif.

L'aspérule odorante est une belle plante ressemblant à une fougère. Retombante, elle convient très bien aux corbeilles. Son feuillage, qui dégage une odeur de musc, sert à préparer des breuvages désaltérants et aussi à parfumer une lingerie.

Parmi les herbes aromatiques utilisées pour les thés, il faut absolument inclure la citronnelle. Ses feuilles, à forte odeur de citron, rafraîchissent l'air. Il est vrai que cette plante perd son feuillage en hiver, mais de nouvelles feuilles apparaissent au printemps. Gardez le sol de cette plante légèrement humide durant sa période de repos.

La mélisse officinale, qui se cultive facilement aussi bien au soleil que dans un endroit semi-ombragé, donne un breuvage très réconfortant. Grâce à son odeur irrésistible d'ananas frais, la sauge-ananas est populaire comme herbe à thé.

Le cerfeuil, un substitut du persil, pousse bien à partir de graines de semence et demande peu de lumière. Puisque c'est une plante annuelle, il faut effectuer des semis fréquents.

Des arbres

Quelques-unes des petites plantes ligneuses qui produisent des fruits odoriférants peuvent se cultiver à l'intérieur. Ainsi, le laurier commun, le myrte et l'anis, par exemple, se cultivent bien en pot. Il suffit de leur donner un peu de lumière solaire, une température de 18 à 21 degrés C et de maintenir le sol légèrement humide. Ces plantes ont une croissance lente et peuvent être cultivées dans le même pot durant plusieurs années avant qu'elles ne deviennent trop grandes pour l'intérieur d'un logis. Il est recommandé d'installer ces plants à l'extérieur durant l'été, soit dans un portique ou un patio ombragés ou encore au jardin, dans un coin où il y a peu de soleil. Les feuilles du laurier commun sont excellentes pour l'assaisonnement des soupes et des casseroles.

Les herbes condimentaires exigent peu de soins. Arrosez-les généreusement pour garder le sol humide. Fertilisez-les deux fois par mois et même une fois par semaine avec l'engrais soluble 20-20-20. Taillez-les fréquemment. Si les feuilles ne sont pas utilisées à l'état frais, elles peuvent être desséchées pour être conservées et employées plus tard. Toutes les herbes aromatiques poussent bien et ne sont pas attaquées par les insectes lorsque leur feuillage est lavé fréquemment.

La culture des légumes est devenue une priorité

Plusieurs facteurs incitent les citadins à s'intéresser sérieusement à la culture des légumes. L'inflation, la crise d'énergie, le chômage, la dépression, la hausse du coût de l'alimentation obligent ou du moins motivent les résidants des villes, qui ont un terrain, à aménager ou à agrandir le potager. Les locataires et ceux qui ne disposent pas d'espace à eux pour le jardinage deviennent membres d'un jardin communautaire ou encore se proposent de cultiver un lopin à la campagne, chez un parent ou ami.

Face à la stagnation catastrophique de l'économie, une foule de personnes qui n'avaient jamais cultivé une seule plante à l'extérieur de leur logis se préparent fébrilement à aménager un jardin pour la culture des légumes. De nombreux terrains vagues vont être transformés et plusieurs toits d'immeubles à logements multiples vont devenir le site de grands potagers en plein cœur des villes.

Extraordinaire popularité

Par ailleurs, les grainetiers, pépiniéristes et administrateurs de jardineries se sont préparés pour une saison de vente très active. Bon nombre de ces spécialistes du commerce horticole rapportent une augmentation brusque et extraordinaire de leur chiffre d'affaires. Les ventes de semences de légumes et d'engrais complets pour les potagers, les formules 4-12-8 et 6-9-17 par exemple, ont quintuplé dans plusieurs cas. La culture des légumes est grandement facilitée grâce aux nouvelles variétés rustiques, plus hâtives, résistantes aux maladies et beaucoup plus productives, ainsi que par les progrès réalisés tant dans la fabrication d'engrais qui augmentent les rendements que dans celle de produits phytosanitaires efficaces contre les nombreux ennemis des plantes, insecticides, fongicides, herbicides et autres. Si les légumes récoltés dans un petit potager familial permettent de réaliser des économies substantielles, ajoutons que ces récoltes sont de beaucoup supérieures en qualité et goût.

Méthodes modernes

Toutes les personnes qui veulent s'initier facilement à la culture des légumes et des petits fruits ou encore se perfectionner dans ce domaine, afin d'obtenir les meilleurs résultats possible, avec un minimum d'efforts et de dépenses, ont tout intérêt à se procurer le livre considéré comme le guide classi-

La tomate demeure, à juste titre d'ailleurs, le plus populaire des légumes au Québec. Aucun potager de jardinier amateur n'est complet sans quelques plants de ce délicieux légume. Pour être certain de récolter une abondance de beaux et bons fruits, il est indispensable de choisir des semences ou plants de variétés résistantes aux maladies et aux nématodes, soit les variétés VFN.

que dans ce cas, à savoir, *Votre potager,* publié aux Éditions La Presse.

Voici quelques informations supplémentaires sur le jardinage, qui s'adressent d'une façon toute particulière aux personnes âgées ou à celles qui n'ont pas la force physique suffisante pour bêcher un terrain et surtout pour convertir une pelouse en potager. Cette technique est bonne surtout pour le maïs sucré, les courges, les tomates et les piments. Protégés par un bon paillis, ces légumes poussent aussi bien sur une parcelle à la surface de laquelle on s'est contenté de disposer des poquets ou buttes de sol ou encore d'effectuer un râtelage très superficiel. Je dois signaler que les œillets d'Inde poussent très bien dans de telles conditions. Pour de bonnes récoltes, il est indispensable que le terrain bénéficie d'un ensoleillement d'au moins six heures par jour.

Les travaux préparatoires comportent, en premier lieu, la tonte du gazon où l'on veut implanter le potager. Épandre une couche de 4 à 6 pouces de compost industriel, ou encore un compost fabriqué avec les débris végétaux du jardin. La tonte et l'épandage du compost doivent être effectués dès que possible au printemps afin que la couche de compost ait le temps de se tasser et qu'ainsi il se produise un compostage des herbes à gazon qui sont maintenant à l'abri de l'air. Pour le maïs, il suffit de creuser, au mois de mai, dans le compost jusqu'au sol et d'y placer la semence. Recouvrir l'emplacement consacré à ce légume avec une feuille de polyéthylène dans laquelle on découpe des ouvertures, lorsque nécessaire, pour laisser passer les tiges. Les courges n'ont pas besoin d'un tel paillis. Elles se sèment, à l'extérieur, à la fin de mai.

Les plants de tomate et de piment s'installent comme dans un potager ordinaire, où il est avantageux de recouvrir le sol avec un paillis spécial en plastique opaque, dans lequel on pratique une ouverture de 4 à 5 pouces de diamètre pour chacun des plants. Ce matériau évite la croissance des mauvaises herbes, conserve l'humidité et maintient une température dans le sol. La fertilisation et les arrosages sont ainsi plus efficaces.

Puisqu'il est question de fertilisation, disons que pour le maïs et les courges on utilise la formule 4-12-8, au semis et à la plantation. Durant l'été, des arrosages du sol et des plants, avec un engrais soluble, tel le 20-20-20, hâtent la croissance et contribuent à l'obtention d'une récolte abondante. Pour les tomates et les piments, c'est la formule 6-9-17 qui est employée, à la plantation, à l'apparition des fleurs et lorsque les fruits ont commencé à se développer. Des arrosages, au cours de l'été, tous les 10 jours, avec une solution fertilisante d'engrais 20-20-20, aident beaucoup à la production d'une abondance de fruits.

Observation et surveillance

Outre la fertilisation occasionnelle et les arrosages lorsque le sol s'assèche autour des plants, il y a peu de besogne dans un tel potager, si ce n'est d'observer et de surveiller pour prévenir les dépradations causées par les insectes et les dégâts occasionnés par les maladies des plantes. Des traitements préventifs sont conseillés avec un produit phytosanitaire contenant un mélange d'insecticide et de fongicide pour légumes, ou l'emploi d'insecticides tels le Diazinon, le Sevin (Carbaryl) ou le Roténone, ainsi que celui des fongicides comme le Benlate (Bénomyl) ou Thuricide (*bacillus thuringiensis*).

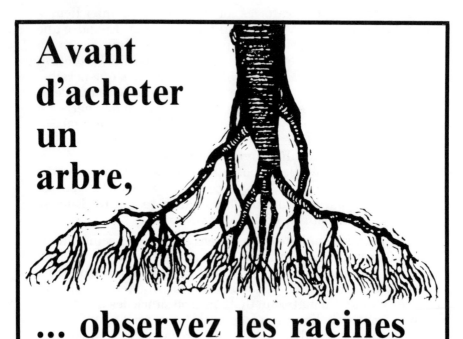

Avant d'acheter un arbre,

... observez les racines

Si vous voulez une plante en bonne santé qui grandit bien, il s'avère prudent de jeter un coup d'oeil aux racines et aussi de connaître la pépinière d'origine.

La pépinière Sheridan est connue pour les plantes vigoureuses et en bonne santé qu'elle offre aux clients et aussi pour la variété de son stock.

Qu'importent les besoins de votre jardin, vous trouverez chez Sheridan ce que vous cherchez. Arbres, arbustes, plantes vertes, vignes, roses, haies, plantes vivaces, oignons, plantes annuelles, saisonnières, d'intérieur, engrais, insecticides et un grand choix de barbecues et accessoires de jardin.

Et si par hasard, vous avez besoin de conseils concernant le jardinage, les plantes d'appartement et tout ce qui s'y rapporte, un spécialiste averti se fera un plaisir de vous aider judicieusement.

NOUS VOUS INVITONS À VENIR NOUS RENDRE VISITE LE PLUS TÔT POSSIBLE.

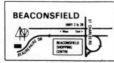

MONTRÉAL:
650 Montée de Liesse
Montréal H4T 1N8
Tel. 341-3604

BEACONSFIELD:
201 Beaurepaire Dr.
Beaconsfield H9W 3B9
Tel. 695-1990

PÉPINIÈRES
SHERIDAN

MARS
L'époque des semis de légumes à l'intérieur est arrivée

Si vous êtes, comme la plupart des jardiniers amateurs, friands de bons légumes frais récoltés au jardin, vous êtes impatient d'entreprendre vos semis à l'intérieur, car le temps annonce la fin prochaine de l'hiver et le début du printemps.

Fort heureusement, l'époque des semis dans la maison est arrivée et vous pourrez ainsi partir vos plants, à l'abri des intempéries, et obtenir rapidement de plantureuses récoltes, tout comme les gens qui ont l'avantage de posséder une serre. Vous débourserez peu d'argent pour obtenir des résultats très encourageants. Outre les paquets de semence, achetés de préférence chez un grainetier, vous devez disposer de terrines, caissettes, pots, disques de culture, pots de tourbe pressée, mélange sans sol, sacs de plastique transparent et terreau. Les miniserres, c'est-à-dire, les terrines surmontées d'un couvercle en plastique translucide, ainsi que l'usage de câbles chauffants, pour le milieu sans sol ou le terreau, facilitent beaucoup le départ rapide des nouveaux plants.

Disques de culture

Si vous n'avez besoin que d'un nombre très limité de plants, utilisez des disques de culture. Ces disques de tourbe sont en réalité une unité complète de culture et vous n'avez pas besoin de pot ni de terreau. Il suffit de placer la semence sur chaque disque, puis de l'arroser. Les disques sont ensuite enveloppés dans un sac de plastique transparent jusqu'à la fin de la germination, à l'apparition des tiges et des 2 premières vraies feuilles. À remarquer que ces disques ne sont pas assez grands pour produire de gros plants, comme ceux des tomates et des concombres.

Les petits pots de tourbe biodégradables sont aussi très utiles, non seulement pour les gens qui ont peu de plants ou en cultivent plusieurs, mais aussi parce qu'ils évitent aux jeunes plants le choc de la transplantation lorsqu'on les installe au jardin.

Boîtes de semis

Autrefois on utilisait beaucoup les caissettes en bois, habituellement faites de vieilles lattes. Ces contenants sont toutefois peu durables, souvent malpropres et ont trop mauvaise apparence pour être employés dans la maison. Les boîtes à semis de plastique sont très pratiques, quasi incassables, faciles à nettoyer et réutilisables pendant plusieurs années. Les amateurs de jardinage utilisent de plus en plus des mélanges sans sol pour leurs semis, car ils sont libres d'insectes, de germes de maladie et de mauvaises herbes. Ces mélanges, qui peuvent être utilisés dans les caissettes ou les pots individuels, contiennent de la tourbe horticole et de la vermiculite.

Si vous devez semer une quantité un tant soit peu considérable de plants, procurez-vous plusieurs sacs de mélange sans sol ou de sol d'empotage stérilisé, tel le terreau Fertox par exemple. Versez du mélange ou du terreau dans des caissettes ou terrines jusqu'à ¾ de pouce (environ 2 cm) du rebord. Ajoutez ½ pouce (environ 1,25 cm) de vermiculite et nivelez sans presser. Tracez ensuite des rangs de ⅛ à ¼ de pouce (0,3 à 0,6 cm environ) de profondeur, espacés de 2 pouces (5 cm), dans la vermiculite humide, dans lesquels vous sémerez. Couvrez la semence d'une couche sèche de vermiculite. Placez un morceau de verre sur la caissette ou la terrine pour conserver l'humidité. Élevez graduellement le verre (ou le plastique transparent), à mesure que la germination de la semence progresse, afin d'assurer une ventilation adéquate. Arrosez, si nécessaire, en vous servant d'un jet à brume.

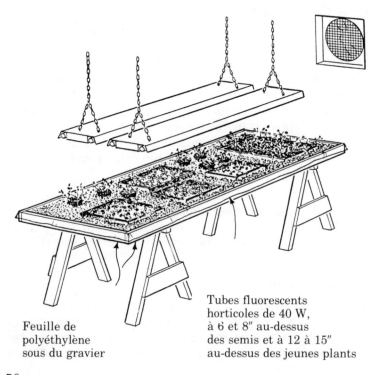

Feuille de
polyéthylène
sous du gravier

Tubes fluorescents
horticoles de 40 W,
à 6 et 8″ au-dessus
des semis et à 12 à 15″
au-dessus des jeunes plants

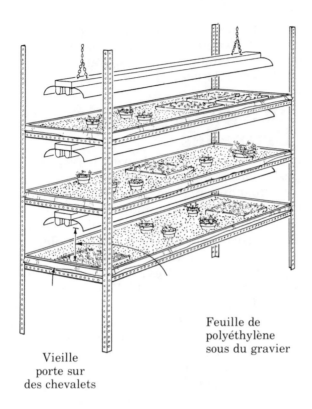

Feuille de
polyéthylène
sous du gravier

Vieille
porte sur
des chevalets

Même si vous pouvez vous procurer facilement dans les jardineries et pépinières tout ce qu'il faut pour vos semis, il est fort possible que vous n'ayez pas suffisamment d'espace près des fenêtres pour donner la lumière indispensable à la croissance des plants. Mais, si vous disposez d'un sous-sol ou d'une cave qui soient chauffés, vous avez là un endroit de choix pour effectuer les semis et installer un système d'éclairage artificiel avec des tubes fluorescents horticoles de 48 pouces (1,20 m), du type Agro Lite, Gro-Lux, Plant-Gro, etc., qui fournit aux plantes la lumière dont elles ont besoin pour une croissance normale.

Les contenants de semis sont placés sur une table ou sur des étagères surmontées de tubes fluorescents munis d'un réflecteur. Ces tubes sont maintenus à 6 ou 8 pouces (15 à 20 cm environ) au-dessus des contenants et demeurent allumés 16 heures par jour. Les appareils d'éclairage sont suspendus à des chaînes, ce qui permet de les monter ou descendre à volonté. D'ailleurs, lorsque les plants commencent à pousser, il faut maintenir une distance de 12 à 15 pouces (30 à 38 cm environ) entre les tubes et les plants.

L'humidité est un autre facteur de succès avec les semis. Elle doit être de 50 à 60 pour 100. Pour la garder à ce haut degré, il faut que les contenants (terrines, plats, caissettes ou pots) soient installés sur du gravier humide, épandu sur une feuille de plastique.

Cultivez un légume peu exigeant, le chou de Bruxelles

Culture du chou de Bruxelles: le chou de Bruxelles, comme le chou, n'est pas exigeant en ce qui concerne le type du sol, pourvu qu'il y ait suffisamment de matière organique (fumier), d'éléments nutritifs (engrais) et d'humidité. Cette culture préfère un sol sablo-argileux. Les semis se font sous verre (dans la maison ou dans une serre) vers le 15 mars. Les plants sont repiqués lorsqu'ils ont deux vraies feuilles. L'espacement doit être d'environ deux pouces. Il faut éviter un excès de chaleur qui provoquerait une pousse trop rapide. Une température de 10 à 14 degrés C est la meilleure. Les plants sont repiqués en pleine terre la première semaine de mai. Les petits choux ou pommes se développent dans l'aisselle des feuilles. On supprime les feuilles du pied lorsque les pommes commencent à se former, et quand celles-ci sont bien formées, on les récolte et on les utilise comme les choux et choux-fleurs. On peut arracher les plants en laissant les racines intactes et les mettre dans une couche froide pour les protéger contre la gelée.

Les semis, en général, se font vers le 15 mars. La graine se sème sous verre, en bâches peu profondes.

Calendrier de semis et de plantation des légumes

Nom	Semis	Plantation
Piment	30 mars	28 mai
Tomate	10 avril	28 mai
Brocoli	30 avril	25 mai
Chou	30 avril	25 mai
Laitue	30 avril	1er juin
Radis	1er mai	
Carotte	10 mai	
Betterave	15 mai	
Concombre	15 mai	
Haricot	25 mai	

Pourquoi et comment effectuer la taille des arbres fruitiers

La plupart des arbres fruitiers assez âgés pour produire des fruits devraient être taillés chaque année. La taille bien faite améliore le calibre et la qualité des fruits. Elle s'effectue généralement lorsque les arbres sont au repos. Cette taille, dite de dormance, stimule la croissance de nouveau bois. L'époque idéale se situe après les gros froids de l'hiver, soit au début du printemps, juste avant le gonflement des bourgeons et elle se pratique jusqu'au départ de croissance des arbres, à savoir jusqu'à l'époque de la floraison.

Le but principal de la taille de fructification consiste à accroître la vigueur de l'arbre tout en réduisant son développement. Grâce à elle, on peut obtenir et maintenir un arbre en état de production maximale tant en quantité qu'en qualité. Le ravalement des branches permet au soleil de pénétrer jusqu'au centre de l'arbre et à l'air d'y circuler librement.

Un ensoleillement normal favorise une belle coloration des fruits, tandis que les courants d'air aident à diminuer l'infestation des insectes et abaissent les risques de maladies. On sait, par exemple, que les pommes les plus colorées sont celles qui ont reçu un ensoleillement direct de 70 à 100 pour 100, tandis que les fruits recevant moins de 50 pour 100 de soleil direct sont susceptibles de ne pas développer une coloration suffisante.

Tailles fréquentes

En général, il est préférable de pratiquer une taille légère chaque année ou au moins tous les deux ans, plutôt qu'une taille sévère, tous les 3 ou 4 ans, puisque cette dernière a des effets néfastes. En effet, une taille trop sévère stimule la croissance de drageons et de gourmands, retarde la coloration et la maturation des fruits. En outre, la croissance succulente augmente le risque de feu bactérien chez le pommier et le poirier, de chancre chez le pêcher et de dégâts d'hiver chez toutes les espèces.

Le pommier en production

La taille du pommier en pleine production consiste surtout à débarrasser l'intérieur et le bas de l'arbre des branches faibles ou grêles qui s'y trouvent. Ces branches sont plutôt retombantes et pointent vers le sol. En outre, les branches qui traînent à terre peuvent être coupées au ras du tronc, ou encore rabattues jusqu'à une ramification secondaire poussant en re-

La taille du pommier en production consiste surtout à débarrasser l'intérieur et le bas de l'arbre des branches faibles ou grêles qui s'y trouvent. Les gourmands, les branches mortes, malades ou brisées sont aussi éliminés.

montant et mesurant au moins ¾ de pouce (2 cm) de diamètre. De plus, on élimine les branches mortes, malades ou brisées. Les gourmands sont aussi enlevés sauf s'ils peuvent servir à remplir un vide laissé par une branche perdue, ou à rajeunir une branche qui faiblit.

Les arbres qui sont trop hauts peuvent être abaissés en rabattant les branches verticales du faîte de l'arbre et des branches latérales bien placées, mesurant au moins 1 pouce (2,5 cm) de diamètre et s'étendant plus ou moins horizontalement.

Les vieux arbres en production ont habituellement besoin d'être taillés plus sévèrement que les jeunes arbres vigoureux. Toutefois, pour donner de la vigueur aux pommiers, la taille ne doit pas remplacer la fertilisation qui s'effectue au printemps avec l'engrais de formule 4-12-8, à raison d'une demi-livre (250 g) par pouce (2,5 cm) de diamètre du tronc mesuré, à 3 pieds (1 m) environ de la surface du sol.

Taille d'été

Comme je l'ai mentionné au début de ce texte, la meilleure époque de taille est en général le début du printemps, jusqu'à l'époque de la floraison. Lorsque les bourgeons ont commencé à gonfler, il faut éviter très soigneusement de décoller l'écorce des jeunes arbres et d'abîmer les bourgeons et les dards. Il est recommandé, surtout pour les pêchers nouvellement plantés, d'exécuter une seconde taille en juin pour enlever le bois mort. Les coupes sont faites dans le tissu sain, là où la cicatrisation se fera rapidement. Il importe cependant de se souvenir que plus la taille est tardive, plus le développement de l'arbre sera réduit. Une taille sévère en fin de printemps peut compromettre sérieusement la vigueur de l'arbre.

La taille d'été des arbres fruitiers a un effet nanifiant plus prononcé au début de l'été, qui va en diminuant vers la mi-été et en août. Cette taille est utilisée pour enrayer une croissance végétative trop vigoureuse en rabattant d'un à deux tiers les rameaux terminaux à la fin de juillet. Quand on l'effectue en fin d'été, le ravalement des nouvelles pousses régularise la croissance et peut aussi améliorer la coloration des fruits en diminuant l'ombre et en augmentant la concentration d'hydrates de carbone dans les rameaux à fruits. Par ailleurs, la taille d'automne n'est pas à conseiller parce qu'elle accroît le risque de dégâts d'hiver.

Taille du poirier

La taille du poirier ressemble beaucoup à celle du pommier, quoique le poirier est, de tous les arbres fruitiers communs à feuilles caduques, celui qui demande le moins de taille. Néanmoins, il faut le tailler légèrement chaque année, surtout pour l'éclaircir, afin de faciliter la pulvérisation et pour réduire les dégâts résultant du frottement des fruits sur les branches.

Pour éclaircir les branches, il faut sur cet arbre au port très dressé, très élancé, enlever les branches verticales du haut après la première pleine récolte, et conserver celles qui se rapprochent de la position horizontale. On coupe, en outre, les branches horizontales et retombantes dans le bas de l'arbre, si elles gênent la circulation sur le terrain. Puisque le poirier est exposé à une maladie, le feu bactérien, il est indispensable, afin d'éviter l'infection des parties principales de la charpente de l'arbre, de ne tolérer aucune pousse (dard, lambourde, brindille, gourmand) ni sur la tige centrale, ni sur une longueur de 18 pouces ou 45 cm, à la base des branches charpentières.

Le prunier et l'abricotier

Le prunier, et particulièrement celui du type japonais, a tendance à surproduire. Ainsi, puisqu'il est essentiel d'obtenir des fruits de bonne dimension, il faut tailler assez sévèrement, chaque année, les arbres en production. Un éclaircissage annuel de 10 pour 100 de la zone de production n'est pas considéré comme exagéré.

Puisque le mode de fructification et les besoins de taille ressemblent beaucoup à ceux du prunier japonais, l'abricotier doit être taillé un peu plus sévèrement que le prunier, afin de renouveler les dards destinés à la production future de fruits.

Le cerisier et le pêcher

La taille de fructification du cerisier se résume à enlever les branches faibles, malades, brisées, mortes, à éclaircir un peu la tête de l'arbre en coupant de petites branches ici et là, et enfin, lorsque l'arbre devient trop haut, à le rabaisser en rabattant sa cime à une branche latérale bien placée.

Le pêcher, à la différence du pommier et du poirier, ne porte pas ses fruits sur des dards. Cet arbre dépend du développement de bourgeons à fruit, sur du bois de l'année. Le pêcher doit donc produire chaque année de bonnes pousses terminales pour avoir une bonne zone de fructification. Il est nécessaire d'enlever par la taille, chaque année, de 10 à 20 pour 100 de la zone de production, le pourcentage le plus élevé s'appliquant aux arbres les plus âgés.

Une bonne taille

Il est très important de retenir que les coupes nettes, à ras, se cicatrisent plus facilement. La plaie de taille doit être exécutée au ras de la branche ou du bourgeon qu'on veut conserver. La coupe doit être faite de façon à laisser une plaie du plus petit diamètre possible. Les moignons ne se cicatrisent pas, ils pourrissent, ouvrant la voie à l'infection du tronc principal. Incidemment, le pêcher y est particulièrement susceptible, car le chancre peut s'installer lorsque la cicatrisation est retardée.

Un jardin paysager convenant à vos goûts et à vos besoins

L'aménagement paysager d'un jardin ne consiste pas uniquement à décider de l'aspect que présenteront les plantes que vous installerez sur votre terrain, mais aussi à prévoir des espaces libres convenant à la détente, au confort et à des activités sportives, et ce, évidemment, compte tenu de plusieurs facteurs.

Il ne faut surtout pas considérer l'aménagement paysager comme une fin, mais bien comme un moyen, un outil indispensable. La valeur de l'aménagement réside essentiellement dans l'analyse des exigences par rapport aux conditions de l'emplacement. Les résultats de l'élaboration du plan s'expriment par la construction ou l'établissement du jardin. Il ne faut certes pas copier en totalité ou partiellement le jardin bien aménagé d'une autre propriété sans lui apporter certaines modifications, puisque les demeures et les soins varient d'un endroit à l'autre. Il est vrai que vous pouvez emprunter à un autre jardin une idée qui s'adapte au vôtre, mais vous devez y effectuer les modifications requises par l'espace disponible. Tout jardin bien aménagé possède des qualités qui plaisent sans s'imposer de manière évidente.

Ce que conçoit un esprit moderne peut fort bien n'être pas vu du même œil par un traditionaliste. En effet, les goûts de chacun font apprécier le paysage de façon différente. Les tendances naturelles qui influent sur l'aménagement du jardin sont fondamentales et doivent être parfaitement comprises si l'on veut réussir. Cela s'applique tant aux propriétés privées qu'aux vastes étendues des parcs.

Classique ou naturel?

Le jardin paysager peut appartenir au genre classique ou au genre naturel, de sorte que la nature des plantes qu'on y installe doit faire l'objet d'un examen sérieux. L'eau peut être utilisée pour servir de trait d'union à diverses plantations ou comme centre d'intérêt spécial. Le jardin est maintenant considéré comme un lieu de repos, de confort et de détente. Il ne se limite plus à son rôle traditionnel qui consistait à rehausser la beauté des bâtiments. La fonction du jardin diffère aussi selon le pays, les traditions.

Ainsi, par exemple, au Japon, c'est un endroit de méditation. Toutes ses parties sont aménagées de façon à constituer l'ensemble traditionnel qui a servi à cette fin depuis plusieurs siècles.

L'environnement

En élaborant le plan d'un petit jardin familial, le paysagiste moderne doit tenir compte de ce qui se trouve au-delà de la propriété à cause de l'influence de l'environnement. Il peut utiliser d'intéressantes perspectives éloignées ou masquer par des écrans celles qui ne cadrent pas dans son projet. On divise la propriété en quatre secteurs fondamentaux. *Le bâtiment* est destiné aux fonctions intérieures et est défini comme un abri contre les éléments. *L'aire publique* ou cour avant est habituellement très simple, ce qui lui permet de paraître toujours en ordre sans exiger trop d'entretien; cependant on rencontre parfois, comme variation, un jardin d'entrée, ou cour d'entrée, entouré d'une petite haie ou d'un écran, et qui offre un certain intérêt au visiteur qui approche de la porte de façade. Une sculpture, un petit étang qui s'agencent avec l'architecture impressionnent agréablement le visiteur.

L'aire de service, généralement contiguë au garage, fournit habituellement l'espace réservé aux ordures, à l'entreposage et à certains autres besoins. Le quatrième secteur de la propriété est la *retraite privée* ou arrière-cour. C'est le lieu de détente où l'on bénéficie d'une intimité relative. L'aménagement du terrain peut aussi comprendre une cour de jeu pour les enfants.

Dans un aménagement paysager bien pensé où les divers secteurs sont fonctionnels et parfaitement agencés, la cour arrière est à la fois un jardin et un lieu propice à la détente.

Agencement des secteurs

Une fois que l'on a tenu compte des secteurs fondamentaux et de leurs fonctions respectives, on peut commencer à les disposer dans le plan, chacun par rapport aux autres et aux particularités du terrain. Les éléments de finition ne seront ajoutés au plan qu'après la délimitation des secteurs. C'est alors qu'entrent en scène l'originalité et la personnalité de la famille. Les centres d'intérêt ne doivent pas trancher au point de détruire l'harmonie et d'entrer en conflit avec le rôle que jouent les sections.

Nombreux matériaux

La préparation des plans d'un jardin paysager oblige le concepteur à aménager plusieurs centres d'intérêt et à utiliser de nombreux matériaux tels que arbustes, arbres, étangs, etc., sans attacher plus d'importance aux uns qu'aux autres. Le paysagiste moderne considère que les plans peuvent l'aider à créer un dessin puis à le réaliser. Ils suscitent de l'intérêt en apportant continuellement des changements à la couleur et aux formes, au fur et à mesure qu'ils progressent. Le gazon est une couverture du sol comme le gravier, le béton, les pervenches ou les pachysandres, et un mur peut aussi bien être de brique que de bois, voire remplacé par une haie.

Arbres et arbustes

Les arbres ont la tâche gigantesque de délimiter les espaces en se faisant apprécier de plus en plus au fur et à mesure qu'ils croissent. Ils apportent l'élément de hauteur au jardin et fournissent le confort. Un arbre peut prendre la place de plusieurs arbustes. Il établit un sens de proportions et permet un jeu d'ombre et de lumière.

Les arbres et les arbustes modifient le climat de leur entourage. Quand on sait choisir les types appropriés, ils peuvent aussi se faire les harmonieux interprètes du vent. De la même façon qu'une haie peut être considérée comme jouant le rôle d'un mur, les arbres peuvent être considérés comme un abri ou un toit au-dessus des têtes.

Importance du feuillage

Il faut choisir le feuillage avec soin car il joue un rôle important dans le plan d'un jardin. Des plantes à feuilles grossières combinées avec d'autres dont le feuillage est de texture délicate offrent, par leur contraste, une grande source d'intérêt; des tapis végétaux faits de plantes à grandes feuilles, comme les renouées, sont d'un bel effet autour de certains patios, tandis que d'autres couvertures de sol à feuillage délicat, telles les armoises et les pervenches, avantageront mieux d'autres endroits; tout dépend du fond de scène, de l'espace à occuper et de l'emplacement.

Lorsque les arbres à feuilles persistantes (conifères) sont trop nombreux, ils peuvent créer de la monotonie et rendre l'atmosphère terne. Ils conviennent mieux comme plantes de contraste pouvant apporter de l'intérêt au jardin toute l'année durant, mais ils ne doivent pas à eux seuls fournir tous les éléments de la plantation. Toutefois, il ne faut pas oublier leur beauté sous la neige, pas plus d'ailleurs que l'attrait du profil des arbres à feuilles caduques lorsqu'ils sont couverts de givre ou de frimas.

Pour aviver le tableau qu'offre le jardin, on fait appel aux plantes à feuilles caduques, qui apportent une grande variété de couleurs par leur feuillage, leurs fleurs et leurs fruits. Elles forment un tableau vivant en perpétuelle évolution. Il faut compter aussi sur l'aspect des brindilles et la couleur des écorces. Leur rôle est important dans un plan d'ensemble.

AVRIL

La fertilisation, une nécessité dans le jardinage

Le jardinage est un loisir intéressant, encore faut-il, en plus de la détente, obtenir des résultats satisfaisants avec ses plantes. Très souvent des jardiniers amateurs ne réussissent pas la culture de leurs plantes parce que le sol de leur jardin est improductif ou encore parce qu'ils ne se sont jamais préoccupés de bien connaître leur sol et de l'améliorer.

Le sol

Le sol est une couche de roc moulu plus ou moins finement, dans laquelle se trouvent des débris animaux et végétaux partiellement décomposés. On appelle sol arable, la couche de terre remuée par les instruments aratoires ou les outils de jardinage. L'épaisseur du sol ou couche arable peut varier de quatre à huit pouces suivant le système de culture pratiqué. Il y a aussi le sous-sol, c'est-à-dire la couche de terre comprise entre le sol arable et le roc. Elle peut varier de quelques pouces à plusieurs pieds. Le sous-sol est généralement de coloration plus claire que le sol parce qu'il contient moins de matière organique. Il est ordinairement plus compact et ses éléments nutritifs sont moins assimilables que ceux de la couche arable.

Le sol, un milieu vivant

Le sol est un milieu vivant, dynamique, en perpétuelle évolution, dans lequel on trouve une population microbienne et des éléments chimiques dont la nature, l'importance et les quantités varient considérablement.

Pour convenir au jardinage, un sol doit être ferme, meuble, capable de retenir l'humidité et la chaleur, posséder une structure assez poreuse pour permettre une circulation adéquate de l'air. À moins qu'un sol ne soit déjà en parfait état, bien conditionné, et ne contienne des quantités suffisantes de substances nécessaires à la croissance des plantes, il faut en améliorer la productivité.

Sol lourd et sol léger

Mais avant de parler de matière organique et d'éléments nutritifs, examinons brièvement la structure du sol, soit la façon dont les particules sont collées les unes aux autres, et la manière de l'améliorer.

On sait qu'un sol lourd ou argileux retient bien l'eau et les éléments fertilisants, mais il est difficile à travailler et se réchauffe lentement au printemps. Parmi les correctifs, signalons le bêchage à l'automne, des applications de chaux, de sable et de matière organique (fumier, compost, engrais verts, tourbe horticole, etc.).

Par contre, un sol léger ou sablonneux se réchauffe rapidement, est facile à travailler, mais ne retient pas l'humidité. Il s'améliore par l'incorporation de matière organique, l'addition de chaux hydratée, etc.

La matière organique

La réussite de la culture des plantes de jardin exige que le sol contienne une quantité suffisante de matière organique, qui est très justement appelée «le sang de la terre». La matière organique joue un rôle multiple et indispensable dans le sol. Elle sert de réservoir pour les éléments fertilisants, améliore les disponibilités de certains de ces éléments, améliore l'aération, la capacité de rétention de l'eau et la perméabilité du sol. De plus, elle diminue les risques d'érosion, maintient une bonne structure du sol et fournit l'énergie aux micro-organismes du sol.

La matière organique est formée par les résidus de récolte (compost), les fumiers, la tourbe horticole et autres matériaux organiques.

Il faut fertiliser

La productivité du sol se maintient et s'améliore par des apports d'éléments nutritifs, c'est-à-dire, par la fertilisation.

Toutefois, avant d'appliquer quoique ce soit, la première chose à faire, c'est l'analyse du sol afin d'en connaître précisément les déficiences et d'utiliser le fertilisant approprié.

Vous pouvez facilement faire l'analyse vous-même, pour connaître le degré d'acidité du sol (pH) ainsi que les besoins en azote (N), phosphore (P) et potasse (K). Vous trouverez, dans la plupart des centres de jardinage, des ensembles ou trousses qui vous permettront d'effectuer des analyses rapides. Cependant, pour des analyses précises, il est préférable d'en confier la tâche à un laboratoire spécialisé dans ce domaine. Consultez, à ce sujet, le bureau des agronomes de votre région.

Les éléments minéraux

Les plantes ont besoin de 16 éléments chimiques pour une croissance normale. Le carbone, l'oxygène et l'hydrogène existent dans l'air et dans l'eau mais les 13 autres éléments doivent venir du sol. Les sols du Québec sont le plus souvent déficients en azote, phosphore et potasse et parfois en d'autres éléments selon des conditions spéciales: texture de sol trop sablonneuse, plante exigeant un élément spécifique.

Habituellement, pour obtenir de bons résultats dans la culture des plantes de jardin, il faut ajouter au sol trois éléments qui font défaut, à savoir l'azote, le phosphore et la potasse, soit les trois éléments essentiels ou majeurs.

Il y a aussi les éléments secondaires, qui sont tout aussi importants que les éléments primaires, mais utilisés en moins forte quantité par la plante: calcium, magnésium et soufre. Enfin, il y a une gamme de sept éléments qu'on appelle éléments mineurs ou oligo-éléments parce qu'ils servent en très petites quantités dans le sol et les plantes. Ce sont le bore, le cuivre, le zinc, le molybdène, le manganèse, le fer et le chlore.

Le rôle des éléments

L'azote (N) est l'élément essentiel qui favorise la rapidité de la croissance. Il aide au développement des feuilles et des tiges et leur donne une couleur vert foncé. Il permet aux grains d'augmenter leur contenu en protéine.

Le phosphore (P) représente la santé et la vigueur dans la plante. Il est indispensable pour obtenir une bonne floraison et la formation des fruits et des grains. Il favorise le développe-

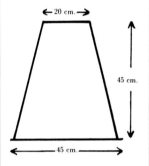

ment du système radiculaire au début de la végétation. Il augmente la résistance des plantes aux maladies.

La potasse (K) favorise la formation de l'amidon, de la protéine et de la chlorophylle dans la plante. Elle joue un rôle important dans la rigidité de la paille et la résistance des plantes aux maladies et aux rigueurs de l'hiver. Conjuguée au phosphore, elle favorise le développement des racines.

Les trois éléments secondaires, calcium, magnésium et soufre, sont le plus souvent ajoutés au sol avec les amendements calcaires. Ils jouent, toutefois, un rôle individuel important chez les plantes.

Le calcium (Ca) aide au passage par osmose de l'azote, du phosphore et du potassium du sol à l'intérieur des racines; il neutralise la fermentation des acides dans le sol, créant ainsi un milieu favorable à l'alimentation de la plante.

Le magnésium (Mg) est la partie essentielle de la chlorophylle. C'est le régularisateur dans l'absorption des autres éléments de la plante. Il facilite le transfert du phosphore des plus vieilles parties aux plus jeunes.

Le soufre (S) est partie intégrante de la protéine. Cet élément facilite la formation des nodules sur les racines des légumineuses, nodules qui permettent à ces plantes de fabriquer l'azote directement de l'air du sol.

De leur côté, les éléments mineurs ou oligo-éléments ont pour fonction d'aider les autres éléments plus importants à jouer leur rôle dans les plantes. Ils ont donc un rôle de catalyseur, mais leur absence peut, par contre, créer des baisses importantes de rendements.

Les pommetiers embellissent les petits jardins

Un pommetier bien choisi peut embellir votre jardin plus que n'importe quel autre arbre ornemental. Cette espèce spectaculaire pousse bien dans tous les sols passablement bons, nécessite peu de taille, et, à part les pulvérisations occasionnelles contre les chenilles au début de l'année, ne demande pratiquement pas de soins.

Plus d'une centaine de variétés différentes sont offertes par les pépinières, de sorte qu'il est difficile de choisir celles qui correspondent le mieux à vos besoins particuliers. Quand les pommetiers sont devenus adultes, leur taille, selon le cas, va de 6 à 8 pieds de hauteur, ce qui constitue l'idéal pour un petit jardin, jusqu'à 35 pieds ce qui en fait des arbres s'intégrant bien au paysage.

Le plus majestueux de tous est le *pommetier sibérien* (*Malus baccata*) qui peut atteindre 35 pieds de hauteur. Sa floraison blanche se transforme en petits fruits jaunes et orangés, très appréciés des oiseaux. Ses feuilles forment un beau décor d'automne, et son agréable silhouette échevelée est un tableau remarquable tout le long de l'hiver. Il en existe une variété spectaculaire, à port dressé, qui forme une colonne élancée dont la frondaison n'a pas plus de 6 à 8 pieds de largeur; elle se couvre au printemps de grosses fleurs blanches et, en automne, se garnit des mêmes petits fruits jaunes qui attirent les oiseaux.

Arbres gracieux

Le plus petit est le *pommetier Sargent* (*Malus sargentii*), modèle gracieux convenant aux petits jardins. Il a une forme typique à une seule tige, et dépasse rarement 8 pieds de hauteur bien que sa frondaison atteigne 10 pieds de largeur. Ses fleurs sont blanches (il en existe également une forme à floraison rose) et son fruit est orangé.

Le *Van Eseltine* a une forme semblable au sibérien fastigié dont j'ai déjà parlé. Il a un port dressé et cylindrique, s'étale sur sept à huit pieds de largeur, et ses grosses fleurs sont d'un rose profond.

Le *Red Jade* est un type à port pleureur, aux branches retombantes comme celles du saule pleureur, dont il n'atteint pas le quart de la taille, et il a infiniment moins de racines traçantes. Il acquiert toute sa beauté en automne lorsque ses fruits abondants, d'un rouge foncé, produisent un effet spectaculaire.

Le *Dorothée*, le *Katherine* et le *Tanners*, sont trois variétés spectaculaires moins connues et encore peu répandues. Tous les trois ont une floraison rose semi-double et plus tardive que les autres variétés. Le Tanners est le plus rustique des trois.

Très rustiques

Les pommetiers du groupe Rosybloom, créés à partir de croisements entre le *Malus pumila Neidzwetzkyana* et d'autres espèces ou cultivars de Malus, sont tous merveilleusement rustiques. Ils produisent une floraison vermeille et un feuillage teinté de pourpre. Il est difficile de dire quel est le meilleur d'entre eux, car un certain nombre ne fleurissent qu'une année sur deux. Les cultivars suivants sont recommandés: le *Makamik* aux fleurs roses et aux fruits d'un pourpre sombre, sans aucun doute l'un des meilleurs pommetiers. L'*Almey*, a de grosses fleurs pourpres marquées d'une étoile au centre et se garnit de fruits rouges qui ressemblent exactement aux «Délicieses» miniatures. Ce sont les préférés des gros-becs errants au mois de mars.

Le *Cowichan* est le premier à fleurir et ses fruits sont les meilleurs pour la confection des gelées, le *Simcoe* est pratiquement rose pur en pleine floraison et le *Baskatong*, avec ses grosses fleurs pourpres, ses fruits d'un vermillon foncé et ses feuilles rougeâtres compte parmi les meilleurs. Trois pommetiers sont vraiment remarquables: l'*Aldenham* (*Malus purpurea Aldenhamensis*), le *Profusion* et le *Hopa*.

La beauté de l'Aldenham ne réside pas dans son feuillage, mais ses fleurs sont littéralement d'un rouge brillant; on en trouve des simples et des semi-doubles sur le même arbre; s'épanouissant de très bonne heure, elles sont remplacées en automne par des fruits rouges.

Le Hopa a une forme symétrique très nette, et l'on peut compter sur lui pour produire tous les ans une belle floraison suivie d'une fructification abondante. Si vous voulez composer un bon décor floral, choisissez le cultivar Profusion qui, comme son nom l'indique, produit une masse fantastique de fleurs tous les ans.

Il existe deux ou trois belles variétés qui fleurissent après la pleine saison de floraison des pommetiers, et qui non seulement la prolongent mais fournissent en même temps une excellente floraison double. Le meilleur d'entre eux est le *pommetier Bechtel* (*Malus icensis Plena*), très belle variété du type entièrement double, aux fleurs rose pâle parfumées, dont le diamètre atteint 2½" ou davantage, qui fleurit en abondance tous les ans. Son feuillage n'a pas de beauté particulière, et, dans certaines régions, il est sensible à la rouille du genévrier. C'est un bon cultivar pour ceux qui désirent obtenir avant tout un décor somptueux de fin de printemps, et, pour cette raison, il est recommandé dans tout petit jardin où l'on cherche à obtenir cet effet. Il ne produit pas de fruits, caractéristique qui peut sembler désirable à cause des problèmes d'entretien. Le *Prairie Rose* est un cultivar de la même espèce aux fleurs doubles d'un rose plus profond, qui se fanent moins facilement que celles du Bechtel. Le *Malus Charlottae* possède une forme semblable à celle du Bechtel, mais ses fleurs semi-doubles sont d'un rose léger, et il produit de gros fruits verts. Il est recommandable uniquement là où le Bechtel ne réussit pas, par exemple, dans les régions infestées par la rouille du genévrier. Aucune de ces espèces n'est rustique dans la région des Prairies.

Bien choisir les arbres à planter près des immeubles urbains

Ajoutant à tout paysage urbain leur beauté particulière, les arbres constituent l'ornementation idéale autour des bâtiments. L'ombre agréable qu'ils procurent en plein été a longtemps fourni un thème favori des écrivains. Bien que ce soit souvent inévitable, il est toujours regrettable de devoir les abattre pour laisser le champ libre à la construction de nouveaux immeubles.

La plantation d'arbres nouveaux, par contre, constitue un des plus grands bienfaits de l'aménagement et du réaménagement urbains. Le vieux proverbe selon lequel un des plus beaux spectacles du monde est celui d'un vieil homme plantant un jeune arbre n'est pas seulement une figure de rhétorique. Il rappelle que les arbres sont vivants et que leur durée est comparable à celle de la vie humaine. Pour des raisons d'esthétique surtout, mais aussi dans une certaine mesure sous l'angle utilitaire, la plantation d'arbres complète donc nécessairement la construction des bâtiments. Tout le monde reconnaît combien les constructions modernes sont encore tributaires des matériaux dérivés de l'arbre, mais on tient trop souvent pour acquis les avantages esthétiques apportés par le voisinage des arbres auprès des immeubles.

L'arbre et ses racines

Environ 10 pour 100 de la totalité du bois d'un arbre se trouvent sous la surface du sol, sous forme de racines qui s'étendent sur des distances tout à fait surprenantes. La longueur totale de toutes les racines d'un grand chêne, par exemple, est de plusieurs centaines de milles. Les racines ont pour fonctions, non seulement d'assurer l'ancrage de l'arbre dans le sol, mais aussi, ce qui est plus important, de lui fournir, après les avoir tirés de la terre, les minéraux et l'eau nécessaires à son bien-être. Si les sources normales d'eau voisines de l'arbre tarissent, le système radiculaire va fournir un effort remarquable d'extension pour en découvrir d'autres.

Arbres à croissance rapide

Certaines espèces d'arbres à croissance rapide, tels les peupliers, les saules et les ormes, ont besoin de grandes quantités d'eau pour leur croissance. Les racines aspirent l'eau et les feuilles la transpirent. Pendant l'été, un seul arbre peut nécessiter jusqu'à 100 gallons d'eau par jour. Durant les périodes

pluvieuses, l'eau souterraine est alimentée par la pluie. Toutefois, au cours des longues périodes de sécheresse, l'eau souterraine absorbée par les racines des arbres et évaporée directement dans l'atmosphère n'est pas remplacée et la teneur en humidité du sol est sans cesse réduite. Dans de telles conditions, les racines s'étendent vers des sources d'eau non utilisées, contenues dans la couche d'argile située souvent directement sous les fondations.

Sols argileux

Le sous-sol de la grande région industrielle des vallées du Saint-Laurent et de l'Outaouais est constitué par un type inhabituel d'argile (communément appelée argile de Léda). Elle doit certaines de ses propriétés au fait qu'elle a été déposée par précipitation dans l'eau de mer à l'époque glaciaire lorsque la région fut submergée par une mer connue sous le nom de mer de Champlain. Sa teneur naturelle en humidité est souvent assez élevée. Son mode de formation a donné lieu à une disposition particulière des minuscules particules du sol. Il en est résulté chez celui-ci un pouvoir de contraction aussi remarquable que regrettable.

Le processus n'est pas entièrement réversible et le sol, mouillé à nouveau après contraction, ne reprend ordinairement pas son volume initial. Ce fait complique le problème pratique car, s'il se produit de sérieux affaissements de la surface dus à la contraction de l'argile de Léda, le rétablissement de la teneur primitive du sol en humidité ne ramènera pas ce dernier à son niveau initial. En d'autres termes, l'argile des vallées du Saint-Laurent et de l'Outaouais est à structure ouverte; elle a une teneur élevée en humidité et, par conséquent, une grande capacité de contraction. Des teneurs élevées en humidité signifient que, même durant les années de sécheresse, les racines sont toujours alimentées en eau. Cependant, quand le sol a une grande capacité de contraction, le retrait de l'eau produit une diminution de volume et entraîne des tassements. Si l'eau était extraite uniformément du dépôt d'argile, les tassements aussi seraient uniformes, mais comme les racines sont plus denses à proximité des arbres, le degré de contraction y est plus élevé pour diminuer à mesure que l'on s'en éloigne, devenant presque négligeable au-delà des racines les plus éloignées. Les fondations des maisons creusées dans l'argile ou sur de l'argile soumise à ces conditions sont exposées à des tassements différentiels dommageables, qui, en retour, causent des ruptures dans les murs des fondations et des lézardes en forme de diagonale ou en escalier dans le fini extérieur.

Des études faites par le Conseil national de recherches sur les tassements du sol à proximité d'une rangée d'ormes démontrent comment la proximité des arbres influe sur l'ampleur des mouvements. En 1955, l'année la plus sèche enregistrée, les tassements à la surface du sol ont dépassé 3 pouces à proximité des arbres, et plus de ½ pouce à 40 pieds. Cependant, les grands tassements produits à des profondeurs où les fondations sont généralement creusées se sont révélés les plus significatifs. À proximité des arbres, ces tassements ont été supérieurs à 2 pouces, et même à 30 pieds de distance, ils dépassaient ½ pouce. Il est facile d'imaginer les dommages causés aux bâtiments par l'effet de ces tassements différentiels.

L'argile est composée de fines particules ressemblant à des lames de rasoir ou à des feuilles de mica. Les dépôts d'argile de Léda se distinguent par leurs particules qui ont la forme d'un château de cartes. La disposition des particules est appelée «structure du sol» et résulte de la formation des dépôts. Comme la structure est «ouverte», la teneur en eau et la capacité de contraction sont élevées, car l'espace entre les particules représente souvent jusqu'aux deux tiers du volume total du sol. Par conséquent, quand la quantité d'eau contenue dans les espaces est réduite de façon significative, la structure cède et le sol se contracte. Malheureusement, le volume perdu par contraction dans ces dépôts ne peut être que partiellement récupéré et seulement au moment où il y a un excès d'eau. Les tassements causés par la contraction due à une perte d'eau peuvent être importants, et il est nécessaire, du point de vue économique, de prendre des mesures pour éviter que les constructions soient sérieusement endommagées. Ce ne sont pas tous les sols des vallées du Saint-Laurent et de l'Outaouais qui sont sujets à de sérieuses contractions; ce problème se pose surtout dans les endroits où il y a de l'argile molle et compressible entre la surface des fondations et des profondeurs de 12 à 15 pieds. Un propriétaire ou un entrepreneur peut évaluer le sol en prélevant des échantillons du sous-sol au moyen d'une tarière ordinaire. Si les échantillons peuvent être transformés en masse boueuse ou plastique et molle, cela signifie que la teneur en eau est élevée. Ensuite, il faut donner à ces échantillons une forme bien définie (un cube ou cylindre obtenu en utilisant une boîte de conserve), pour les observer pendant qu'ils sèchent. S'ils se contractent beaucoup, il s'agit d'un type de sol qui pourrait causer des problèmes. On peut heureusement détecter facilement cette nature spéciale du sol en examinant des échantillons provenant de sondages d'essai préalables à la construction. Il est donc toujours possible de prévoir les complications dues à ces sols et de préparer les plans des fondations et de l'aménagement paysager de manière à éviter cet inconvénient après l'érection d'un immeuble.

Mesures préventives

Bien que parfois indispensable, la destruction d'arbres vivants est toujours d'autant plus regrettable que les difficultés entraînées par leur présence auraient pu être évitées par une préparation plus soigneuse du plan original. L'expérience locale peut ici être utile, à condition qu'il s'agisse de celle de techniciens avertis, parfaitement au courant de l'action des arbres sur les sols argileux. On peut considérer les conditions ci-dessous comme essentielles à tous travaux préliminaires dans ce domaine:

a) Il importe d'obtenir des renseignements exacts sur la nature du sol à l'endroit où l'immeuble sera construit. Ils résulteront, dans le cas d'immeubles importants, d'une étude adéquate de la nature locale du sol. Si le volume des sols qui auront à supporter les fondations ne change pas selon les variations de teneur en humidité, il n'y aura pas lieu de craindre que les arbres causent des difficultés. Au cas contraire, les plans des fondations et de l'aménagement paysager devront être adaptés en conséquence.

b) La présence d'argile sujette au retrait pose, dans la préparation des plans de fondations, des problèmes différents de ceux qui sont imputables aux arbres. De nombreux facteurs peuvent, en effet, influencer la teneur en humidité du sol. L'ensemble des problèmes sera ordinairement résolu si l'on prend, en ce qui concerne la résistance des fondations et leur

profondeur, les précautions dont tout ingénieur en fondations expérimenté s'inspire dans ses plans.

c) Si des arbres poussent déjà sur le site de l'immeuble à construire, on doit s'efforcer de choisir un emplacement conforme aux indications du paragraphe suivant. En cas d'impossibilité, il importe de surmonter la répugnance qu'on éprouve naturellement à abattre les arbres et de ne pas hésiter à le faire pour ceux qui sont trop voisins de l'édifice. On enlèvera ensuite leurs systèmes radiculaires. Il est de beaucoup préférable d'agir ainsi et de planter de jeunes arbres aux endroits appropriés plutôt que de laisser des considérations d'ordre esthétique primer sur celles de la raison.

d) Quant aux arbres plantés autour d'un bâtiment pour agrémenter le paysage, on peut se baser sur la bonne règle pratique suivante: Les arbres à planter près d'un immeuble bâti sur argile sujette au retrait doivent de préférence être situés à une distance de l'immeuble au moins égale à leur hauteur maximale. La topographie du terrain entourant le bâtiment peut imposer des modifications à cette règle. Si on l'applique, d'ailleurs, il importe de prêter attention aux différentes caractéristiques de transpiration des arbres.

Besoin des arbres en humidité

Toutes les espèces d'arbres n'ont pas besoin des mêmes quantités d'humidité pour leur croissance. Généralement, ce sont les arbres à croissance rapide qui nécessitent le plus d'eau. Les conifères poussent assez lentement comparativement aux autres arbres et peuvent être placés sans danger plus près des bâtiments que les arbres à feuilles caduques. Les peupliers sont l'espèce d'arbres qui provoque le plus souvent des tassements parce qu'en plus d'avoir un taux de croissance très rapide ils sont généralement plantés en rangées et assez près les uns des autres. Les saules pleureurs et les ormes peuvent aussi causer des problèmes. L'érable, l'orme de Chine et les autres arbres à feuilles larges présentent moins de danger, mais ont déjà causé la contraction de l'argile au cours des années de sécheresse.

J'insiste de nouveau sur le fait qu'il faut toujours admettre que le sol peut être atteint jusqu'à une distance correspondant à la hauteur de l'arbre, même si la répartition des racines des arbres de différentes espèces varie. Ainsi, un arbre à croissance rapide ne devrait pas être planté à une distance inférieure à la distance correspondant à sa hauteur définitive. Un arbre à croissance rapide qui est déjà planté sur un terrain devrait être enlevé si la distance qui le sépare du bâtiment est inférieure à

74

la norme indiquée. Des groupes ou des rangées d'arbres extraient plus d'eau que des arbres seuls et les effets de l'assèchement et de la contraction peuvent même se manifester à des distances plus éloignées. Ce sont les petites racines des arbres qui absorbent l'eau du sol. Les racines plus grosses permettent d'indiquer l'extension réelle des racines, mais elles servent principalement à transmettre l'eau et les éléments nutritifs à partir des petites racines jusqu'au tronc.

Périodes de sécheresse

Les problèmes posés durant les périodes de sécheresse par des arbres plantés trop près d'un bâtiment devraient être résolus le plus rapidement possible. La fissuration d'un mur placé à proximité des arbres constitue le premier indice de tassement différentiel et le seul moyen sûr d'empêcher d'autres dommages consiste à enlever les arbres.

Si les précipitations sont assez fréquentes, de nombreuses années peuvent s'écouler avant qu'il y ait des tassements causés par les arbres. La plupart des problèmes surgissent quand les chutes de pluie estivales se situent en dessous de la normale. L'eau proche de la surface est rapidement utilisée, la nappe phréatique diminue et les petites racines s'étendent en quête de l'eau contenue dans les pores de l'argile. La sécheresse ou l'humidité relative d'un été peut être évaluée à partir des données météorologiques enregistrées. Il est possible de tracer un graphique de la quantité quotidienne d'eau utilisée par les arbres (en fonction des températures quotidiennes moyennes et de la durée du jour) et de la quantité d'eau fournie par les précipitations, puis de comparer ces données avec celles des autres années.

À Ottawa, comme à Montréal par exemple, il est normal que l'épuisement de l'humidité du sol atteigne un maximum de 7 pouces d'eau en septembre. Les études et l'expérience ont démontré que c'est à ce chiffre que la contraction commence à se produire sous les fondations. Des températures plus basses réduisent le besoin d'humidité et les pluies automnales approvisionnent de nouveau le sol en eau.

Même si les types d'argile de ces régions n'ont pas une grande capacité de dilatation, dans le cas où la contraction du sol et la fissuration des maisons se sont produites très rapidement, un effet réversible peut parfois être obtenu en remplissant d'eau, pendant quelques semaines, les vides créés autour des murs des fondations. Les aspects les plus saillants de la question sont les suivants:

1) Plus l'arbre est de grande dimension, plus il nécessite d'humidité et plus il y a de risques qu'une année plus sèche que la normale cause la contraction du sol.

2) Les arbres à croissance rapide ont besoin de plus grandes quantités d'humidité. Ainsi, les risques de contraction du sol sont plus élevés.

3) Des études faites à Ottawa et ailleurs indiquent que le sol situé à une distance plus éloignée que la distance correspondant à la hauteur de l'arbre ne sera pas atteint. Il faut cependant se rappeler qu'à mesure qu'un arbre pousse, les zones de terrain qui n'étaient pas touchées quand l'arbre était jeune peuvent être gagnées par le système radiculaire quand l'arbre vieillit.

4) Le tassement causé par les arbres est lié directement à la proximité des arbres. Le tassement et les dommages sont plus grands près de l'arbre, et diminuent à mesure que la distance augmente.

5) Les espèces d'arbres qui peuvent présenter le plus de problèmes sont les saules, les peupliers et les ormes. (Les peupliers sont les arbres qui causent le plus de dommages car ils sont souvent plantés en rangées.) De gros arbres d'autres espèces ont aussi causé la contraction de l'argile ainsi que des tassements.

Voici une liste des arbres les plus communs classés par ordre décroissant de besoin en eau et, par suite, par ordre décroissant d'aptitude à créer des difficultés.

Arbres à feuilles caduques: le peuplier, l'aune, le tremble, le saule, l'orme, l'érable, le bouleau, le frêne, le hêtre et le chêne.

Conifères à feuillage caduc: le mélèze.

Conifères à feuilles persistantes: l'épinette, le sapin et le pin.

Les arbres à croissance rapide, dont les racines peuvent éventuellement endommager la fondation des immeubles, comme les saules, les peupliers et l'érable argenté, sont à éviter. Ne plantez pas non plus des érables roux qui deviennent trop fragiles en vieillissant, ni les arbres au bois cassant, tel le robinier faux acacia, qui se brisent facilement sous le verglas.

Des mesures appropriées prises dès le début peuvent éliminer les dommages causés par les arbres; cependant il n'est pas nécessaire que ces mesures négligent les aspects esthétiques du milieu.

La plantation des arbres et des arbustes

Les arbres et arbustes à feuilles caduques (qui perdent leurs feuilles à l'automne) peuvent être plantés à n'importe quel moment pendant qu'ils sont en «dormance», c'est-à-dire entre la période où les feuilles commencent à jaunir à l'automne et le commencement de la pousse au printemps.

La plantation effectuée au printemps permet aux plants de s'établir fermement avant de subir le choc de l'hiver rigoureux. Souvent, les arbres et les arbustes plantés en automne sont soulevés par la gelée et les racines se dessèchent avant qu'on puisse tasser la terre au printemps.

Si vous faites la plantation au printemps, procédez le plus tôt possible, dès que la terre est dégelée et assez sèche pour être travaillée. En temps normal, cette période se situe autour de la mi-avril et vous pouvez planter jusqu'à la mi-mai.

Si pour certaines raisons vous ne pouvez procéder à la plantation au printemps, faites-le le plus tôt possible à l'automne, au début de septembre. Choisissez de préférence une journée sombre et humide. Défeuillez les arbres et arbustes.

La taille

Que la plantation se fasse au printemps ou à l'automne, les plants à racines nues doivent être taillés, de façon à établir un équilibre entre les branches ou tiges et les racines.

Pour ce qui est des arbres ou arbustes achetés en pots biodégradables chez un pépiniériste, cette précaution n'est pas nécessaire. Taillez les arbres en coupant toutes les branches fortes de façon à les réduire d'un tiers. Coupez-les à ¼ de pouce au-dessus du plus proche bourgeon extérieur. Faites la taille avant la plantation et non après. La meilleure façon de procéder consiste à retrancher les rameaux, petits et courts, et à raccourcir les branches latérales. Enlevez toutes les racines brisées. Dans le cas des arbustes, ne laissez jamais les racines se dessécher. Retranchez d'abord toutes les racines endommagées et enlevez ⅓ à ½ de l'extrémité des tiges.

L'automne est habituellement une saison plutôt brève au Québec, aussi est-il nécessaire de prendre certaines précautions indispensables pour réussir, à cette époque, la plantation ou transplantation des arbres et des arbustes à feuilles caduques. Les plantes installées durant cette période ont peu de temps pour former de nouvelles racines après la plantation. Il faut, cependant, exclure les plants en pots, qui ne présentent vraiment pas de problèmes; ne subissant pas de choc de transplantation, ils sont très faciles à mettre en place et ont suffisamment de racines pour assurer leur survie.

Toutefois, si vous devez planter ou transplanter un ou des plants à racines nues, il est préférable d'attendre que ces plants soient à l'état dormant, c'est-à-dire jusqu'après la chute des feuilles. Cependant, il vous faudra procéder avant l'arrivée des gels profonds.

Pour la plantation d'automne, choisissez des arbres rustiques, à écorce dure, qui résisteront aux rigueurs de l'hiver, tels l'érable, le tilleul, le frêne et le chêne, par exemple. Les arbres peuvent être pris en forêt, mais c'est une pratique que je n'encourage guère pour plusieurs raisons, dont le respect de la propriété privée ou publique, la protection de l'environnement; et, d'une façon générale, ces plantes arrachées à leur habitat naturel ont bien peu de chance de survivre, puis de connaître une croissance normale.

Un bon sol

La qualité du sol est l'un des principaux facteurs de succès dans l'établissement des arbres et des arbustes. Il ne faut pas croire que les plantes ligneuses poussent n'importe où, dans n'importe quelle sorte de sol. En général, ces plantes préfèrent un sol riche, sablo-argileux, de texture fine et bien égoutté.

La fosse ou excavation doit être assez profonde et suffisamment grande pour loger confortablement toutes les racines. En général, il est nécessaire que le trou soit une fois et demie aussi profond et aussi large que le volume des racines. Lorsque vous faites une excavation, mettez d'un côté de la fosse ou du trou les deux ou trois premiers pouces de sol de surface et de l'autre le reste du sol. Ainsi, la terre de surface pourra être placée autour des racines.

Attention au drainage

Dans les emplacements humides, tels les sols lourds (argileux), vous devez prévoir l'égouttement de l'eau ou drainage, soit en creusant le trou plus profondément et en le remplissant en partie avec du gravier ou des cailloux concassés, soit en creusant, à proximité, un trou plus profond, relié à l'excavation de plantation, et en le comblant partiellement avec du gravier ou des cailloux.

Les sols lourds ou glaiseux peuvent être améliorés par l'addition de matière organique, sous forme de fumier bien

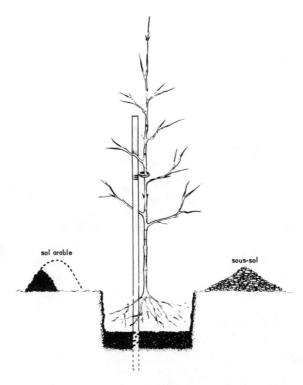

sol arable

sous-sol

décomposé, de terreau des forêts ou de tourbe horticole. Il importe, cependant, d'éviter d'épandre de la tourbe horticole autour des racines, car ce matériau peut avoir un effet desséchant sur les racines. De son côté, le fumier ne doit pas venir en contact direct avec les racines afin d'éviter de les brûler. D'autre part, il ne faut pas utiliser d'engrais granulaire au moment de la plantation.

De bons tuteurs

Les arbres déplacés avec des racines nues ont besoin, surtout à l'automne, d'être soutenus par un ou plusieurs tuteurs pour les aider à résister aux vents violents de l'hiver qui peuvent déplacer ou endommager les racines, par suite des oscillations, et nuire ainsi au fonctionnement et au développement normaux de ces plantes ligneuses. La façon de procéder consiste à planter un solide piquet d'acier ou de bois dans la même excavation que l'arbre, à 6 ou 8 pouces du tronc de ce dernier. L'arbre est relié à son tuteur par un morceau de boyau d'arrosage tordu en S. Il se vend aussi dans le commerce des attaches spéciales qui se fixent rapidement au tuteur et à l'arbre.

Les arrosages

Le moment le plus critique pour la reprise des arbres d'ornement est la première saison de végétation après la plantation. L'essentiel pour la reprise est de maintenir une humidité suffisante du sol. C'est pourquoi, pour une reprise rapide après la plantation ou transplantation, il est nécessaire d'arroser abondamment. Par la suite, si les pluies ne sont pas suffisantes, arrosez de nouveau.

N'oubliez pas, par ailleurs, que la quantité d'eau dépend de la grosseur de la plante et des précipitations. Évitez de détremper le sol car cela empêche l'oxygène de pénétrer jusqu'aux racines.

Un paillis

Le pire obstacle à la plantation d'automne provient des gelées, parfois plus précoces que d'habitude. Dans ce cas, je vous recommande d'épandre à la surface du sol, après la plantation, un paillis de trois ou quatre pouces, qu'il s'agisse de paille, de feuilles, de copeaux, ou bien d'un mélange de tourbe horticole et de sciure de bois, de telle sorte que les racines puissent continuer à se développer encore durant quelques semaines.

Deux légumes dont beaucoup sont friands, l'épinard et l'endive

L'*épinard* est un légume très résistant au froid. On peut donc le semer dès le printemps et en renouveler le semis tous les 15 jours. Exigeant un sol riche en azote et en chaux, lorsque le sol manque de chaux, la semence lève mal et les plants étiolés montent rapidement en graine. Des applications de fumier bien décomposé (pourri) ou d'engrais azotés (purins, nitrates), en couverture, ainsi que de fréquents et copieux arrosages prolongent la récolte et retardent la montée en graine des plants. Il est à signaler que l'épinard ne pousse bien qu'avant ou après les grandes chaleurs d'été. Sur la plupart des sols de jardin, il est habituellement nécessaire d'appliquer de la chaux, à raison d'une livre par verge carrée. Il est, en outre, recommandé de faire une application de fumier en automne, et d'épandre un engrais complet, tel le 4-12-8, à raison de deux onces environ par verge carrée.

La culture de l'*endive*, sur une grande échelle du moins, est plutôt récente au Québec, surtout pour les jardiniers amateurs. Elle se popularise, cependant, assez rapidement, depuis cinq ans surtout. Ce légume racine est cultivé ici pour les feuilles utilisées dans les salades. Les semis se font en pleine terre, au début de l'été, d'ordinaire vers le 10 ou le 15 juin. Il ne faut pas semer trop tôt au printemps, sinon on risque de faire monter les plants en graine et la racine n'est, en outre, d'aucune valeur pour le forçage à l'automne. Le sol doit être du type sablo-argileux, profond et friable, enrichi avec de la matière organique, par exemple un compost, à raison d'un sac de 20 livres par 100 pieds carrés (30 mètres carrés).

Avant le semis on incorpore un engrais complet, telle la formule 4-12-8, au taux de 3 livres par 100 pieds carrés (1,6 kg par 30 m²). Plusieurs jardiniers professionnels et même des amateurs ont recours au forçage pour la production de plants, dans la cave ou sous les tablettes d'une serre. Dans ce cas, on doit maintenir une température de 10 à 15 degrés C. À une température plus élevée, les têtes ne sont pas aussi dures et ont tendance à pousser trop rapidement. En maintenant la température régulière indiquée précédemment, il faut de 3 à 4 semaines pour assurer le développement de bonnes têtes. À une température trop élevée, les têtes pousseront à travers la couche de sable.

Des tulipes exceptionnelles pour accueillir le printemps en beauté

Ce printemps vous allez sans aucun doute découvrir et admirer dans bien des jardins de votre localité ou région des tulipes exceptionnelles. Cela est dû au fait que les bulbes hollandais à floraison printanière sont de plus en plus populaires et que les amateurs qui en cultivent déjà depuis plusieurs années recherchent des variétés nouvelles qui sortent de l'ordinaire.

Toutefois, certaines personnes croient encore qu'après avoir vu une tulipe elles les ont toutes vues. Erreur profonde, puisque ces plantes bulbeuses présentent une multitude de formes, couleurs et grandeurs! Ainsi, par exemple, à l'inverse des fleurs familières en forme de coupe installées au sommet de longues tiges et qui s'épanouissent à la fin du printemps, les tulipes botaniques produisent, au début du printemps, des fleurs aux teintes variées et aux formes diverses, avec un feuillage strié.

Ces fleurs magnifiques, hors du commun, fournissent une riche palette de coloris, tôt en saison, dans les rocailles, plates-bandes, massifs naturalisés et à la base des bosquets.

Certains types donnent d'excellentes fleurs pour les bouquets. Comme tous les autres bulbes à floraison printanière, ils doivent être plantés à l'automne.

Superbes fleurs

La *Kaufmanniana* est l'une des plus remarquables tulipes à floraison précoce, que l'on appelle parfois lis d'eau à cause de ses pétales rappelant ceux du lis. D'une hauteur de 10 à 20 cm (4 à 8 pouces), les Kaufmanniana sont les premières à fleurir. Leurs ravissantes fleurs présentent une gamme variée de coloris comme le jaune, le violet, le pourpre, le rouge et diverses teintes tendres, crème et saumon par exemple. Plusieurs plants portent des feuilles striées de brun et de pourpre qui leur confèrent un cachet bien particulier même avant que les fleurs ne se soient épanouies.

Parmi les variétés de tulipes Kaufmanniana, il faut signaler la Johann Strauss, rouge bordée de jaune, la Shakespeare, saumonée, et la Fair Lady, rouge carmin, bordée de blanc.

Les *Greigii,* qui fleurissent à peu près au même moment que les Kaufmanniana, sont parmi les tulipes de plus longue durée. Hautes de 20 à 37 cm (8 à 15 pouces), les hybrides Greigii produisent de grosses fleurs exotiques et un beau feuillage strié. La variété Red Riding Hood est rouge-violet vif avec un feuillage tacheté attrayant. Les pétales de la Cape Cod sont de teinte abricot et bordés de jaune.

Des tiges hautes

Bien que plusieurs tulipes soient courtes, il y a des exceptions. Les *Fosteriana* sont remarquables pour leurs fleurs énormes sur des hampes hautes de 40 à 50 cm (16 à 20 pouces). La variété Princeps porte de très belles fleurs rouge vermillon qui font contraste avec le morne décor d'avril. La plus célèbre de toutes les variétés de tulipes botaniques est sans contredit l'Empereur rouge, avec ses grandes fleurs rouges remarquables, à base intérieure noire, bordées de jaune.

Les autres belles tulipes à floraison précoce sont des tulipes botaniques dont certaines peuvent fleurir même à travers la neige printanière.

Ces fleurs sont si délicates que l'on s'imagine difficilement qu'elles puissent résister aux rigueurs de la saison. Parmi les tulipes botaniques il y a la *Tulipa eichleri,* haute de 25 à 35 cm (10 à 14 pouces), qui produit une magnifique fleur écarlate, dont le centre est noir foncé et les pétales bordés de jaune. Son feuillage bleu-vert est aussi hors de l'ordinaire.

La *Tulipa clusiana* (qui remonte aux années 1600) est petite, d'une hauteur de 30 cm (12 pouces), avec des pétales extérieurs rouge cerise, pendant que les pétales intérieurs sont blancs. Souvent appelée la tulipe bâton de menthe, elle convient bien à la culture en pot, dans les rocailles et pour fournir des fleurs coupées.

La *Tulipa tarda,* idéale dans les endroits ensoleillés, produit des fleurs odoriférantes sur des tiges courtes de 15 cm (6 pouces). Cette variété sauvage donne des fleurs multiples en forme d'étoile dont les pétales extérieurs sont teintés de vert et les pétales intérieurs de jaune avec des bouts blancs.

Puisque plusieurs tulipes botaniques sont plus rares que d'autres, il est opportun de se les procurer tôt, alors que les approvisionnements de bulbes sont abondants dans les jardineries.

Après avoir contemplé avec une certaine envie toutes ces magnifiques plantes, vous voudrez sans doute en planter au

Puisque les tulipes varient beaucoup entre elles, quant à leur forme, hauteur et époque de floraison, les jardiniers amateurs peuvent organiser facilement un programme de floraison qui donnera une multitude de couleurs glorieuses, depuis le début du printemps jusqu'au commencement de l'été.

(PHOTO MALAK)

moins quelques-unes dans votre jardin l'automne prochain, pour avoir chez vous un printemps radieux. Retenez tout d'abord que, pour obtenir le meilleur effet possible avec vos bulbes de tulipes, vous devrez les planter par touffes de 12 à 25. Après avoir bêché et ameubli le sol à une profondeur de 25 à 30 cm (10 à 12 pouces), vous incorporerez au sol un engrais pour fleurs et légumes, riche en phosphore, en magnésium et en calcium, comme la formule 4-12-8.

À la fin de septembre, début d'octobre, creusez toute la superficie réservée aux tulipes jusqu'à une profondeur de 20 cm (8 pouces) et placez les bulbes à 15 cm (6 pouces) l'un de l'autre. Replacez le sol, puis arrosez généreusement. Arrosez ensuite régulièrement durant tout l'automne jusqu'à ce que le sol gèle en profondeur.

Pour maintenir une température uniforme dans le sol, épandez une couche de 5 cm (2 pouces) de paillis, comme le compost Fertox, les feuilles mortes hachées, les écales de sarrasin, la paille, les copeaux de bois ou les branches de conifères.

Dès l'apparition des tiges au printemps, fertilisez de nouveau. Enlevez les fleurs fanées au fur et à mesure, mais ne coupez pas la hampe (tige) florale avant la fin de la floraison. Vous pouvez déterrer les bulbes et les entreposer jusqu'à l'automne ou les laisser dans le sol afin de créer un charmant jardin printanier année après année.

La couche chaude

La couche doit être établie dans un endroit bien drainé, où sa base sera toujours au sec. Une couche fournira d'autant plus de chaleur qu'elle sera plus épaisse ou plus haute. Ainsi, la masse de fumier qui fournira la chaleur devra être au moins 24 pouces (61 cm) plus longue et plus large que le cadre même de la couche qui doit avoir 12 pieds (4 m) de long et 6 pieds (2 m) de large. Dans ces conditions, la couche proprement dite, c'est-à-dire la masse du fumier, aura au moins 15 à 16 pieds (5 à 5,30 m) de long sur 9 ou 10 (3 ou 3,30 m) de large. Les couches doivent être orientées de l'est à l'ouest, face au midi.

Elles ont une inclinaison de 3 pouces (7,6 cm) entre le devant et l'arrière. Une couche montée comme indiqué précédemment ne tardera pas à s'échauffer et à dégager une forte chaleur qu'il importera de conserver le mieux possible. Dans ce but la nuit, et même durant le jour, par temps froids, la couche devra être couverte avec des panneaux, même de la paille ou autres couvertures. Après 4 à 5 jours, le fumier sera en pleine fermentation. Le terreau dans la couche devra être assez épais, soit environ 8 pouces (20 cm), pour éviter que les racines des plantes arrivent en contact avec le fumier qui brûlerait les plants. Les couches se montent au mois de mars. Les semis se font lorsque la température dans la couche se maintient entre 21 et 26 degrés C au soleil, pour baisser, durant la nuit, à 10 et 12 degrés C. Le terreau étant bien nivelé à l'intérieur de la couche, on commence à semer par une belle journée ensoleillée. Avant de semer, il faut faire un bon choix de semences et n'acheter que des variétés de première qualité, appropriées à sa région climatique. Des jardiniers professionnels et de nombreux amateurs utilisent avec satisfaction des couches chaudes électriques qui, lorsqu'elles sont pourvues d'un contrôle thermostatique, permettent d'ajuster la température de la couche au degré de chaleur voulu et de maintenir le sol constamment à cette température. Lorsque la couche (soit avec du fumier soit avec des câbles chauffants électriques) est en bon état de chaleur et d'humidité, la germinaison des semences se fait rapidement. Les jeunes plants sont très sensibles aux rayons du soleil.

C'est pourquoi une surveillance de tous les instants est requise. Il faut savoir donner de l'air à volonté, tamiser au besoin la lumière des châssis pour habituer progressivement les plantules à la lumière solaire. Il est essentiel, en outre, d'avoir une température convenable et d'éviter les excès de chaleur. Des températures de 18 à 21 degrés C sont des maximums qu'il ne faut jamais dépasser, surtout au début. L'aération, comme la protection des couches, au début de la saison en particulier, fluctuent avec la température très variable à cette époque. Un peu plus tard, on fournit une plus grande ventilation. Il est à souligner que sont excessivement rares les journées où il ne faut pas ouvrir et fermer plusieurs fois la couche chaude. La nuit, on couvre les couches pour les garantir contre le froid. Il est donc nécessaire de couvrir les châssis le soir, un peu avant le coucher du soleil, et de les découvrir le matin, dès que le soleil rayonne sur les vitres.

Les abris et l'aération permettent d'éviter les brusques variations de chaud et de froid. Les arrosages se font selon la vigueur des plantes. Si tout a été bien monté et préparé, il peut s'écouler une semaine et même davantage avant qu'il soit nécessaire de procéder aux premiers arrosages. Les arrosages se font de préférence le matin, entre 9 et 10 heures. Soulignons, d'autre part, que les plantes supportent mieux un peu de sécheresse qu'un excès d'humidité.

La culture des légumes sous tunnel donne de meilleures récoltes

Sur les enveloppes de semence de légumes et dans les livres de jardinage un tant soit peu sérieux, vous trouverez des indications concernant la date de semis et de plantation des légumes en pleine terre. En outre, vous aurez fort probablement des amis ou des voisins pour vous rappeler que l'an dernier ou l'année précédente il y a eu des gels destructeurs après le 15 mai par exemple. Cela ne devrait pas, cependant, vous empêcher de semer en pleine terre très tôt au printemps plusieurs de vos légumes préférés, laitues, épinards, pois, radis, pommes de terre, oignons et cresson.

Légumes feuillus

On sait que les laitues à couper, la frisée par exemple, ne sont tendres et bonnes qu'au printemps. Dès que les chaleurs arrivent, elles deviennent dures et coriaces. Ces laitues ne souffrent pas d'une température froide. En fait, elles résistent à un gel de plusieurs degrés et on peut les semer dès que le sol est en état d'être cultivé.

De son côté, l'épinard étant très résistant au froid, on peut le semer dès le printemps, et en renouveler le semis toutes les quinzaines. Notez qu'il exige une terre riche en azote et en chaux pour développer beaucoup de feuillage.

Les pois

Les pois sont aussi une récolte de saison fraîche qui ne vient pas bien après que le temps s'est mis au chaud et au sec. On peut les semer dans le jardin dès qu'il est possible de préparer la surface du sol, même quand le sous-sol est encore gelé. Il est à signaler que les variétés naines se sèment à 2 pouces (5 cm) de distance, dans des rangs espacés de 24 pouces (60 cm), et les variétés rameuses, en planches de 3 rangs espacés de 12 pouces (30 cm). Semés trop drus, les pois produisent beaucoup de feuillage, mais peu de cosses.

Les légumes racines

Les premiers semis de radis s'effectuent dès que l'on peut travailler suffisamment le sol de surface pour recouvrir la graine. Les radis ne devraient être cultivés qu'à la dérobée, c'est-à-dire qu'avec des graines d'autres espèces prenant beaucoup de temps à lever, comme celles de panais, de salsifis, dont ils servent à marquer les rangs, pour faciliter les binages et les sarclages, en attendant que ces derniers lèvent.

Pour obtenir une récolte très hâtive de pommes de terre, il faut, en premier lieu, se procurer des tubercules de variété précoce, la Cobbler par exemple, puis faire germer ces tubercules, pendant au moins 15 jours avant de les planter, en les plaçant sur un seul rang d'épaisseur, soit dans des caissettes, soit sur un plancher, dans un endroit où ils ne recevront que la lumière indirecte du soleil.

Les tubercules sont semés à plat, aussitôt que la terre est assez essuyée et dégelée au printemps. Ensuite, ils sont recouverts d'une mince couche de sol, soit 1 à 2 pouces (2,5 à 5 cm) dont on augmentera graduellement l'épaisseur, par de légers rechaussements qui seront faits en même temps que les binages, au fur et à mesure que la température se réchauffera.

Les oignons

Il est recommandé de semer les oignons en avril ou au commencement de mai, dès que la terre peut être préparée, afin d'obtenir des oignons bien mûris au commencement de septembre. Semé tard, l'oignon mûrit mal et se conserve mal. Ajoutons que c'est par le semis en pleine terre que l'on obtient les oignons qui se gardent le mieux, comme c'est par la plantation d'oignonets que l'on obtient la récolte d'oignons les plus hâtifs.

Le cresson

Le cresson alénois ou cresson de jardin peut se semer au début du printemps. La graine est fine et il faut éviter de la recouvrir profondément. Les plants sont éclaircis de 4 à 6 pouces (10 à 15 cm) d'espacement. La récolte ne dure que peu de temps. Il faut donc faire des semis successifs.

Abris elliptiques

Le succès de ces semis hâtifs en pleine terre est grandement facilité, sous notre climat, par l'emploi de tunnels, c'est-à-dire, d'abris elliptiques ou semi-circulaires, de longueur variable, qui permettent de tirer profit du climat ambiant, plus particulièrement de l'énergie solaire.

Il s'agit, tout d'abord, de se procurer des feuilles de polyéthylène transparent du type infrarouge long et, autant que possible, de prévoir l'utilisation d'une double paroi. L'armature ou l'ossature du tunnel peut être constituée de cintres à vêtements en broche, que l'on courbe après en avoir coupé le crochet.

Les extrémités de ces cerceaux, de forme semi-circulaire, sont enfoncées dans le sol, à tous les 18 pouces (46 cm), de

chaque côté des rangs de semis, qui sont orientés idéalement nord-sud.

Toutefois, l'orientation des tunnels est déterminée par celle des vents dominants, puisque ces abris doivent être disposés parallèlement à ces vents pour éviter le plus de pertes calorifiques possible. En outre, il faut prévoir un très bon drainage de tout terrain plat pour obtenir un réchauffement rapide du sol. Le sol doit être du type franc sablonneux et riche en matière organique.

Les feuilles de plastique sont fixées aux cerceaux formés par les cintres à l'aide d'épingles à linge. Afin de maintenir une bonne structure du sol, tout en évitant son dessèchement par évaporation, qui entraîne une diminution de sa température, il est recommandé de le recouvrir d'un paillage en plastique.

Il s'agit, en l'occurrence, d'un polyéthylène transparent à nombre de perforations variable, posé directement sur les semis. Ce paillage réchauffe rapidement le sol, dont il accélère l'activité microbienne, tout en mettant à la disposition des plantules d'importantes quantités d'anhydride carbonique (CO_2), ce qui contribue à une croissance rapide des végétaux.

Autres précautions

Pour isoler l'intérieur du tunnel, c'est-à-dire abriter les plants des courants d'air et empêcher que le revêtement et la couverture en polyéthylène soient emportés par le vent, il faut épandre du sol à la base de ces feuilles de plastique de deux côtés de l'abri. Par ailleurs, aux deux extrémités du tunnel, il faut laisser les rabats ouverts afin de permettre une bonne circulation d'air. Cependant, lorsque l'on prévoit des gels nocturnes, il est nécessaire de fermer les rabats jusqu'au milieu de l'avant-midi. D'autre part, puisqu'au printemps les coups de vent peuvent soulever l'abri, une planche placée par-dessus le tunnel et alourdie d'une brique à ses extrémités maintiendra la structure en place.

Lorsque le temps se réchauffe considérablement durant le jour, ou quand il y a une accumulation d'eau, on doit soulever un côté de l'enveloppe de plastique et même l'enlever tout à fait durant le jour, pour la réinstaller ensuite avant la nuit. Toutefois, en dehors de ces élévations temporaires de la température atmosphérique et de ces excès d'eau, ce tunnel ne doit pas être dérangé.

Les rayons solaires passent à travers le revêtement translucide pour réchauffer le sol, puis l'atmosphère ambiante

Le succès des semis hâtifs en pleine terre de plusieurs légumes est grandement facilité, sous notre climat, par la méthode de culture sous tunnel.

dans le tunnel. Le pourcentage d'humidité relative y est aussi
plus élevé qu'à l'extérieur au jardin. Si le drainage est efficace,
stable, il n'est pas nécessaire d'arroser le sol. Il ne faut pas
oublier, au moment des semis, d'épandre, de chaque côté des
rangs, un engrais complet et équilibré pour légumes, telle la
formule 4-12-8, à raison de deux à trois onces par verge carrée
et de bien l'incorporer au sol.

Excellentes plantes grimpantes annuelles

Si vous êtes à la recherche de belles plantes peu coûteuses pour servir d'écran tout en ajoutant à la beauté d'un patio ou d'un porche, les plantes grimpantes annuelles sont la solution idéale. Elles peuvent se cultiver facilement à partir de semis et leur croissance est rapide. En l'espace de quelques semaines elles recouvrent de grandes superficies.

Partez sans plus tarder, à l'intérieur, la *cobée grimpante,* (*Cobaea scandens*), dont les semis auraient dû normalement être faits aux environs du 20 mars, puisque cette plante démarre lentement. C'est une des plus jolies plantes grimpantes, avec ses grandes tasses en forme de cloche, lavande pâle ou pourpre, et ses calices verts en forme de soucoupe qui subsistent longtemps après que la tasse s'en est détachée.

Fleurs et fruits

Semé à l'extérieur, en pleine terre, dans un bon sol bien arrosé, le *haricot d'Espagne* (*Phaseolus coccineus*) enroulera l'agréable verdure de ses quinze pieds autour du poteau de la corde à linge ou sur les mailles d'un treillis près du patio. En fin de juillet, les fleurs rouge vif de cette plante sont une vraie merveille et, de plus, les fruits qui en résultent sont délicieux et tendres, ce qui confère à la plante une double utilité.

Courges ornementales

Les courges ornementales sont de bonnes plantes grimpantes souvent dédaignées par le jardinier amateur. Pour une somme minime, vous pouvez vous en procurer tout un assortiment des plus bizarre mais aussi des plus fascinant. Les grosses feuilles épaisses sont l'idéal pour masquer et les fruits feront le sujet de bien des conversations animées.

Vous pouvez ainsi obtenir la longue éponge ou courge-torchon (*Luffa cylindrica*), la courge Turban, la courge Pingouin et toutes sortes de fruits de forme originale qui, une fois séchés et apprêtés, serviront à garnir la table ou encore à façonner des cruches, des vases, des pots à eau, ou autres bibelots vernis. Semer à l'extérieur dès que le sol commence à se réchauffer, fin mai ou début juin. Vous pouvez aussi semer dès maintenant à l'intérieur dans des pots de tourbe.

Très populaire

Par les beaux matins de septembre on admire sur les

clôtures des propriétés rurales les guirlandes brillantes des trompettes du *volubilis* (*Pharbitis purpurea*). C'est une très jolie plante pour orner une tonnelle, une clôture ou le bas d'un vilain poteau électrique, mais ce n'est tout de même pas la seule grimpante annuelle qui convienne à cet usage: il en existe bien d'autres dont plusieurs, à part la diversité qu'elles apportent, sont mêmes supérieures au volubilis. Dans le groupe des volubilis (hybrides du Pharbitis), évitez la variété Heavenly Blue, trop souvent plantée et choisissez plutôt parmi les nouvelles couleurs, vous les trouverez beaucoup plus décoratives. La Cornell, variété d'un rouge riche bordé de blanc, sort de l'ordinaire. Il y a d'autres bonnes variétés: la Pearly Gates aux fleurs blanches, la Super Giant Red Dawn, rose foncé et la Wedding Bells, rose lavande. Si vous aimez les doubles, choisissez la Double Flowering Blue.

Plantes odoriférantes

Pour recouvrir une clôture à maillons de quatre à cinq pieds de hauteur, rien ne vous donnera autant d'agrément que les *pois de senteur*. Semez-en à la fin d'avril, choisissant les lignées résistantes à la chaleur, Cuthbertson et Royal, si vous demeurez dans une région où les journées sont très chaudes.

Dans quelques catalogues, on ne fait pas de distinction entre le calonyction (ou fleur de lune) et le volubilis mais en réalité le *calonyction* n'ouvre ses fleurs blanches que la nuit comme le nom le suggère. C'est une excellente plante grimpante pour masquer et, en plus de ses effets floraux, elle répand, en s'épanouissant au crépuscule, une délicate traînée de parfum. Proche parent de cette espèce, le *cardinal grimpant* (*Quamoclit sloteri*) a des feuilles profondément découpées comme les fougères et de minuscules fleurs en trompette d'un rose-rouge.

Plusieurs jardiniers amateurs obtiennent beaucoup de succès avec le *dolique d'Égypte* (*Dolichos Lablab*). C'est une plante très rampante avec des grappes de fleurs lavande en forme de pois. Elle pousse facilement si on la sème à l'extérieur dans un bon sol, à la fin d'avril ou au début de mai. Si vous voulez une plante qui produise de l'ombre, le *houblon du Japon panaché* (*Humulus japonicus variegatus*) fera très bien l'affaire, soit pour créer un petit coin intime ou encore pour masquer des souches, des tas de pierres ou d'autres choses dont l'apparence laisse à désirer et qu'on ne peut enlever. Le *pois de cœur* ou *vigne ballon* (*Cardiospermus halicacabum*) atteint rapidement une hauteur de 10 pieds. Les fleurs sont blanc verdâtre, pas très spectaculaires, mais elles donnent ensuite de grosses graines enflées comme des ballons, très décoratives.

Il n'y a pas vraiment de recette spéciale pour la culture de ces plantes annuelles. Elles viennent très facilement sur semis et on peut les semer presque toutes à l'extérieur dès que le sol s'est réchauffé, en ayant soin plus tard d'éclaircir les plantules. Aucune de ces plantes grimpantes n'exige un sol vraiment riche, la plupart réussiront même sur sol très pauvre.

MAI

Un if japonais, le Taxus media

Le Taxus media *densiformis* est un if japonais hybride très robuste dans la plupart des régions de l'Est canadien. Notez que les ifs poussent bien dans les endroits ensoleillés ou partiellement ombragés et qu'ils sont les meilleures plantes à feuilles persistantes pour les plantations de fondation exposées au nord. Excellents pour les haies, ils supportent très bien l'élagage. Les ifs ne sont pas attaqués par des parasites dangereux, mais il faut prendre certaines précautions contre le charançon de la vigne et, par conséquent, faire des pulvérisations d'insecticides sur le feuillage des branches inférieures. Fertilisez les ifs avec un engrais complet, au mois de septembre, par exemple la formule 4-9-15, puis, au printemps, avec un engrais riche en azote et en potasse, soit la formule 14-7-14.

La taille consiste à couper la pousse de l'année vers la mi-juin et de nouveau au début du mois d'août, si on le juge à propos.

La protection hivernale a pour but de prévenir la sécheresse d'hiver ainsi que la flétrissure et la mort des bourgeons par le froid. Ainsi, lorsque l'automne est sec, il faut arroser abondamment, et ce, jusqu'aux gelées. Il convient, en plus, d'envelopper les arbustes avec du jute afin de les protéger du vent et du soleil de l'hiver.

Comment procéder à l'égouttement efficace d'un terrain

L'égouttement efficace d'un terrain est indispensable à la croissance normale des plantes et à leur survie. On sait que les arbres, comme toutes les autres plantes d'ailleurs, par leur respiration, assimilent l'oxygène et rejettent l'anhydride carbonique (CO_2). Pour atteindre les racines, l'oxygène doit être capable de pénétrer dans le sol. De son côté, l'anhydride carbonique doit pouvoir être évacué en traversant les interstices du sol. Dans un sol mal drainé, après une forte pluie par exemple, l'eau remplit les interstices du sol et y séjourne longtemps. Les mouvements de l'air et du CO_2 dans le sol s'en trouvent retardés, ce qui prive les plantes, en l'occurrence les arbres, de l'oxygène dont elles ont absolument besoin pour une croissance normale et les empêche d'éliminer l'anhydride carbonique.

Afin de faciliter l'évacuation de l'eau excédentaire d'un terrain, vous pouvez vous servir de lignes de drains souterrains, ayant habituellement 4 pouces (10 cm) de diamètre, installées à 25 pieds (7,60 m) l'une de l'autre. Il faut, toutefois, avec ce système, prévoir un endroit convenable pour recueillir l'eau de surplus enlevée du terrrain. Les drains sont enfouis à 18 ou 24 pouces (45 à 60 cm) de profondeur (selon le type de sol). La pente, qui est habituellement de 4 pouces par 100 pieds (10 cm sur 30,50 m), mais jamais moins de 2 pouces par 100 pieds (5 cm sur 30,50 m), dépend du débouché ou déversoir et de la longueur totale des lignes de drains. La surface du terrain devrait être nivelée afin d'avoir une pente qui facilite l'évacuation rapide de l'eau de surplus. L'élimination de l'eau de surface fera disparaître les poches dans le sol, ainsi que les baissières.

Pour que les vivaces vous donnent de très belles plates-bandes

Une plate-bande de vivaces constitue l'un des éléments essentiels d'un beau jardin. Lorsqu'elle est bien aménagée, elle est ornée de fleurs du début du printemps à la fin de l'automne. Toutefois, une plante vivace moyenne dans des conditions de croissance adéquates dure à peine plus de 3 semaines si on ne se donne pas la peine de la diviser et de la replanter. Le présent article ne vise pas à vous décourager des plantes vivaces mais plutôt à vous faire songer à la modération dans le choix de différentes espèces et à leur association aux plantes annuelles, bisannuelles et aux bulbes. Si vous les utilisez de cette façon, elles constitueront peut-être la réponse à tous vos problèmes de plates-bandes.

On sait que les annuelles permettent d'obtenir un beau jardin de la façon la plus pratique, la plus rapide et aussi la plus économique. Bien choisies, elles donnent une féerie fort avant dans l'automne.

Si les annuelles sont des plantes qui l'année même des semailles fleurissent, accomplissent tout leur cycle évolutif et meurent, les bisannuelles, par contre, croissent abondamment au cours de leur première année, puis fleurissent la deuxième année, après quoi elles meurent. Si, d'autre part, les vivaces herbacées produisent une bonne récolte de fleurs d'une année à l'autre en dépit des hivers rigoureux, celles qui durent longtemps sont peu nombreuses, et beaucoup ne continuent pas à produire des fleurs chaque année.

De leur côté, les bulbes à floraison printanière, comme les tulipes, les narcisses et les jacinthes, plantés à l'automne, permettent d'éviter des déceptions au printemps, c'est-à-dire que l'on n'a pas à déplorer l'absence de floraison dans les plates-bandes et bordures.

Les bulbes tendres à floraison estivale, bégonias tubéreux, dahlias, glaïeuls, caladiums, cannas, anémones, montbreties, etc., apportent à un jardin une richesse de couleurs irremplaçable.

Un exemple

Pour obtenir les plus beaux effets d'une plate-bande, avec le minimum de travail et de dépenses, choisissez un petit nombre de plantes vivaces recommandées pour votre région pour le printemps, l'été et l'automne. Plantez-en des traînées généreuses. Laissez des espaces pour les bulbes et les bisannuelles du printemps et du début de l'été, qui seront remplacées plus tard par les plantes annuelles. Pareil plan peut s'adapter à toutes les espèces et à tous les goûts et vous serez amplement récompensé des efforts que vous aurez déployés.

Ainsi, supposons que vous ayez une plate-bande de 6 pieds de large et de 50 à 75 pieds de long, et un fond approprié, mur, haie ou clôture; votre choix de plantes pour le printemps, l'été et l'automne est décrit dans les paragraphes suivants.

Floraison printanière

Pour la floraison printanière utilisez le *thlaspi toujours vert* (*Iberis sempervirens*), dont les fleurs blanches sont portées sur des plantes buissonneuses, la *corbeille d'or* (*Alyssum saxatile*), le *phlox bleu* (*Phlox divaricata*). Ces plantes poussent bien avec les tulipes et, pour plus de couleur, vous pouvez acheter d'autres plantes vivaces: *pensées, myosotis, juliennes des dames* (*Hesperus matronalis*), etc.

Les plantes vivaces du printemps sont presque toujours courtes et conviennent surtout aux bordures ou à l'avant de la plate-bande. Les tulipes y constituent les principales fleurs et doivent être plantées à un pied du bord. On peut, par la suite, planter au même endroit les plantes annuelles comme les *pétu-*

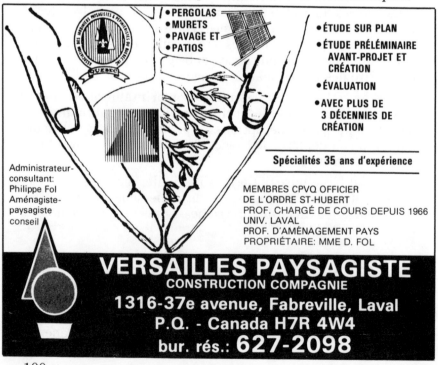

nias et les *tagètes*. Les *pensées,* en couleur pleine et en mélanges de couleurs, peuvent être utilisées en abondance au bord de la plate-bande. Si elles se fanent durant les chaleurs, vous pouvez les remplacer par des tagètes nains ou des *zinnias.* Les *myosotis* fourniront un feuillage fin pour les points stratégiques de la plate-bande de bulbes. Les *juliennes* ajouteront du feuillage et de la hauteur au fond de la plate-bande.

Ces bisannuelles peuvent être produites à partir de la graine, et même si vous pouvez acheter des plantes cette année, n'oubliez pas, d'ici le début de juillet, de semer de la graine afin d'en faire une ample provision automnale.

Au début de l'été

Au début de l'été, utilisez les *pivoines,* les *iris barbus,* les *hémérocalles* dans le milieu de la plate-bande et les *oeillets* tels que les Cheddar pink (*Dianthus rationapolitanus*) et quelques-uns des nouveaux cultivars provenant des Prairies et du Minnesota. À l'avant de la plate-bande, servez-vous de bisan-nuelles, tels les *oeillets de poète,* les *digitales* et les *campanules,* à intervalles, afin de donner de la hauteur.

Toutes ces plantes annuelles du début de l'été ont un feuil-lage qui produit un bon contraste avec les plantes vivaces. Celles-ci éclosent plus tard, avec les annuelles et les bisannuel-les qui doivent occuper une position stratégique dans le centre et à l'arrière de la plate-bande.

Elles ont des fleurs rondes et pointues si importantes dans le jardin. Puisque ce sont des bisannuelles, elles sont de courte durée et doivent être remplacées pour faire place aux annuelles ou aux chrysanthèmes qui peuvent être plantés dans un en-droit vacant au printemps.

Mi-été et automne

De la mi-été jusqu'au début de l'automne, servez-vous de *phlox d'été,* d'*asters* et de *chrysanthèmes vivaces.* Choisissez les types nains surtout si votre plate-bande n'a que six pieds de large.

Un grand nombre de variétés compactes sont disponibles. Dans le choix de plantes, il faut éviter les espèces larges et surabondantes qui interceptent à la fois la lumière et l'air. À moins de prendre cette précaution, il vous faudra même rempla-cer vos meilleures plantes vivaces chaque année. Vous vous demandez peut-être que penser des gaillardes, des chrysanthè-mes, des chasta, des véroniques, des pavots d'Orient, des trol-les? Naturellement, ces fleurs sont très voyantes, mais il est impossible de planter toutes les espèces dans une seule plate-bande.

Je dois souligner que je m'adresse aux jardiniers amateurs qui désirent profiter davantage des grands groupes de plantes aussi bien que de celles qui sont polyvalentes. Au fur et à mesure que vous vous intéresserez à ces plantes, vous agrandirez vos plantations de manière à avoir des plates-bandes exclusives de printemps, d'été et d'automne dans lesquelles il vous sera possible de planter un grand nombre d'autres espèces favorites.

Plate-bande mixte de plantes vivaces, de bulbes et de plantes annuelles.

(PHOTO MALAK)

102

C'est au printemps que l'on prépare une belle pelouse

Les premiers soins donnés à une pelouse au printemps compensent les conditions défavorables et les dommages que les herbes à gazon ont dû subir au cours de l'hiver, surtout en raison des conditions adverses créées par l'absence d'une couverture protectrice de neige.

En s'occupant un tant soit peu du gazon en début de saison, on prépare par le fait même une pelouse plus belle, plus agréable que l'année précédente. La première besogne qui s'impose pour obtenir de bons résultats consiste à bien nettoyer la pelouse pour éliminer tous les débris qui l'encombrent à la fin de l'hiver. Il ne s'agit pas de racler avec une vigueur telle que les herbes à gazon soient arrachées ou encore de se servir d'un râteau dont les dents risquent de détériorer la pelouse plutôt que de l'améliorer. Puis, c'est le déchaumage, manuellement, à l'aide d'un râteau tout usage, ou mécaniquement, avec une déchaumeuse mécanique ou encore en se servant d'une tondeuse à gazon. Cette opération a pour but d'enlever la couverture d'herbes mortes et de rognures de gazon qui empêche l'air, l'eau et les éléments nutritifs d'atteindre les racines du gazon.

D'autre part, si vous avez l'intention de rouler la pelouse, tenez compte du fait que cette pratique est plutôt aléatoire dans les régions où le climat hivernal est rigoureux. Un léger roulage peut, dans certains cas, améliorer la surface d'une pelouse quelque peu bouleversée par le gel et le dégel au cours de l'hiver. Évitez d'utiliser un rouleau lourd, particulièrement sur un sol glaiseux qui se comprimera autour des racines du gazon pour étouffer ces herbes et même les faire périr.

Les vers et le sol

Si, au début du printemps, vous voyez des oiseaux enlever des vers de terre (lombrics) de votre pelouse, c'est le signe que le sol est fertile et contient suffisamment d'humus. L'absence de vers de terre dans le sol d'une pelouse est l'indice qu'il est faible en fertilité et que sa teneur en matière organique est plutôt faible. On sait, d'ailleurs, que les vers de terre prolifèrent dans les sols fertiles puisqu'ils ont besoin de ces éléments nutritifs pour survivre. Ces sols doivent aussi être bien drainés. Par contre, contrairement à la croyance populaire, les vers n'augmentent pas la fertilité du sol.

Leur présence dans un sol est bénéfique parce qu'ils convertissent la matière organique en humus, contribuant ainsi à améliorer la structure d'un sol et en facilitant la culture. De plus, les tunnels qu'ils creusent dans un sol lourd ou compact aident à son aération et favorisent le mouvement de l'eau. En conséquence si les oiseaux ne trouvent pas de vers dans le sol de votre pelouse en début de saison, vous pouvez en conclure que sa fertilité décline, ce qui est, cependant, facile à corriger par l'emploi d'un engrais complet pour la pelouse.

Éradication de la digitaire

La digitaire est une mauvaise herbe tenace qui endommage gravement un nombre toujours plus grand de pelouses. Si cette plante nuisible est déjà établie dans votre pelouse, n'essayez pas de vous en débarrasser au printemps en l'arrachant ou en ayant recours à un raclage vigoureux, puisqu'elle se multiplie par ses graines. Il existe heureusement une méthode efficace de régler ce sérieux problème.

Tôt le printemps, dès que la neige a disparu, épandez un engrais complet avec un herbicide antidigitaire, comme la formule 20-5-5 + antidigitaire. D'une pierre deux coups, vous

stimulez votre gazon et vous détruisez la digitaire par l'action de l'herbicide de pré-émergence.

La fertilisation

On ne saurait trop exagérer l'importance d'une fertilisation adéquate de la pelouse. Utilisez un engrais complet, bien équilibré, à base organique, d'action rapide et prolongée, comme la populaire formule 21-3-9, soit 21 pour 100 d'azote, 3 pour 100 de phosphore et 9 pour 100 de potasse. La fertilisation hâtive du printemps réveille et stimule les herbes à gazon, leur fournit la vigueur indispensable pour faire échec à l'invasion des mauvaises herbes et les prémunit contre les maladies.

Si, pour une raison ou une autre, vous devez ensemencer votre pelouse, ayez recours à un engrais particulièrement riche en phosphore, par exemple le 10-25-10, qui permet une germination rapide et un enracinement profond et durable. Que vous vous serviez de semence ou de tourbe, exigez la toute première qualité et vous aurez la joie de profiter d'une pelouse dense, d'un beau vert foncé, qui durera très longtemps.

Les mauvaises herbes sont au premier rang des ennemis des herbes à gazon. La meilleure façon de les contrôler et de les détruire, c'est d'épandre, lorsque la température se situe entre 18 et 21 degrés C et que l'on ne prévoit pas de pluie pour au moins 48 heures, un engrais 21-3-9 avec herbicide. Le gazon est stimulé et les herbes nuisible détruites rapidement.

Souvenez-vous qu'une belle pelouse exige quelques précautions au printemps, mais vous êtes largement récompensé par la suite.

La fertilisation liquide des pelouses, une bonne méthode?

Rien de plus simple, lorsque l'on en comprend les principes de base, que la fertilisation des pelouses. Pourtant, certains, en raison de leurs occupations ou préoccupations, fertilisent leur gazon d'une façon vraiment déplorable ou, ce qui est pis encore, ne s'en occupent pas du tout et, en conséquence, les abords de leur demeure déprécient considérablement l'ensemble de la propriété.

D'autres confient l'entretien de la pelouse à un spécialiste en horticulture, avec des résultats peu reluisants, alors que d'autres utilisent les services d'entreprises de fertilisation liquide. C'est d'ailleurs là une mode qui a été introduite fort modestement au Québec depuis environ une quinzaine d'années, après avoir fait son apparition canadienne en Ontario quelque temps auparavant. Il s'agit, en l'occurrence, d'entrepreneurs qui, pour une dépense d'environ cent dollars annuellement, font quatre arrosages de pelouse avec des solutions d'engrais.

C'est une méthode qui a été popularisée aux États-Unis, au début des années 50, alors que des vendeurs d'huile à chauffage ont eu l'idée, durant leur saison morte, d'utiliser l'équipement mobile, camions, citernes, etc., pour la fertilisation liquide des pelouses. C'était d'ailleurs une façon pour eux d'obtenir rapidement un revenu substantiel en adaptant une technique déjà utilisée par les terrains de golf pour la fertilisation des verts. Il y avait aussi des citadins qui avaient commencé à fertiliser leur gazon, avec plus ou moins de bonheur, en se servant d'engrais solubles. Les résultats plutôt aléatoires étaient attribuables à des appareils à siphon peu précis tandis que les terrains de golf avaient déjà un équipement permettant des applications bien appropriées d'éléments nutritifs.

Une entreprise québécoise

Récemment j'ai eu l'occasion de discuter de la fertilisation liquide des pelouses avec les propriétaires d'une entreprise spécialisée dans ce genre de service.

MM. Guy et Philippe Van Den Abeele, de Ville Saint-Laurent, ont fondé «Nature Plus» il y a trois ans pour les motifs suivants: «S'impliquer dans l'entretien de pelouse en s'inspirant de nos voisins les Américains, en utilisant les nouvelles techniques. Bâtir une entreprise afin d'offrir à la clientèle un service d'entretien de pelouse professionnel, visant des résultats inégalés. Répondre à une demande de la clientèle, à savoir utiliser les services de spécialistes dans tous les domaines. Laisser aux clients le plaisir de participer à l'entretien de la pelouse (tonte, arrosage, etc.) tout en leur assurant de bons résultats «garantis» sans se préoccuper s'ils appliquent les bons engrais ou poisons aux bons moments.»

Afin d'atteindre leurs objectifs, ces deux jeunes entrepreneurs utilisent trois moyens principaux: s'assurer les services de techniciens spécialisés dans les produits phytosanitaires, faire les études des sols environnants pour bien choisir les dosages, suivre les cours appropriés aux États-Unis, en Ontario et au Québec afin de bien connaître les nouveaux produits et leurs dangers, satisfaire la clientèle par un bon produit et un bon service.

MM. Van Den Abeele ont confié la direction technique de leurs divers services à un jeune spécialiste, M. Gavin Sharbel, venu d'une multinationale impliquée dans l'entretien des pelouses. Ce dernier, sans révéler les ingrédients de base utilisés dans les différentes formules d'engrais, m'a toutefois fourni certains détails pertinents sur l'équipement et le genre de service de «Nature Plus». Les deux camions utilisés sont munis de réservoirs d'une capacité de 4 550 litres, qui peuvent couvrir une superficie de 27 870 mètres carrés. Les méthodes de remplissage se font à l'aide de boyaux de 5 cm. Lorsque le niveau d'eau désiré est atteint, les engrais, herbicides et autres produits chimiques sont mélangés dans l'eau par la pompe et les agitateurs à l'intérieur du réservoir. Il est à signaler que les camions sont équipés de boyaux pouvant aller jusqu'à 155 mètres, afin de permettre au technicien de ne pas bouger l'unité.

Précautions exigées

Incidemment, lors de la préparation des mélanges, masque, lunettes, tablier, bottes et gants sont de rigueur. En effet, certains de ces produits comme les herbicides et les insecticides surtout sous forme concentrée peuvent causer des dommages à la santé des opérateurs.

Divers services

Sauf exceptions, le programme de fertilisation se résume à 4 applications durant la période de croissance des pelouses. Chaque traitement consiste en une fertilisation liquide, soit avec contrôle de la digitaire en pré-émergence, soit avec contrôle des mauvaises herbes à feuilles larges, soit encore avec utilisation d'insecticides: le but est de donner au propriétaire une pelouse verte et en santé. Le premier objectif de cette entreprise consiste dans le traitement des pelouses résidentielles, mais elle traite aussi de plus grandes superficies, les parcs publics, les terrains de jeu ainsi que les terrains industriels. «Nature Plus» effectue aussi le traitement des mauvaises herbes qui causent des allergies que l'on trouve habituellement aux abords des routes ou terrains vagues.

La clientèle

M. Philippe Van Den Abeele souligne que leur client type pourrait se définir ainsi: une propriété avec pelouse dont la superficie est d'au moins 2 000 pieds carrés. «Nous n'exigeons pas de contrat, plutôt nous offrons un prix annuel pour 4 applications, payables après chaque traitement. Advenant le cas où un client désire interrompre le service, il peut le faire par un simple coup de téléphone.»

«Nature Plus» offre au client de traiter gratuitement sa pelouse jusqu'à ce qu'il soit complètement satisfait. Le prix de service est d'environ 100 $ pour 4 traitements, pour une pelouse de 3 000 pieds carrés.

Quand commencent les arrosages?

Le premier traitement se fait très tôt au printemps pour revigorer la pelouse et contrôler certaines mauvaises herbes, comme la digitaire, qui doit être traitée en pré-émergence.

Le deuxième traitement consiste en un engrais et un herbicide pour le contrôle des mauvaises herbes à feuilles larges, tandis que le troisième traitement comporte un engrais et un insecticide. Le quatrième traitement se fait en automne, avec un engrais et un herbicide. Cette application, tard en saison, permet de contrôler les mauvaises herbes présentes ainsi que la germination d'autres mauvaises herbes au printemps. C'est aussi le moyen de fortifier la pelouse pour l'hiver et de lui permettre de reverdir plus rapidement au printemps.

Opinion des experts

J'ai consulté les travaux de plusieurs scientifiques et experts spécialisés dans les cultures herbagères et particulièrement les herbes à gazon et leur fertilisation, soit le Dr Robert W. Schery, directeur du Lawn Institute, Maryville, Ohio, M. Paul N. Voykin, surintendant au Club de golf de Briarwood, à

Dearfield, Illinois, et le Dr R. Milton Carleton, de Chicago, Illinois.

Le Dr Schery, tout en se disant peu impressionné par tout le concert de publicité entourant les engrais liquides, ne voit rien de condamnable ou de profondément différent entre cette forme d'engrais et ceux fabriqués et utilisés à l'état granulaire, en autant qu'ils comportent une efficacité suffisante. Il signale que les engrais épandus à l'état sec doivent éventuellement devenir solution afin d'être utilisés dans les plantes. «Le principal reproche que l'on puisse faire aux engrais solubles, c'est que trop souvent ils ne fournissent pas assez d'éléments nutritifs, compte tenu de leur prix. Lorsqu'un engrais concentré est dilué, il arrive fréquemment qu'il soit si faible au moment de son application que les herbes à gazon n'en tirent aucun bénéfice. D'autre part, la fertilisation foliaire des plantes d'intérieur est tout à fait différente d'un apport adéquat de minéraux à une pelouse. Toutes choses égales d'ailleurs, la fertilisation liquide d'une pelouse n'est pas plus avantageuse que celle où l'on se sert d'engrais granulaires.»

Ce scientifique admet, toutefois, que les engrais solubles offrent l'avantage de fournir aux plants un approvisionnement de nourriture rapidement disponible. Ainsi, une pelouse peut être revigorée pour une occasion spéciale sans que l'on soit obligé d'attendre plusieurs jours avant que les éléments nutritifs entrent en solution dans le sol, puis soient absorbés par les racines du gazon. Ou encore, on peut donner les oligo-éléments

Le camion-citerne est prêt pour entreprendre une longue tournée. Son réservoir d'une capacité de 4 550 litres permet de fertiliser plusieurs pelouses puisque son volume d'engrais liquide peut couvrir une superficie totale de 27 870 mètres carrés.

nécessaires au gazon en très petites quantités par une vaporisation occasionnelle. Ainsi, par exemple, la chlorose due à une déficience en fer peut être corrigée par un apport de sulfate de fer vaporisé directement sur le feuillage. Un gazon dont les herbes donnent des signes de cette anomalie redevient normal quelques heures après l'application. Par contre, si le fer était fourni au sol, à l'état solide il pourrait fort bien être non disponible pour les herbes à gazon.

En faveur des engrais solubles?

De son côté le Dr Milton Carleton préfère la fertilisation liquide des pelouses, surtout si les jardiniers amateurs la font eux-mêmes.

Il recommande l'emploi d'un engrais complet de formule 30-10-5, en quatre applications, la première au début du printemps selon un taux fournissant 1 livre d'azote active par 1 000 pieds carrés, la deuxième application à la fin de mai, la troisième au commencement de juillet et la dernière à la mi-septembre. Il admet cependant qu'il n'est pas facile de trouver un appareil peu coûteux et adéquat pour appliquer un engrais soluble avec précision et qu'en outre la formule 30-10-5 n'est pas généralement disponible pour les amateurs. C'est pourquoi il suggère plutôt de fertiliser avec un engrais complet, à base organique, selon la même cédule que pour l'engrais liquide 30-10-5.

Stimulant temporaire

Pour sa part, M. Paul Voykin n'hésite pas à déclarer que les engrais liquides sont, selon lui, une forme supplémentaire de fertilisation, «un stimulant temporaire» dont l'effet est de courte durée. Il explique que ces engrais sont constitués généralement d'un ou plusieurs sels inorganiques ou d'urée dissous dans l'eau et que le consommateur paie très cher pour un peu d'engrais dans beaucoup d'eau.

M. Voykin signale que les éléments nutritifs de ces types d'engrais peuvent être absorbés par les feuilles des herbes à gazon, ce qu'il considère comme n'étant pas toujours désirable, en se basant sur ses observations de pelouses formées principalement de pâturin-des-prés de la variété Merion. Cet expert recommande aux usagers de réfléchir à deux fois avant d'employer un engrais liquide pour fertiliser leur pelouse. «Je ne suis pas en faveur de ces engrais, mais vous pouvez vous en servir uniquement à l'occasion, disons par exemple pour impressionner des visiteurs durant une journée ou deux.»

Comment faire fleurir les lilas

Voici quelques conseils sur les soins à donner aux lilas pour obtenir une abondante floraison. On sait que les lilas français sont souvent greffés sur le lilas commun. Par conséquent, il est nécessaire de surveiller continuellement les drageons qui poussent à la base de ces arbrisseaux. Si vous ne les enlevez pas, ils poussent au point d'étouffer le lilas greffé et de le remplacer par une autre variété qui produit des fleurs très inférieures. Cependant, la tendance actuelle chez les pépiniéristes est de multiplier tous les lilas par boutures, ce qui élimine ce problème. Il est donc opportun que vous vous informiez auprès de votre pépiniériste afin de savoir si ses plants de lilas proviennent de greffes. Enlevez toujours les vieilles touffes de fleurs fanées puisque cela encourage la formation de boutons de fleurs pour l'année suivante. Ne coupez pas les fleurs plus bas que les deux tiges qui poussent juste au-dessous de la touffe, car c'est là qu'apparaîtra la floraison de l'année suivante. Lorsqu'un lilas dépasse dix ans, il faut, chaque année, enlever complètement une partie du vieux bois jusqu'au sol afin de rajeunir graduellement le plant.

Comment obtenir des chênes à partir des glands

Les glands de chênes, comme les autres semences à enveloppe dure, prennent beaucoup de temps à germer, à moins de leur faire subir le traitement de la stratification, c'est-à-dire, de les exposer au gel. Voici comment procéder:

À l'automne, verser ou épandre environ 5 cm de terreau ou de terre franche dans un pot de grès, déposer des glands sur cette couche, les recouvrir de 5 cm de terreau, placer d'autres glands et alterner ainsi jusqu'à ce que le pot soit plein. Entreposer ce pot dans un endroit frais et humide, soit dans un lieu non chauffé (remise, garage). Il est possible aussi d'installer le pot dans une couche froide, puis de le recouvrir d'une épaisse couche de paillis ou encore de l'enfoncer dans le sol d'une plate-bande et de le recouvrir également d'une épaisse couche de paillis. Si l'on ne peut pas utiliser ces techniques, entreposer le pot dans un congélateur. La stratification entraîne la décomposition de l'enveloppe dure sans affecter la graine de semence qu'elle renferme. Au printemps, semer les graines de semence, quatre semaines après la dernière forte gelée. La méthode à appliquer est la suivante: préparer une plate-bande, à l'automne, par un bon bêchage, puis incorporer un mètre cube de tourbe horticole moulue pour chaque mètre carré de plate-bande. S'il s'agit d'un sol glaiseux (lourd), il faut ajouter un mètre cube de sable grossier (sable à mortier) par 9 mètres carrés d'espace. Au printemps, cet emplacement est raclé pour que le sol soit bien émietté et ameubli. Semer les graines dans des sillons de 3 à 5 cm de profondeur. Si le sol de la plate-bande est sec, arroser une journée avant les semis. Ne pas arroser après avoir semé, à moins qu'il y ait risque que le sol de la plate-bande ne se dessèche. Lorsque la germination est terminée, alors que les graines de semence ont produit deux vraies feuilles, arroser suffisamment afin d'assurer une croissance vigoureuse et régulière. Pour éviter les dommages par les écureuils, recouvrir ou entourer le pot de glands laissé à l'extérieur, à l'automne, avec un grillage de fer galvanisé (carreaux de 1 cm), du type utilisé pour protéger la base du tronc des arbres et des arbustes contre les rongeurs.

Plantes annuelles pour semer à l'extérieur

Certaines des meilleures plantes annuelles peuvent être semées à l'extérieur, directement à l'endroit où l'on veut qu'elles fleurissent. De fait, il en est qui réussissent mieux de cette manière, car elles se soumettent mal à la transplantation.

Des graines à écorce dure comme les pois de senteur devraient tremper au moins une journée et être semées immédiatement. On peut semer la plupart des plantes annuelles à l'extérieur dès la première semaine de mai; pour d'autres, telles que les *zinnias* et la *tithonia,* il vaut mieux attendre la fin de mai lorsque le sol est bien réchauffé.

Semer clair et peu profondément en sillons d'à peu près un demi-pouce que l'on fait avec le manche d'un râteau. Les graines très fines comme celles de la *balsamine* peuvent être semées en surface et légèrement enfouies au râteau. Lorsque les graines ont germé et ont poussé suffisamment, on les éclaircit à distance de 3 à 6 pouces.

En choisissant dans un catalogue les espèces qui peuvent être traitées de cette façon, nous commencerons par suggérer l'*alysse.* La Royal Carpet, la Bleue marine et la Rosie O'Day sont des variétés qui confèrent de la couleur aux bordures; mais pour obtenir une bordure uniforme, complètement naine et d'un beau blanc éclatant, il est difficile de surpasser l'ancienne Carpet of Snow.

Les beaux *asters* peuvent être semés à l'extérieur immédiatement, mais ils ne fleuriront qu'à la fin d'août, et produiront un effet splendide; les variétés géantes doubles seront juste à point pour les fleurs coupées, les types Princesse, Powderpuffs et Cœur de France. Pour des expositions d'automne, on se doit d'essayer la Crego améliorée et les géantes de Californie.

Il convient de semer dès maintenant à l'extérieur les nouvelles *balsamines* améliorées. On peut se procurer les variétés doubles à fleur de camélia pour les plates-bandes et même les haies, tandis que la variété Tom-Pouce fera bien au patio ou dans le jardin de rocaille.

Les *soucis écossais (Calendula)* sont des plantes annuelles très résistantes qui poussent presque partout où on les sème à condition que le sol y soit assez frais pour en assurer la germination. Il faut essayer la nouvelle Geisha Girl ou le mélange Beauté du Pacifique. Le *coréopsis* est une plante an-

nuelle qui pousse bien d'un semis à l'extérieur et fournit d'excellentes fleurs coupées.

Les *pavots de Californie* (*Eschscholtzia*) se sèment aussi à l'endroit où ils doivent fleurir. Il est pratiquement impossible de les transplanter, mais ils fleuriront à profusion à l'endroit même où tombe la semence. Leurs couleurs donnent un effet impressionnant sur une pente sableuse.

Les *amarantoïdes* (*Gomphrena*) présentent un aspect unique et plaisant. La variété naine Buddy, en particulier, fournit une très belle bordure au jardin floral. Les amarantoïdes préfèrent un sol sableux ou une terre franche moyenne, mais ne poussent pas dans les glaises lourdes. Leurs fleurs sont immortelles et, une fois séchées après la cueillette, elles offrent un bel assortiment de couleurs pourpres, roses et blanches pour les arrangements floraux d'hiver.

La *giroflée* odorante du soir est tout indiquée pour semer près d'un endroit où l'on aime se reposer le soir. Elle exhale un parfum délicat, qui se remarque surtout après une journée chaude et humide.

Évidemment, les *capucines* (*Tropaeolum*) produisent mieux si on les sème à l'extérieur. On en trouve plusieurs variétés doubles qui toutes s'adaptent aux sols les plus pauvres. Il faut essayer le nouveau type Jewel qui forme de jolis monticules de fleurs semi-doubles.

L'*ibéris* ou *thlaspi* (*candytuft*), le *soleil décoratif* (*helianthus*) et le *cosmos* sont trois plantes annuelles qui ne peuvent manquer de plaire, à la fois pour l'ornementation des jardins et comme fleurs à couper. On devrait planter le thlaspi géant blanc à fleur de jacinthe, les soleils Jubilee Rose et Jubilee Gem qui sont de nouvelles formes naines et compactes, ainsi que les beaux cosmos Dazzler, Radiance et Pinkie.

La plupart des propriétaires connaissent le *pourpier* (*Portulaca*), plante annuelle qui se sème toujours à l'extérieur. Le Jewel, variété simple à fleurs d'un rose pourpre foncé, est très apprécié comme plante à bordure ou dans les jardins de rocaille.

Semées à l'extérieur, les *giroflées* (*Stocks*) de Virginie exigent peu d'éclaircissage et produisent de la couleur pendant longtemps. Elles sont très naines et ont besoin de beaucoup d'espace pour former un tapis coloré.

Les *zinnias* doivent être semés à la fin de mai quand le sol est réchauffé. Ils fleurissent en août et produisent dès lors jusqu'aux gelées des fleurs à couper qui se prêtent aux décorations d'un cachet tout particulier.

Comme je l'ai déjà mentionné, les *pois de senteur* (*Gesse-Lathyrus*) doivent être semés immédiatement pour obtenir une bonne germination et une floraison abondante à l'été. Au lieu du type grimpant habituel, on peut essayer la lignée Little Sweetheart qui produit de beaux petits plants dont les fleurs sont aussi abondantes et aussi grosses que celles des types plus longs.

Il existe un vaste choix de plantes qui préfèrent les endroits humides

Les jardiniers amateurs en général ont à résoudre des problèmes courants: ravages causés par les insectes, destruction occasionnée par les maladies, choix de cultures qui conviennent au jardin ordinaire, plantation et entretien de ces plantes, etc. Que faire dans le cas où les problèmes spéciaux se présentent, là où les fleurs ordinaires et les plantes ornementales ne veulent pas pousser, aux endroits trop humides, trop secs ou trop sablonneux, sur les pentes trop raides ou dans les sols très argileux? Il existe un bon nombre de plantes attrayantes qui réussissent en de telles conditions, mais il faut utiliser différentes méthodes pour en réussir la culture en pareils endroits.

Y a-t-il chez vous un endroit toujours humide où l'eau séjourne pendant de courtes périodes après une pluie? Si c'est le cas, commencez par améliorer le sol en ajoutant de la matière organique, par exemple de la tourbe horticole, du compost Fertox, du sable ou des cendres. Remplissez les endroits bas pour faciliter l'égouttement ou placez un tuyau de drainage sous les endroits humides, le faisant déboucher sur un puits d'assèchement.

Un choix intéressant

Dans les endroits humides comme ceux-là, les plantes suivantes poussent très bien: l'une des meilleures parmi les plantes annuelles est le *mimule* (*Mimulus*) qui résiste souvent à l'hiver pour pousser une deuxième année. Procurez-vous la lignée Queen's Prize et faites des semis à l'intérieur en mars. La *balsamine* (*Impatiens*) réussit si bien à l'ombre qu'on la place presque toujours dans des endroits ombragés. Cependant, elle pousse également bien au soleil et s'adapte particulièrement aux endroits humides qu'ils soient au soleil ou à l'ombre. La *linaire* annuelle hydride (*Linaria*) est une autre plante qui se développe bien dans les endroits humides; elle donne des fleurs qui ressemblent aux gueules-de-loup (mufliers) mais dont les couleurs sont introuvables chez la gueule-de-loup véritable.

Sol humide et boueux

Quelques plantes vivaces préfèrent un sol humide et boueux. Les *astilbes* appartiennent à ce groupe, et pourtant elles produisent des fleurs plumeuses extrêmement voyantes, blanches, rouges, lavande et rose pâle qui durent presque tout

l'été. Elles donnent un aspect rafraîchissant au jardin, probablement à cause de leurs feuilles d'un vert frais, de même que
leurs fleurs typiques. Tous ceux qui ont un sol humide et
tourbeux devraient savoir que les *iris de Koempfer* profitent
bien en ces endroits. Ces plantes produisent des fleurs beaucoup plus attrayantes et considérablement plus remarquables
que l'iris barbu ordinaire de nos jardins; elles le font d'autant
mieux que le sol est détrempé, si humide en fait que beaucoup
d'amateurs le préparent comme celui d'une rizière pour les y
cultiver. Les fleurs de l'iris de Koempfer mesurent souvent 8
pouces de large et sont plates au sommet, différant énormément des têtes globuleuses de l'iris commun. Toutes les *salicai-
res de jardin,* comme la Morden Gleam, la Morden Pink, la
Croftway Pink, la Dropmore Purple et la Rose Queen poussent
bien en ces endroits et ont fort belle apparence, surtout si on les
entoure d'un tapis de *lysimaques nummulaires* (*Lysimachia
nummularia*), autre plante qui «aime à se mouiller les pieds».

Plantes insectivores

On peut, bien entendu, obtenir de précieux renseignements sur les plantes qui réussissent dans de telles conditions,
en allant par bois et prairies à la recherche d'endroits humides.
Il se peut qu'on s'y laisse gagner à vouloir reproduire la précieuse beauté d'un coin de marécage naturel. Quand on réussit
à reconstituer un coin marécageux avec la luxuriante végétation d'un sol humide en décomposition on peut cultiver le *rosso-
lis* ou la *sarracénie pourpre* (*Sarracenia purpurea*) aux feuilles
creuses comme un pot, deux plantes insectivores extrêmement
intéressantes à cultiver.

Une parcelle de *balsamines fauves* (*Impatiens biflora*)
captive facilement l'imagination avec ses feuilles luisantes et
ses étamines qui se déclenchent comme des ressorts. Une vaste
plantation de *lobélie cardinalis* peut, à l'automne, vous récom-
penser de votre travail par un étalage flamboyant de fleurs
rouges. Deux plantes de prairies qui aiment l'humidité et qui
sont faciles à cultiver sont l'*asclépiade incarnat* (*Asclepias
incarnata*), avec ses trochets de petites fleurs cramoisi pâle qui
donnent un éclat rosâtre aux prairies canadiennes en juillet et
août, puis la *renoncule septentrionale* (*Ranunculus septentrio-
nalis*) qui produit de hautes fleurs dorées en avril.

Le *populage des marais* (*Caltha palustris*) est la plus
hâtive des plantes marécageuses. Ses fleurs jaune doré s'épanouissent en avril ou au début de mai. On peut aussi s'en
procurer une forme double plus délicate dans les grosses pépinières.

En juillet, les astilbes, des vivaces herbacées, aux jolies fleurs blanc crémeux, rose violacé foncé, préfèrent les endroits semi-ombragés, avec un sol humide, détrempé.

Les arbustes

Les arbustes adaptés à ces endroits humides sont le *sorbier à fruits noirs* (*Aronia melanocarpa*), la *viorne à trois lobes* (*Viburnum trilobum*), les *petits saules à chatons* (*Salix*), les *cornouillers* (*Cornus*), les *clèthres à feuilles d'aune* (*Clethra alnifolia*) et le *céphalante occidental* (*Cephalanthus occidentalis*). Les saules à chatons réussissent bien mais il faut planter ceux qui ne deviennent pas de gros arbres tels le saule discolore et le *saule Marsault* (*Salix caprea*). Cultivez le saule *Sekko* (*Salix sachalinensis Sekko*) pour un effet massif et vraiment extraordinaire; il vous fascinera avec ses branches fasciées, tortillées, tordues en forme de massue. Le *céphalante occidental* (*Cephalanthus occidentalis*), arbuste indigène à fleurs d'un blanc crémeux ayant la forme d'une balle de golf, pousse bien dans les sols humides de la région. Certaines pépinières en vendent, mais si vous connaissez un endroit destiné au lotissement où il en pousse vous pourrez probablement vous en procurer là, à bon compte.

Quelques arbres

S'il vous faut des arbres, utilisez la *pruche* (*Tsuga cana-densis*), le *chêne des marais* (*Quercus palustris*), le *chêne rouge* (*Quercus borealis*) ou, si vous disposez de beaucoup d'espace, le *saule pleureur* doré (*Salix alba tristis*). Pour les étangs et les autres endroits impossibles ou trop coûteux à égoutter, cultivez des plantes spéciales comme le *butome à ombelle* (*Butomus umbellatus*), l'*iris faux-acore* (*Iris pseuda-corus*) et la *sagittaire* (*Sagittaria latifolia*). Ces plantes ne poussent que là où elles trouvent de l'eau en tout temps. Certains catalogues de plantes aquatiques offrent de nombreuses formes de *quenouilles* et, bien entendu, elles conviennent naturellement à ces endroits.

Les dahlias, une culture facile et des belles fleurs en abondance

La culture des dahlias ne cesse de gagner des adeptes parmi les amateurs de jardinage. Cependant, certains se plaignent de ne pas obtenir une abondante floraison de leurs plants ni des fleurs spectaculaires. Si la réussite de la culture des dahlias est un objectif qui peut être atteint par la plupart de ceux qui cultivent cette plante bulbeuse à floraison estivale, il y en a encore trop qui n'obtiennent pas un résultat satisfaisant. Par conséquent, les lignes qui vont suivre visent à résumer les facteurs de base qui assurent des fleurs en abondance tout au long de l'été.

La première chose dont il faut absolument tenir compte, c'est de se procurer des tubercules de qualité dont chacun porte un collet avec au moins un œil ou bourgeon.

Si vous essayez cette culture pour la première fois n'oubliez pas, l'automne prochain, de diviser les touffes en sections dont chacune est composée d'un morceau de tige ainsi que d'un et même deux yeux. Il est indispensable de ne pas briser les tiges, puisque la racine tubéreuse seule ne peut pas produire de nouvelles pousses. En effet, les bourgeons végétatifs ne se trouvent que sur le collet de la tige âgée d'un an et ne se développent que sur ce collet.

Site approprié

L'emplacement pour la plantation des dahlias doit être choisi avec soin, en tenant compte du fait que ces plantes exigent un site bien ensoleillé, loin des racines des arbres et des arbustes, où le sol est franc, sablonneux, friable, poreux, bien égoutté, riche en éléments nutritifs, bien pourvu de matière organique; il doit être tenu constamment humide, surtout pendant la floraison.

Plantation et soins culturaux

La plantation des dahlias s'effectue entre la mi-mai et la mi-juin, dans des excavations de 6 pouces (15 cm) de profondeur. Les tubercules sont recouverts d'une mince couche de sol et on ajoute un peu de terre au fur et à mesure de la croissance des tiges dont on ne conserve qu'une seule.

L'humidité du sol est conservée par un arrosage chaque semaine; en plus il faut épandre une couche de paillis d'une épaisseur de 3 pouces (7,5 cm) autour du pied de chaque plant. Pour que les plants aient une bonne provision d'éléments nutri-

121

tifs, incorporez au sol, tous les 20 jours, un engrais complet, comme la formule 4-12-8.

Tuteurage

Les tiges des dahlias sont cassantes et risquent d'être endommagées par le vent si elles ne sont pas étayées par un tuteur. Par conséquent, lorsque les variétés à grosses fleurs atteignent 1½ à 2 pieds de hauteur, enfoncez dans le sol un tuteur de bois ou de fer de 5 à 6 pieds de longueur, à l'endroit marqué au moment de la plantation. Attachez les tiges, tous les 12 ou 15 pouces, avec du raphia ou des lisières de nylon.

Insectes et maladies

Dès le début de juillet pulvérisez les plants avec un insecticide durable, tel le malathion, pour contrôler la punaise terne. Pour une répression efficace du blanc des dahlias, faites des

Les dahlias, par la diversité de formes et de couleurs de leurs fleurs, ainsi que la longue durée de leur floraison, comptent parmi les meilleures et les plus populaires plantes de jardin.

pulvérisations de fongicide dès l'apparition de la maladie. Par ailleurs, ne gardez pas les plants jaunis, ou rabougris. Déterrez-les, puis détruisez-les.

Ébourgeonnement

Afin d'obtenir de belles grandes fleurs et des tiges droites, pratiquez la taille et l'ébourgeonnage. Immédiatement après le tuteurage des plants, commencez à enlever les pousses secondaires à l'aisselle des feuilles. En général un seul éclaircissage suffit. Si vous ne désirez pas faire des bouquets de fleurs coupées, je vous recommande d'enlever les fleurs fanées. Vous éviterez ainsi d'épuiser inutilement vos plants et de nuire à la formation de fleurs secondaires par la formation de graines. Je dois, cependant, souligner que l'ébourgeonnement est une pratique recommandée surtout pour les jardiniers chevronnés, qui veulent participer à des expositions florales.

Trop de feuillage

Quand des plants de dahlias produisent une abondance de feuillage, sans fleurs, c'est généralement parce qu'on a oublié de diviser les racines. Cela peut aussi être causé par un sol trop riche en azote ou encore par le fait qu'on a négligé d'enlever les pousses latérales les plus hautes afin de permettre aux fleurs de se développer complètement.

Pour les bouquets

Quelles fleurs peut-on cueillir sans faire du tort au plant? Cette question revient chaque année. Cueillez seulement les fleurs parfaitement épanouies. Coupez les tiges plutôt longues. Je vous recommande aussi de couper les tiges sous l'eau afin que l'eau monte jusqu'aux fleurs.

Conservation des tubercules

À l'arrivée des premiers gels d'automne, lorsque les feuilles sont gelées, coupez les tiges au ras de terre, puis procédez à l'arrachage des tubercules afin de les conserver jusqu'à l'année suivante. À l'aide d'une fourche à jardin sortez, avec soin, les touffes du sol. Laissez-les sécher au soleil, les racines vers le haut, durant quelques heures. Placez les souches ou touffes, durant quelques jours, dans un endroit bien aéré et à l'abri du gel, pour libérer les rhizomes de leur excès d'humidité. Divisez les touffes avec un couteau bien aiguisé. Cette division est indispensable, puisque les grosses souches mises en terre produisent un grand nombre de tiges, beaucoup de feuilles et peu de fleurs. Après avoir débarrassé, avec précaution, les rhizomes de la terre qui les entoure, placez-les dans des boîtes ou des caisses remplies de tourbe horticole moulue ou de vermiculite, puis entreposez-les pour l'hiver, dans une cave ou un caveau où la température se maintiendra entre 5 et 8 degrés C, avec une légère humidité atmosphérique. Cette humidité évitera un trop grand dessèchement des rhizomes.

Plantes merveilleuses

Les dahlias, tout en étant peu coûteuses à l'achat et se multipliant facilement, sont au nombre des plantes les plus spectaculaires du jardin. Elles donnent un bel étalage de fleurs alors que la plupart des autres sont à leur déclin. Il est indéniable que la culture des dahlias est l'une des formes de jardinage les plus satisfaisantes qui soient. D'ailleurs, rares sont les plantes qui peuvent produire des fleurs offrant une telle diversité de formes et de couleurs.

Intéressons-nous à d'autres bulbes peu connus

Certaines fleurs bulbeuses et tubéreuses peu connues, plantées au début de mai, ajouteront une note de couleur et d'exotisme à votre jardin.

Diverses sortes d'*anémones* (*Anemone coronaria*) qu'on peut se procurer en couleurs assorties se conservent bien durant l'hiver dans de la vermiculite et peuvent être replantées en caissettes vers la fin de mars. Il est préférable de planter ces fleurs à un intervalle de 15 cm (6 pouces) dans un endroit partiellement ombragé, en sol sablonneux.

La *crinole* (*Crinum*) est une espèce subtropicale qui porte de grandes fleurs sur une tige de 60 cm (2 pieds) de hauteur. Cette plante qui demande un sol riche et bien drainé se cultive mieux en récipient ou dans un pot que l'on peut mettre à l'abri l'hiver.

La *cypelle de Herbert* (*Cypelle Herbertii*) est une espèce assez rare provenant d'Amérique du Sud. Ses tiges d'environ 2 pieds de haut produisent de magnifiques fleurs orangées durant tout l'été. On traite habituellement ces bulbes comme ceux du glaïeul; à l'automne on les retire du sol et on les conserve en hiver à une température d'environ 7 degrés C.

La *basilée* ou *lis amazone* (*Eucomis*) est de la famille de l'amaryllis. En été, elle a besoin d'humidité et d'ombre ainsi que d'une faible dose d'engrais liquide tous les 15 jours. Les bulbes peuvent être plantés en surface à la fin de mai et doivent être enlevés avant les fortes gelées.

Il y a aussi les *renoncules des jardins* (*Ranunculus asiaticus*) qui sont des membres spectaculaires de la famille du bouton-d'or. Leurs grandes fleurs doubles globulaires sont de couleur blanche, écarlate, cramoisi, rose ou or. Si on les plante à la fin de mai, elles fleuriront au début de juillet. Dès que les feuilles brunissent, déterrez les plantes et conservez-les tout l'hiver au frais (7 degrés C). Tous ces bulbes et tubercules nécessitent une bonne terre meuble et bien drainée.

Comment planter les rosiers et les soins appropriés à leur donner

Beaucoup de gens croient, à tort, que la culture des roses est un défi, puisque selon eux ces plantes exigent des soins très spéciaux. Il n'en est rien et le succès dépend surtout de l'emploi de plants de qualité supérieure et d'une bonne méthode de plantation. Pour assurer la réussite de votre culture des rosiers, commencez tout d'abord par vous procurer des plants d'excellente qualité dans une jardinerie ou une pépinière de réputation bien établie. Ensuite, suivez à la lettre les étapes suivantes.

Les rosiers se plantent habituellement en mai, dans nos régions. Bien que ces plantes ne soient pas particulièrement exigeantes quant au type de sol, disons qu'il leur faut un sol passablement fertile, friable, poreux et bien drainé. Les rosiers peuvent pousser d'une façon satisfaisante dans les sols légers (sablonneux) ou lourds (glaiseux), à la condition que vous ajoutiez de la matière organique, soit du compost d'écorce ou du fumier bien décomposé, à ces deux types différents de sol.

Beaucoup de soleil

Les rosiers préfèrent un site bien ensoleillé, loin des arbres et des arbustes dont les racines pourraient les priver des éléments nutritifs et de l'humidité dont ils ont grand besoin.

Si vous ne plantez pas vos rosiers immédiatement après les avoir achetés, gardez-les dans un endroit frais jusqu'au moment de la plantation. S'ils sont à racines nues, immergez ces racines dans un seau rempli d'une solution d'engrais 10-52-10. Si ces plants sont, au contraire, dans un pot biodégradable rempli de bon sol de surface, maintenez ce sol humide en attendant la plantation.

Attention à l'excavation

Préparez les trous de plantation à l'avance afin que le sol ait eu le temps de se tasser. Les excavations devraient mesurer environ 18 pouces (45 cm) de largeur et 12 à 15 pouces (33 cm) de profondeur. Pour enrichir votre sol en humus, ajoutez du compost ou du fumier bien décomposé, à raison d'une partie de compost ou de fumier pour quatre parties de sol.

Une fois cette infiltration complétée, finissez de combler le trou avec votre mélange de terreau et faites une butte autour du plant, jusqu'à une hauteur d'environ 8 pouces (20 cm). Cela

126

évitera le dessèchement des bourgeons avant que les racines ne soient à même d'absorber l'humidité. Laissez cette butte en place jusqu'à ce que les pousses démarrent. Quand elles apparaissent à travers le sol, défaites progressivement le monticule. Remettez dans l'excavation plusieurs pouces du sol que vous

Les quatre phases successives pour réussir la plantation d'un rosier: 1 — Formez un cône de terre au fond de l'excavation. 2 — Étalez les racines sur le cône, en disposant le point de greffage (nœud) légèrement en dessous du niveau du sol. 3 — Remplissez le trou. 4 — Arrosez avec une solution fertilisante d'engrais 10-52-10, puis buttez afin d'éviter le dessèchement des bourgeons.

avez préparé, de façon à former un monticule, en étalant les racines vers le bas suivant leur disposition naturelle. Assurez-vous qu'elles ont assez de place et, si nécessaire, élargissez le trou. Placez le plant sur le monticule de telle sorte que le point de greffage (la région renflée qui ressemble à un nœud, et d'où partent les pousses ou les tiges) se trouve à environ 1 pouce et demi sous le niveau du sol. Couvrez les racines avec de la terre, en arrosant avec la solution d'engrais de transplantation 10-52-10, non seulement pour éviter la formation de poches d'air dans le sol, mais aussi pour stimuler la formation de racines nourricières et la croissance rapide du rosier.

Continuez d'ajouter de la terre presque au niveau du sol et tassez fermement, puis emplissez la cuvette (10-52-10). Laissez s'infiltrer dans le sol. Ajoutez une réserve d'éléments nutritifs, pour une bonne croissance du plant et une abondante floraison, en incorporant au sol, à la périphérie de la cuvette, un engrais pour rosiers, soit la formule 8-6-7. Cette fertilisation sera répétée au début de la floraison, puis après, au commencement de juillet.

Retenez que les rosiers absorbent beaucoup d'eau. Une humidité copieuse assure une végétation abondante et vigoureuse, en particulier durant les mois d'été. Vous devrez arroser au moins tous les dix jours s'il n'a pas plu suffisamment pour humecter le sol jusqu'à une profondeur de 10 pouces (25 cm). La meilleure façon d'arroser un rosier consiste à placer une planche ou un morceau de bois au bout du tuyau ou boyau, de manière à briser le jet, ce qui permet à l'eau de se répandre doucement jusqu'à ce que le sol soit saturé. Évitez d'arroser les parties aériennes des plantes, car l'humidité du feuillage favorise les maladies.

Les rosiers établis

Pour ce qui est des rosiers déjà établis, je vous signale que ces plantes répondent bien à des épandages d'engrais réguliers. Le moyen le plus simple est d'employer un engrais de formule 8-6-7, à raison d'une bonne cuillerée à soupe par plant, épandu sur la surface du sol à environ 6 ou 8 pouces (15 à 20 cm) de la tige. Ratissez ensuite avec précaution et arrosez abondamment afin de dissoudre l'engrais.

Une première application d'engrais doit être faite tôt au printemps, lorsque les nouvelles pousses ont environ 4 pouces (10 cm) de longueur. Effectuez une deuxième fertilisation au début de la floraison, puis une troisième au mois de juillet, après la première grosse floraison.

Protection des rosiers

Les pulvérisations ou les poudrages devraient être considérés comme faisant partie de la routine, et effectués régulièrement par mesure préventive, sans attendre que les insectes parasites soient là ou que les maladies aient commencé à se manifester.

Si vous prenez l'habitude de traiter périodiquement vos rosiers, vous garderez facilement vos plants en excellente condition. Utilisez un produit commercial, insecticide-fongicide, pour rosiers, au printemps, quand les premiers bourgeons à feuilles commencent à se former. Continuez les pulvérisations ou poudrages à raison d'un traitement hebdomadaire.

Lorsque les chaleurs augmentent au cours de l'été, ne traitez que tous les dix jours et après chaque pluie.

Et la taille

Taillez les rosiers au printemps, dès que les bourgeons commencent à se gonfler. Procédez de la façon suivante: les hybrides de thé devront être taillés à peu près au-dessus du quatrième bourgeon à partir de la base, et cette coupe devra être effectuée juste au-dessus d'un bourgeon dirigé vers l'extérieur. Enlevez toutes les pousses faibles ou vagabondes.

Pour les floribundas, la taille se limite au bois tué par l'hiver. En ce qui concerne les grimpants, si les plants sont devenus trop gros, il vous faut éliminer une certaine quantité de vieux bois. Enlevez tout le vieux bois de floraison des rosiers sarmenteux, si cela n'a pas été fait immédiatement après la floraison précédente.

Une culture facile, celle du vinaigrier

Il est relativement facile de cultiver le sumac vinaigrier (*Rhus typhina laciniata*), un arbrisseau ou petit arbre dont la cime prend une forme de parasol en vieillissant. Ses feuilles sont finement laciniées. C'est une variété commercialisée du sumac vinaigrier.

Cette plante préfère les lieux ouverts, rocheux et secs. On ne doit pas se soucier outre mesure de ses racines en ce qui a trait à la couverture de sol ou encore des possibilités de dommages aux fondations des bâtiments. Il faut la protéger des vents directs d'hiver et retenir que le poids de la neige peut aussi causer des dégâts et rendre son port plus irrégulier.

Comment contrôler les forficules

Les forficules (perce-oreilles) causent peu de dommages, sauf s'ils sont nombreux. Dans ce cas, utiliser l'huile de poisson comme appât placée par exemple dans des boîtes de sardines enfoncées jusqu'au niveau du sol.

Une autre méthode consiste à enrouler du papier journal que l'on place, en soirée, là où l'on soupçonne la présence de ces insectes. Le lendemain matin on détruit ce papier contenant les insectes. On peut aussi traiter les endroits infestés en utilisant l'insecticide Sevin (carbaryl) sous forme d'appât ou l'insecticide Diazinon.

Il faut se conformer aux directives de l'étiquette sur les contenants d'insecticides et bien respecter l'intervalle de sécurité.

JUIN

Obtenir une belle floraison des chrysanthèmes des fleuristes

La majorité des chrysanthèmes en pot sont des variétés de serre, qui ne conviennent pas au jardin. Il n'est pas question de les installer à l'extérieur en pleine terre, à l'automne, mais plutôt au mois de juin. Il est important, d'autre part, après la floraison, de rabattre les tiges à 2 pouces de hauteur, avant de placer le plant à l'extérieur. Après cette taille, il est transporté dans une cave froide ou un garage, où la température se maintient au-dessus du point de congélation. Le sol est arrosé suffisamment pour qu'il ne s'assèche pas tout à fait. Le plant est placé dans une plate-bande au début de juin, en enfonçant le pot dans le sol, à un endroit ensoleillé du jardin. Il faut arroser et fertiliser régulièrement. Les bourgeons sont enlevés dès qu'une tige atteint une hauteur de 6 pouces. L'ébourgeonnage se poursuit jusqu'à la fin du mois d'août. À ce moment, le plant est ramené à l'intérieur, dans une fenêtre bien ensoleillée où la température se situe entre 18 et 21 degrés C, le jour, et une température plus fraîche la nuit.

Donnez au plant des nuits longues et des journées courtes, pour obtenir une belle floraison.

Donnez à votre jardin un cachet attrayant avec des annuelles

Donnez à votre jardin encore plus de gaieté et d'éclat en le garnissant abondamment de plantes annuelles pimpantes et colorées.

Il vous est possible de créer une atmosphère dans un jardin ou de lui conférer un cachet particulier en utilisant de ravissantes plantes qui demandent peu de soin. Si vous désirez aménager un coin intime et tranquille, plantez-y des *giroflées* et du *tabac florifère* à senteur nocturne qui vous donneront la douceur des coloris et l'enchantement des parfums. Si vous désirez mettre tout le voisinage sous le charme, illuminez votre jardin de *pétunias* frémissants.

Tout commence au chemin ou à l'allée d'entrée. Plantez, de chaque côté, de minuscules *mufliers* Floral Carpet, en séparant ou en mélangeant les coloris. Ils vous donneront d'épais tapis de fleurs qui dureront tout l'été si vous prenez la peine d'éliminer les fleurs fanées. Intercalez-en également, en plein soleil, entre vos espèces de base à feuilles persistantes. Les merveilleux *oeillets d'Inde* Golden Nugget conviennent également bien à cet usage, de même que les *géraniums* et les *cannas*.

Arrangements efficaces

Si vous avez un bungalow, un massif à peu près semi-circulaire de plantes annuelles à chacune des extrémités de la plantation de base en enjolivera la façade; vous pouvez également en constituer une bordure aux angles de votre propriété, en la flanquant d'arbustes ou d'une petite haie, afin de pouvoir admirer l'ensemble depuis une fenêtre. Pour ces massifs, choisissez des couleurs contrastantes, en utilisant une ou plusieurs variétés de même type de plantes ou une combinaison de 2 espèces différentes.

Le jardin de la cour arrière permettra de former des plates-bandes de plantes annuelles en groupes importants. Installez les plus hautes à l'arrière et les plus courtes sur le devant.

Lorsque vous installez un massif de plantes annuelles, mettez toujours au premier plan les espèces de bordure naines et compactes par exemple des *agérates* Blue Mink, Royal Blazer ou Summer Snow; des *oeillets* Bravo, des *alysses* Snow Cloth, des *lobelies* Mrs. Clibran, ou des oeillets d'Inde nains et de types français et signata. Ce sont tous des cultivars convenant parfaitement à cet usage.

Pour un étalage éclatant sur fond blanc ou gris, utilisez des célosies à panache rouge ardent ou or.

Si vous voulez donner un cachet particulier à une plate-bande de plantes annuelles, utilisez des types nains comme des *agérates,* des *bégonias tubéreux* ou des *mufliers nains* ; donnez de la hauteur et du cachet en parsemant le tout de *centaurées cinéraires* à feuilles argentées.

Belles combinaisons

Une autre combinaison réussie consistera à assembler des *pétunias* blancs avec, ici et là, des *périllas* aux feuilles d'un rouge profond, des *coléus,* ou des *basilics* Dark Opal.

Si vous recherchez un effet éblouissant, en particulier sur un fond blanc ou gris, installez des *célosies* à panaches plumeux jaunes ou rouges se détachant sur un feuillage vert ou incarnat. Les cultivars à fleurs rouges, Fiery Feather et Improved Forest Fire, ainsi que ceux d'un jaune profond, Golden Feather et Golden Triumph, conviennent à cet usage.

Vous pouvez aussi essayer des *sauges* farineuses (*Salvia farinacea*) Blue Bedder et des *zinnias* Pink Button, qui ajouteront de la couleur à votre jardin tout au long de l'été en même temps qu'ils fourniront une abondance de fleurs à couper. Les *pétunias* Blue Dream, d'un bleu sombre, et le petit *œillet d'Inde* doré Sparky produiront un effet haut en couleur. Les *coléus* à feuilles jaunes et vertes et *agératums* bleus vous permettront de réaliser une combinaison qui illuminera efficacement les coins tristes et ombragés.

Pour les rocailles

Dans le jardin de rocailles, utilisez des espèces naines pour plantation de massifs telles que l'*alysse maritime*, l'*agératum*, le *lobélia*, les *œillets d'Inde* nains, les *sanvitalias*, les *bégonias* à racines fibreuses et les pensées. Le *muflier* Floral Carpet et les nouveaux *zinnias nains* conviennent très bien à ce genre de culture. Pour les rocailles, évitez cependant les pétunias colorés de grande taille car ils noieront sous leur ombrage les fines et exquises plantes alpines que vous aurez mises en place. Remplacez-les plutôt par des pétunias d'autres types moins étalés, comme le Moonbeam ou le Brass Sand aux coloris jaune ou crème, ou encore le Capri et le Sky Magic, petites variétés d'un bleu léger.

Les zinnias de grande ou de moyenne taille poussent bien dans les bordures herbacées où ils cacheront le feuillage des bulbes de printemps et se superposeront au pavot d'Orient. Installez, comme bordures, à l'avant de vos plates-bandes, des types de zinnias pouvant former des touffes, et mettez à l'arrière-plan des fleurs annuelles plus hautes comme des *cléomes* et des *cosmos*.

Dans les jardinières

Pour vos jardinières de fenêtres, utilisez soit des *pétunias* retombants rouges, blancs ou roses, cascade ou avalanche, soit des *pois de senteur nains*, qui formeront des cascades de fleurs odorantes.

Si ces jardinières sont à l'ombre, vous ne pouvez mieux faire que d'employer des *balsamines,* des variétés nouvelles naines améliorées, ou d'autres que l'on peut maintenant obtenir dans différents coloris unis de rose, d'orange, de rouge et de blanc; vous pouvez également utiliser les nouvelles espèces compactes de *bégonias* à racines fibreuses et à floraison continuelle. Il vous est également possible de mettre en place un assortiment complet de *coléus* dont les coloris peuvent former un magnifique arc-en-ciel. Cette espèce pousse très bien à l'ombre.

Garnir le patio

C'est devenu maintenant une habitude de garnir le patio de plantes annuelles. Les nouveaux *pétunias* floribonds et colorés, du type Cascade ou des séries Magic et Plum, ainsi que les bicolores comme Calypso et Starfire y trouvent leur place. Plantez-les dans les cuvettes et les bacs du patio, ou dans des plates-bandes surélevées. Les *tabacs odorants* (*Nicotiana*), les *giroflées* à senteur nocturne et les *œillets* de jardin peuvent également ajouter au charme des soirées.

Les plantes annuelles doivent compléter le décor de la maison et non pas le concurrencer. Il faudra intégrer les plates-bandes aux plantations de base de façon à souligner les limites et les promenades plutôt que de rompre l'harmonie de la pelouse de façade en les installant au milieu. Déterminez un coloris thématique en harmonie avec votre maison et respectez-le scrupuleusement.

Les annuelles prolongeront la floraison dans votre jardin

Les fleurs qui ont orné votre parterre en mai, après les pluies d'avril, ont habituellement disparu lorsqu'arrive le mois de juin. Cependant, il n'est pas nécessaire que votre terrain retourne à une monotonie verte parce que les fleurs des bulbes rustiques, tulipes, narcisses, jacinthes, etc., ainsi que celles des arbustes et arbres à floraison printanière sont maintenant fanées. Les annuelles, qui fleurissent tout au long de l'été, prolongent la beauté initiale de votre jardin, par une féerie de teintes charmantes tard à l'automne.

Dès le début de la saison de jardinage, les pépinières, grainetiers et jardineries offrent à leur clientèle un vaste choix irrésistible de potées fleuries où toutes les couleurs imaginables sont présentes. Ces jeunes plants, sains, vigoureux, attrayants, peuvent être plantés immédiatement pour remplir les espaces dénudés dans les plate-bandes et bordures ou pour camoufler les plantes aux fleurs fanées. Avec des soins adéquats, ces plantes auront une croissance vigoureuse et donneront de riches couleurs à tout votre jardin.

Vous pouvez ajouter du brillant au pourtour d'une bordure d'arbustes en utilisant des variétés naines d'*agérates,* d'*œillets d'Inde* et de *zinnias,* ou encore avec des *lobélies* bleues lorsque les rhododendrons perdent de leur lustre. Des écrans bien denses de *roses trémières,* des massifs de *balsamines* aux teintes pastel ainsi que des *pétunias* masquent avec succès le feuillage des bulbes à floraison printanière. Dans les plates-bandes installées aux endroits semi-ombragés, les *coléus,* les petits *bégonias* toujours en fleurs et les *balsamines* donneront un très joli coup d'œil.

De vraies vedettes

Et que dire des rocailles où les *alysses* blanches et les joyeuses *lobélies* ajoutent des taches très voyantes parmi les vivaces herbacées alpines utilisées dans les jardins de roches? Afin de prolonger la saison de floraison, pourquoi ne pas utiliser des variétés naines de *salvias, portulacas* et autres espèces à croissance basse et pourvues d'un système radiculaire peu profond. Plusieurs annuelles sont de véritables vedettes lorsqu'arrivent les journées fraîches du début d'automne. Les œillets d'Inde, balsamines, géraniums et salvias accompagnent fort bien les chrysanthèmes et les asters qui fleurissent à l'automne.

Culture facile

Les annuelles, aux fleurs si variées, comptent parmi les plantes les plus faciles qu'un jardinier amateur puisse cultiver. Lorsque vous en rapportez des plants de la jardinerie ou de la pépinière, plantez-les sans délai. Procédez en fin de journée ou encore par temps nuageux. Si vous devez retarder la transplantation, arrosez les caissettes ou les pots et placez-les dans un endroit ombragé.

1) Les potées fleuries d'annuelles et de vivaces donnent de la couleur instantanée à un jardin. Au début de la saison de jardinage, ces jolies fleurs sont disponibles en grand nombre dans les jardineries et pépinières, soit dans des caissettes soit en pots. 2) La transplantation de ces plants est facile. S'ils ne sont pas dans des pots biodégradables, il suffit de les sortir avec précaution de leur contenant afin de ne pas enlever le sol qui entoure les racines. 3) Chaque plant est installé assez profondément pour que la terre entoure complètement les racines et le sol où elles se sont développées. Il importe de laisser assez d'espace entre les plants pour éviter l'entassement plus tard en saison. 4) Arroser avec une solution d'engrais 10-52-10 pour prévenir le choc de la transplantation.

Bien préparer le sol

Même si les annuelles sont des plantes que tout le monde peut employer avec succès dans son jardin, il est néanmoins indispensable de bien préparer le sol des plates-bandes ou bordures par un bon bêchage profond. Si le sol est lourd (glaiseux) ou léger (sablonneux), il faut ajouter de la matière organique, par exemple sous forme de compost Fertox, à raison d'au moins 20 kg par 35 m² (100 pieds carrés) de superficie. Une fertilisation adéquate est également indispensable. Il s'agit d'incorporer au sol une bonne provision d'éléments nutritifs, par l'emploi d'un engrais complet, comme la formule 4-12-8, à raison de 1 kg par 35 m² (100 pieds carrés).

Transplantation réussie

Pour éviter le choc de la transplantation, gardez humide le sol qui entoure les racines des plants puis, après avoir installé chaque plante, arrosez le sol avec une solution d'engrais 10-52-10.

Ces deux précautions évitent le choc de la transplantation et les plantules ne subissent aucun arrêt ou retard de croissance.

Les jardiniers professionnels et les jardineries ainsi que les pépinières se servent de plus en plus de petits pots de tourbe biodégradable, ce qui contribue beaucoup à éviter un choc de transplantation aux jeunes plants cultivés dans ces contenants; il est nécessaire de veiller à ce que les pots soient bien enfouis dans le sol pour éviter tout risque de dessèchement des racines.

L'arrosage avec la solution d'engrais 10-52-10 assure un bon enracinement rapide. Par la suite, évitez que le sol ne s'assèche trop, surtout dans les périodes de grandes chaleurs.

Afin d'encourager une belle floraison et d'obtenir des plants bien touffus, n'oubliez pas de pincer les bourgeons au centre des annuelles hautes, comme les œillets d'Inde, les zinnias, les roses trémières et les coléus.

Un paillis de copeaux de bois, d'écorce de conifères et d'aiguilles, tout en étant décoratif, aide à conserver l'humidité du sol et empêche la croissance des mauvaises herbes.

Pour que la floraison de vos plants d'annuelles soit belle et de longue durée, fertilisez vos plants tous les 10 jours avec un engrais soluble, comme la formule 20-20-20, contrôlez les mauvaises herbes, tuteurez les gros plants et taillez ceux qui ont tendance à croître d'une façon désordonnée et/ou à produire trop de feuillage.

Le drainage et les arbres

L'égouttement efficace d'un terrain est indispensable à la croissance normale des plantes et à leur survie. On sait que les arbres, comme toutes les autres plantes d'ailleurs, par leur respiration, assimilent l'oxygène et rejettent l'anhydride carbonique (CO_2). Pour atteindre les racines, l'oxygène doit être capable de pénétrer dans le sol. De son côté, l'anhydride carbonique doit pouvoir être évacué en passant à travers les interstices du sol. Dans un sol mal drainé, après une forte pluie par exemple, l'eau remplit les interstices du sol et y séjourne longtemps. Le mouvement de l'air et du CO_2 dans le sol s'en trouve retardé, ce qui prive les plantes, en l'occurrence les arbres, de l'oxygène dont elles ont absolument besoin pour une croissance normale et les empêche d'éliminer l'anhydride carbonique. Afin de faciliter l'évacuation de l'eau excédentaire d'un terrain, on doit se servir de lignes de drains souterrains, ayant habituellement 4 pouces (10 cm) de diamètre, installées à 25 pieds (7,60 m) l'une de l'autre. Il faut, toutefois, avec un tel système, prévoir un endroit convenable pour recueillir l'eau de surplus enlevée du terrain. Les drains sont enfouis à 18 ou 24 pouces (45 à 60 cm) de profondeur (selon le type de sol). La pente, qui est habituellement de 4 pouces par 100 pieds (10 cm sur 30,50 m), mais jamais moins de 2 pouces par 100 pieds (5 cm sur 30,50 m), dépend du débouché ou déversoir et de la longueur totale des lignes de drains. La surface du terrain devrait être nivelée afin de lui donner une pente qui facilite l'évacuation rapide de l'eau de surplus. L'élimination de l'eau de surface fera disparaître les poches dans le sol, ainsi que les baissières.

Divers arbres d'ornement pour les oiseaux

La plupart des oiseaux aiment l'hospitalité en toute saison. À certaines époques de l'année, elle peut être une question de vie ou de mort pour certains d'entre eux. Si vous êtes ami des oiseaux (ce devrait être le cas de tout vrai jardinier), efforcez-vous de planter des arbres qui leur plaisent. Ce choix peut s'inspirer d'un double motif: embellir son parterre et contribuer à la subsistance des oiseaux.

Le cerisier de Virginie (*Prunus virginiana*), dont les fleurs et les feuilles ont une excellente valeur décorative, produit une abondance de fruits en juillet.

En plus d'être le meilleur des arbres ornementaux de taille moyenne à planter près de la maison, le pommetier de Sibérie (*Malus baccata*), alimente les oiseaux en hiver.

Si vous désirez un arbre qui porte fruits en juin, je vous propose en premier lieu le *mûrier blanc* (*Morus alba*) ou un autre qui est encore plus rustique le *mûrier de Tartarie* (*Morus alba tatarica*). Même si sa courte saison de fructification en déprécie la valeur ornementale, c'est un arbre de grosseur moyenne, bien formé et couvert de feuilles lobées d'un vert foncé qui lui sont particulières. Quand il porte des fruits, il constitue un attrait puissant pour toutes sortes d'oiseaux. Les observateurs des oiseaux dans le Massachusetts ont repéré jusqu'à 59 espèces d'hôtes ailés qui se régalaient sur ces arbres, en juin. Les rouges-gorges dévorent rapidement ces fruits à l'arboretum de l'Institut de recherches sur les végétaux.

Le *merisier à grappes* (*Prunus padus*) et le *cerisier de Virginie* (*Prunus virginiana*) sont deux excellentes espèces d'arbres qui portent fruits en été. Tous deux produisent abondamment et sont assez décoratifs tant par leurs fleurs que par leurs feuilles. Chez les cerisiers de Virginie, c'est la variété Schubert (Prunus virginiana Schubert) qui domine par sa beauté. Ce petit arbre bien formé porte des feuilles rougeâtres tout au long de l'été et produit des fruits en juillet.

Les *amélanchiers* glabre et sanguin (*Amelanchier laevis* et *Amelanchier sanguinea*) sont, eux aussi, tellement attrayants pour les oiseaux, particulièrement les loriots et les becfigues, que leurs branches sont virtuellement dépouillées de leurs fruits quelques jours après qu'ils ont mûri.

Ils se distinguent également par la beauté de leurs fleurs au printemps et les couleurs vives de leur feuillage à l'automne.

Les fruits disponibles à l'automne sont, bien entendu, plus abondants que jamais. Je n'inclus pas dans cette catégorie ceux qui persistent et sont mangés en hiver. Les fruits d'automne sont habituellement mous et tombent de bonne heure. Le *cerisier tardif* (*Prunus serotina*) et le *cerisier de Pennsylvanie* (*Prunus pennsylvanica*) produisent leurs fruits un peu plus tard que le merisier à grappes et le cerisier de Virginie. Tous deux se couvrent de belles fleurs en été puis, à l'automne, de fruits attrayants qui font les délices de plusieurs espèces d'oiseaux. L'*épine molle* (*Crataegus mollis*) est un arbre très joli aussi bien par ses fleurs que par ses fruits. Il est de grosseur moyenne et d'une belle forme arrondie. Il compte parmi ceux qui conviennent le mieux aux petits jardins et, à l'encontre des autres aubépines, il n'est pas sujet aux attaques de la mineuse des feuilles.

POMMETIER
DE SIBÉRIE

CERISIER
DE VIRGINIE

Le *bouleau à feuilles de peuplier* (*Betula populifolia*) est l'un des plus attrayants parmi les arbres qui fournissent des aliments aux oiseaux en hiver. On le vend souvent, dans l'Est du Canada, sous le nom de bouleau en touffe parce qu'il produit d'habitude deux ou trois tiges principales. Ce sont les graines contenues dans ses chatons qui nourrissent les oiseaux. Il en est de même des autres bouleaux comme le *bouleau-merisier* (*Betula lutea*) et le *bouleau noir* (*Betula nigra*).

Le meilleur des arbres ornementaux de taille moyenne à planter près de la maison dans presque toutes les régions canadiennes est le *pommetier de Sibérie* (*Malus baccata*), mise à part sa valeur comme aliment pour les oiseaux en hiver. Incidemment, ses fruits qui durent presque tout l'hiver sont ceux que la gent ailée préfère.

Ce pommetier offre une abondance de fleurs blanches et parfumées en mai et, pendant tout l'été, des feuilles vertes et douces qui tournent au cramoisi et au doré en automne. Enfin, il offre des petits fruits persistants qui égaient presque tout l'hiver de leurs teintes dorées et pourpres.

Le *sorbier* des oiseaux (*Sorbus aucuparia*) est aussi très populaire durant la saison froide, particulièrement pour le jaseur du cèdre. Il existe plusieurs variétés de cette espèce qui

142

ont des contours ou des formes différentes. Pour un jardin d'étendue limitée, je suggère le *sorbier fastigié* (*Sorbus aucuparia fastigiata*), qui donne des fruits en abondance, mais dont la forme en colonne étroite n'occupe à maturité que 36 pieds carrés en surface. Le *micocoulier de Virginie* (*Celtis occidentalis*) est, lui aussi, aimé des oiseaux. Il peut en attirer une vingtaine d'espèces sous les climats tempérés. L'une des aubépines spectaculaires, présentement à l'arboretum, est l'*épine de Lavallé* (*Crataegus lavallei*) dont les fruits écarlates agrémentent l'environnement. Ses fruits durent presque tout l'hiver.

Au début du printemps, les oiseaux s'alimentent souvent de fruits qui ont mûri l'été ou l'automne précédent. Ils y recourent en dernier ressort après avoir épuisé leurs réserves d'aliments plus savoureux. Le printemps venu, lorsqu'ils ne trouvent plus autre chose, ces fruits dédaignés hier leur paraissent tout à coup aussi délicieux que le sureau rouge en juin.

Il est question ici des arbres, mais il convient de signaler qu'à eux seuls les arbres, même abondamment chargés de fruits, ne suffisent pas à attirer les oiseaux. Il leur faut aussi trouver refuge et abri parmi de nombreux arbustes. Il est bon de choisir, au moment de la plantation, des arbustes touffus qui eux-mêmes produisent des fruits, par exemple les *sureaux rouges,* le *cotonéaster* à feuilles aiguës, la *viorne* à feuille de prunier, la viorne à manchettes et l'*airelle* à corymbes. Au lieu de planter les genévriers étalés qui servent ordinairement de centre d'attraction, plantez plutôt des espèces qui portent fruits, comme le *genévrier hibou gris* (*Juniperus virginiana Grey Owl*). Ceux qui désirent un arbre dressé à feuilles persistantes peuvent choisir un *genévrier Canaert* (*Juniperus virginiana Canaerti*). Ces arbres fournissent un abri et un lieu de refuge, en été comme en hiver. Ils produisent aussi une abondance de fruits qui satisfait l'appétit des oiseaux en hiver comme en été.

Méthodes pratiques pour garder vos arbres en pleine vigueur

La conservation des arbres est une tâche que le profane considère bien souvent comme devant être accomplie par un professionnel, expert en la matière. Il est vrai que certains de ces travaux sont à confier aux spécialistes possédant les outils nécessaires, les matériaux appropriés et assez d'expérience pour faire un travail durable. Il reste cependant certaines opérations qui peuvent fort bien être exécutées par un amateur soigneux et qui contribuent à prolonger la vie d'un arbre.

Renforcement avec barres de fer ou câbles

Les arbres qui n'ont pas été taillés correctement au début de leur croissance donnent souvent naissance à deux ou plusieurs tiges dominantes formant des troncs séparés. En vieillissant, les troncs deviennent partie intégrante de la silhouette de l'arbre et on ne peut les supprimer sans nuire à la beauté de l'arbre. Cependant, au fil des ans, le vent et les gelées affaiblissent la fourche, provoquant de petites fissures qui sont autant de portes ouvertes aux maladies et qui risquent plus tard de s'agrandir en de véritables crevasses, ce qui provoquera la rupture de l'arbre lorsque les branches seront plus lourdes ou pendant une tempête.

On peut en partie remédier à cette situation en renforçant la fourche, soit avec des barres de fer, soit avec des câbles, opération qui, à l'heure actuelle, peut être effectuée par n'importe quelle personne adroite de ses mains.

Il existe deux manières de traiter un arbre dont la fourche est affaiblie, avec des barres métalliques ou des câbles. Cette dernière méthode consiste à installer, très haut dans l'arbre, des câbles flexibles pour soulager les fourches d'une grande partie du poids des branches. L'autre méthode a recours à des boulons et des barres de fer filetées qu'on utilise comme broches pour suturer les longues fentes dans les branches, pour éviter le frottement entre deux membres, et enfin pour renforcer les cavités.

Le type de câblage le plus simple est celui qui consiste à installer un seul câble entre deux troncs ayant la même base. La plupart des amateurs peuvent y parvenir: il faut simplement visser des pitons sur la face intérieure des membres et les relier par le câble qui sera tendu.

Pour insérer les pitons, percer d'abord un trou peu profond, plus petit que le pas de vis du piton, cela empêche le bois d'éclater. Puis faire une épissure à chaque extrémité du câble, de la longueur désirée, et glisser les boucles ainsi formées sur le piton de façon à ce que le câble soit bien tendu. Et maintenant resserrer les pitons jusqu'à tension complète. Si l'on a du mal à faire une épissure, se servir d'une chaîne solide.

Obturation des cavités

Pour la plupart des profanes, l'obturation des cavités est le plus important des soins à donner aux arbres, alors qu'en fait la taille, la fertilisation et la pulvérisation le sont bien davantage.

Ce genre d'opération a sa place dans un programme bien planifié mais, si on a donné toute l'attention voulue aux trois autres, celle-ci est rarement nécessaire. C'est généralement pour masquer un trou béant ou une vilaine cavité que l'on a recours à l'obturation. Il y a controverse, chez les arboriculteurs, quant à savoir si le fait de combler les grandes cavités prolonge la vie d'un arbre, ou si au contraire il en précipite la décadence. Il est certain que remplir un tronc creux de ciment et de briques peut ajouter un poids tel que certains arbres s'écrouleront. Un travail mal fait expose le tronc à accumuler un excès d'humidité et peut favoriser l'apparition de maladies.

Facteurs à considérer

Combler ou non une cavité dépend de la vigueur et du type de l'arbre, de la taille de la cavité et probablement de la longévité de l'espèce en question. Il est préférable de recourir aux experts pour combler de grandes cavités; ils commenceront par enlever les tissus mous et un pouce environ de tissus apparemment sains mais souvent infectés.

Puis, à la gouge, ils creuseront tout un réseau de canaux à l'intérieur de la cavité de façon à évacuer l'humidité au moyen d'un ou de plusieurs drains à la base. On traite alors les canaux avec une peinture spéciale puis on les recouvre avec une feuille de tôle étamée. Enfin on emplit la cavité avec des briques, du ciment ou de l'asphalte, ou un mélange préparé par l'expert lui-même. Pendant les opérations, on place en travers de la cavité des barres qui servent de soutien au matériel de remplissage et qui évitent les fissures.

Vous pourriez probablement obturer de petites cavités vous-même sans aucune difficulté en appliquant l'une de ces méthodes. Tout d'abord, décidez s'il ne vaudrait pas mieux supprimer le bois pourri puis traiter avec une peinture pour arbre. Si ce n'est pas le cas, comblez la cavité mais, laissez toujours assez de place pour que le cal qui se formera en bordure des tissus vivants puisse la recouvrir.

Émondage

Les arbres déjà installés, mais qui ont été négligés au printemps et durant l'été, peuvent être émondés à l'automne. Ceci s'applique particulièrement aux feuillus qui coulent au printemps, érables, bouleaux, noyers et hêtres. Utilisez seulement les outils convenant à l'émondage plutôt que ceux d'un charpentier, sinon vous risquez d'endommager les plantes en coupant dans les tissus vivants. Vous trouverez tout un assortiment d'outils appropriés dans les pépinières et jardineries, depuis les sécateurs pour les branches ayant jusqu'à ¾ de pouce de diamètre, jusqu'aux sécateurs à double action, les coupe-branches avec manches, les émondoirs et les scies à élaguer et à émonder.

Pourquoi émonder?

La santé, l'esthétique et la sécurité (incluant le dégagement des fils) sont les principales raisons qui justifient un émondage. Santé: si c'est la santé de l'arbre qui est en jeu, il peut falloir prendre les précautions suivantes.

1. Éliminer des branches malades ou mortes afin de prévenir la formation de champignons par la pourriture et d'éviter la contamination des parties non atteintes. 2. Réduire des branches vivantes et saines afin de permettre au soleil de pénétrer et à l'air de circuler au travers et en dessous de la couronne (tête), pour compenser la perte de racines. 3. Étêter afin de rajeunir un vieil arbre. 4. Enlever des branches qui s'entrecroisent pour éviter toute possibilité de pourriture. 5. Enlever des chicots afin d'accélérer la guérison et de prévenir la pourriture.

Un émondage bien exécuté doit être considéré comme une mesure préventive. En effet, un émondage approprié complété par des soins attentifs aide à prévenir la formation de blessures, conserve l'équilibre entre le système radiculaire et la tête, prévient la pourriture par la suppression du bois mort ou malade, prévient les déchirures causées par des fourches trop faibles, élimine l'interférence et le frottement des grosses branches.

Une bonne méthode

Si, en étudiant un arbre, vous suivez les instructions suivantes, vous pourrez sur-le-champ voir la meilleure manière de procéder afin de lui conserver sa beauté et sa santé:
1. N'émondez pas un arbre en taillant toutes les branches de la

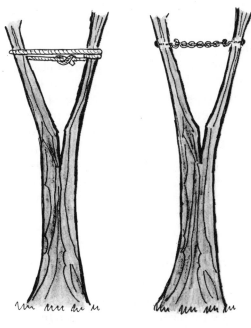

MAUVAISE MANIÈRE   BONNE MANIÈRE

même longueur. 2. Ne coupez pas une branche, grosse ou petite, de manière à laisser un moignon; coupez seulement à l'intersection de cette branche, à la fourche.

L'émondage «de côté» peut facilement résulter en entailles ou en coches. La meilleure chose à faire, si possible, c'est d'émonder l'arbre symétriquement en enlevant ou faisant disparaître autant que possible les branches qui forment les coches. Il faut, pour cela, arrondir la couronne supérieure et émonder les branches qui se trouvent au-dessus et en dessous des coches.

Les tempêtes de vent et la glace sont la cause de bien des branches cassées qui deviennent une menace à la vie et à la propriété; aussi, ces branches doivent-elles être enlevées promptement, d'ordinaire en coupant la cassure.

Quant aux moignons, on doit les supprimer le plus tôt possible. Si les petites branches peuvent être coupées d'un coup au joint (c'est-à-dire à l'intersection) avec la scie ou le sécateur, il faut, pour les grosses branches, les scier en trois coupes; c'est la meilleure façon de procéder.

La première coupe est faite à une distance de 10 à 20 pouces du joint dans la direction où la branche s'abattra. Il faut donc la scier à moitié ou jusqu'à ce que la scie commence à resserrer. La deuxième coupe est faite sur l'autre côté et à quelques pouces de la première. Ceci empêche l'écorce de se détacher et évite d'abîmer l'arbre. La troisième et dernière coupe consiste à scier le moignon au joint ou intersection. Il faut émonder le plus près du joint possible. La blessure faite par la taille se guérit d'elle-même par un calus formé par des tissus cellulaires qui naissent entre l'écorce et le bois. Ces tissus s'étendent et couvrent la blessure en protégeant graduellement la partie exposée du bois jusqu'à ce qu'elle soit entièrement recouverte.

Les blessures causées par l'émondage doivent être peintes avec une solution protectrice jusqu'à ce que la couche de *cambium* ou tissus cellulaires ait recouvert la partie exposée. Vous devez employer un enduit protecteur pour traiter toutes les plaies causées aux arbres.

L'automne est une saison de transition extraordinaire. Les feuilles des arbres produisent de merveilleux coloris, plusieurs arbustes se parent de fruits brillants, tandis que le potager offre ses généreuses récoltes. Mais plus encore, l'automne est aussi une époque de plantation qui procure beaucoup de satisfaction aux fervents du jardinage.

La taille des melons assurera de beaux fruits

La taille est une opération très importante dans la culture des melons. En effet, à moins d'être taillés, les plants de melons ne produiront que des fruits de petite dimension et de mauvaise qualité. Il faut pratiquer trois tailles successives. La première taille s'effectue dès que les plants ont produit 4 ou 5 feuilles. Il suffit de pincer la tige au-dessus de la 2e feuille. À la deuxième taille, ce pincement aura pour effet de forcer les bourgeons qui se trouvent situés à l'aisselle des feuilles à émettre des branches latérales, dont on pincera les extrémités au-dessus de la 4e feuille. La troisième taille suit lorsque les tiges latérales, après la deuxième taille, émettront, à l'aisselle de leurs feuilles, des tiges secondaires dont les extrémités seront à leur tour pincées à la 2e feuille, pour leur faire pousser de nouvelles tiges porteuses de fleurs mâles et femelles qui produiront des fruits. Dès que les fruits noués auront atteint la grosseur d'un œuf, on pincera à 2 ou 3 feuilles au-dessus du fruit, puis on ne gardera que 2 ou 3 fruits par pied ou plant, choisissant de préférence ceux qui, tout en étant les mieux formés, sont les plus rapprochés de la racine.

Les corbeilles à fleurs ajoutent à la douceur de vivre

Les corbeilles suspendues sous l'abri d'auto, au balcon ou aux poteaux du patio ajoutent une note de gaieté et de douceur de vivre.

On trouve facilement sur le marché une grande variété de corbeilles, en fil de fer ou en polyéthylène moulé. Il est aussi possible de les fabriquer soi-même avec du treillis métallique ou du fil de fer no 12.

Il suffit ensuite de mettre une doublure dans la corbeille pour retenir le sol et d'étendre de la mousse de sphaigne en lui donnant la forme d'un nid, enfin, d'ajouter de la terre. Le mélange de terreau doit être composé de deux parties de bon sol de surface, d'une partie de sable et d'une partie de tourbe horticole. En outre, pour chaque boisseau de terre, ajoutez une cuillerée à soupe d'un engrais commercial complet, comme le 4-12-8.

Préparez le panier suspendu en le tapissant d'une doublure de mousse de sphaigne à longues fibres qui servira à retenir le terreau et à faciliter le drainage des racines.

Placez de trois à quatre pouces de terreau sur ce tapis de mousse et tassez légèrement.

Après avoir placé le terreau, ajoutez les plantes.

La plantation

Procédez à la plantation dès que le temps le permet. Lorsque la partie inférieure de la corbeille est remplie de terreau, installez-y quelques plants qui pousseront sur les côtés. Versez-y ensuite du sol ou terreau jusqu'à 1 pouce du bord de la corbeille. Incidemment, il est possible de relever le bord de la corbeille avec un mélange composé d'une partie de sol argileux et d'une partie de paille pétrie avec de l'eau. Lorsque la plantation est terminée, placez la corbeille à l'ombre ou au sous-sol pendant une journée pour que les plantes s'enracinent.

Arrosez régulièrement tout au long de l'été car la terre des corbeilles s'assèche très vite. Appliquez un engrais soluble, comme le 10-30-20 ou le 20-20-20, durant tout l'été, tous les 10 jours, à raison d'une cuillère à soupe dans un gallon d'eau.

Endroits ombragés

Voici une liste partielle de plantes convenant à la culture en corbeilles qui préfèrent les endroits ombragés: la saxifrage sarmenteuse, le lierre des murailles, l'achimène, le lierre commun, le pélargonium-lierre, les bégonias tubéreux rampants, la cobée grimpante, le lierre commun, les balsamines, la lysimaque nummulaire, les columnées et l'éphémère.

Endroits ensoleillés

Presque toutes les plantes retombantes réussissent bien en plein soleil. Voici quelques excellentes plantes de ce groupe: les pétunias (type cascade, avalanche et balcon), le séneçon mikanie, la sanvitalie couchée, l'orpin de Morgan, la lobélie saphir, la campanule à feuilles égales, les pois de senteur nains et l'othonna à feuilles charnues.

Les cannas, des plantes bulbeuses idéales aux abords des demeures

Vous avez sans doute admiré les cannas ou balisiers qui, très souvent, ornent les abords des grands édifices chics. On les trouve généralement dans les parcs, au centre de massifs de fleurs imposants. Vous avez logiquement conclu que ces plantes bulbeuses à floraison estivale sont essentiellement ou presque destinées à décorer les fastueux immeubles ou cultivées par les jardiniers ou horticulteurs des municipalités et gouvernements comme élément d'arrangements paysagers dans les espaces verts publics.

Non, ces magnifiques plantes conviennent tout aussi bien à la mise en valeur esthétique des petits jardins urbains privés. Cela est d'autant plus vrai que depuis plusieurs années on a créé de nouvelles variétés très intéressantes qui par la couleur du feuillage et des fleurs ainsi que par la grosseur des plants peuvent satisfaire les goûts de tous les jardiniers amateurs.

Faciles à cultiver

Les cannas sont des plantes tropicales. Toutefois, elles sont faciles à cultiver et leurs tubercules peuvent être entreposés sans difficultés durant l'hiver et replantés année après année. Ce sont, par le fait même, des plantes économiques et pratiques pour les amateurs. On connaît bien les variétés élevées et majestueuses qui atteignent de trois à six pieds de haut et portent de grandes feuilles pourpre luisant ou vertes et des épis de fleurs veloutées qui rappellent les inflorescences des glaïeuls. Ces gros plants sont attrayants, mais il faut les placer au bon endroit. Vous pouvez les utiliser en plates-bandes circulaires aménagées de façon à former une butte au centre et ne contenant qu'une seule variété. Si vous le préférez, employez-les comme plantes individuelles disposées ça et là dans la plate-bande ou mélangées avec les autres plantes d'arrière-plan. Par ailleurs, essayez un canna de haute taille, bien vigoureux, placé près d'une clôture ou d'un mur blanc ensoleillé. Vous trouverez très intéressant d'étudier l'ombre qu'il projettera sur cet écran.

Les types nains atteignent de dix-huit pouces à trois pieds de hauteur et sont offerts aux amateurs de jardinage en plusieurs couleurs. Ces plantes sont particulièrement recommandées comme plantes de bordures ou de plates-bandes, ou aux endroits où la hauteur doit être limitée et où on recherche avant tout l'éclat du feuillage et de la floraison, par exemple, pour les patios et les contenants, où la hauteur des plantes doit être variée. Ces plantes conviennent bien également aux plates-bandes fleuries.

Un sol de qualité

Les cannas ou balisiers préfèrent une exposition aérée et ensoleillée, un sol meuble, riche en matière organique et bien pourvu d'éléments nutritifs. Pour leur fournir un sol convenable il est bon de préparer à l'automne ou très tôt au printemps l'endroit où se fera la plantation de cannas. Incorporez alors une bonne provision de fumier bien décomposé, de compost, ou de tourbe horticole accompagnée d'un engrais pour fleurs et légumes, comme la formule 4-12-8.

Ne pas planter trop tôt

Les cannas étant des plantes tropicales, leurs tubercules sont très sensibles au froid. Il ne faut donc pas les planter avant que le sol se soit suffisamment réchauffé et avant que soit passé tout danger de gel. Le moment propice pour la plantation se situe au cours de la dernière semaine de mai et même durant le début de juin, dans la région de Montréal.

Il est intéressant de signaler que les vrais amateurs de cannas mettent les tubercules en végétation, dans leur sous-sol, six semaines avant de les planter à l'extérieur. Cependant, s'il est trop tard pour que vous procédiez de cette façon, je vous suggère d'acheter des tubercules dans une jardinerie ou une pépinière ou encore chez un producteur. Vous pourrez vous procurer des tubercules dont la végétation est déjà bien amorcée et qui ont produit une tige et des feuilles. Plantez les tubercules à environ deux pieds de distance les uns des autres.

Multiplication immédiate

Vous serez sans aucun doute intéressé d'apprendre que l'on peut diviser les tubercules dès qu'ils offrent des signes évidents de croissance, par exemple des protubérances blanches au sommet. Évidemment, si vous le désirez, il vous sera aussi possible de diviser les tubercules que vous achèterez à ce temps-ci de la saison. Voici comment procéder. Choisissez un endroit entre deux tiges et tranchez le tubercule avec un couteau bien aiguisé. Retirez avec soin l'une des tiges avec son système radiculaire et plantez-la séparément. Bien mieux, vous pouvez également diviser un canna après qu'il a commencé à pousser au jardin. On effectue cette opération lorsqu'on a besoin d'une plante supplémentaire pour occuper

Un plant de canna ou balisier prêt à être planté au jardin.

un espace laissé libre par une autre plante dont la croissance n'a pas été satisfaisante.

Soins appropriés

Les cannas sont vraiment des plantes sans problème. Quelques soins élémentaires et faciles suffisent pour que vos plants soient beaux et sains. Au cours de la saison de croissance, binez légèrement le sol afin de combattre les mauvaises herbes. Lorsque les plants atteignent environ 12 pouces de hauteur, fertilisez-les avec une cuillère à soupe d'engrais (4-12-8) par plant. Il s'agit d'ameublir un pouce de sol en surface autour du pied du plant, d'incorporer l'engrais puis d'arroser en fine pulvérisation.

Notez que les cannas prospèrent lorsque le sol est recouvert d'un bon paillis épais, soit une couche de 6 à 8 pouces de tourbe horticole, de copeaux de bois ou de compost d'écorce, épandue vers le 1er juillet, soit après la fertilisation et l'arrosage.

Pour stimuler la production de nouvelles pousses à la base des plants, pincez les fleurs aussitôt qu'elles sont fanées. De ces tiges sortiront de nouveaux épis de fleurs produisant une floraison ininterrompue.

Une plante idéale

Puisqu'il produit des fleurs continuellement jusqu'à l'arrivée de la première grosse gelée d'automne, le canna est une plante idéale. C'est mieux que le glaïeul, qui produit un magnifique épi fleuri, mais seulement une fois au cours de la saison.

Pour vous assurer un beau feuillage brillant et de superbes grosses fleurs, ne négligez pas de bien arroser vos plants durant les périodes de temps chaud et sec, en juillet et août.

Un autre bon point pour les cannas, c'est qu'ils sont peu attaqués par les insectes. Il est opportun, toutefois, pour prévenir tout risque d'infestation, d'appliquer une pulvérisation occasionnelle d'un insecticide d'utilité générale, comme le Malathion.

À l'automne, après la première gelée, coupez les tiges à six pouces du sol. Déterrez les tubercules et leurs racines puis laissez-les sécher. Ensuite, entreposez-les, en une seule couche, dans une boîte remplie de sable ou de tourbe horticole, à une température maintenue entre 12 et 15 degrés C.

Diverses variétés

On distingue trois catégories de variétés de cannas, les variétés géantes, celles de taille moyenne et enfin les naines. Voici quelques-uns des meilleurs plants, par variété. Chez les cannas géants: Red King Humbert, au beau feuillage bronze cuivré, qui produit des fleurs orange écarlate brillant avec des traces rouge clair, Wintzer Colossal, aux fleurs écarlate intense. Chez les plants de taille moyenne, The President, qui produit une profusion d'immenses touffes de fleurs rouge clair avec un très beau feuillage vert, City of Portland, avec de belles grosses fleurs roses, Wyoming, au feuillage bronzé et portant de belles fleurs orange foncé.

Il y a les variétés naines Pfitzer, d'environ deux pieds et demi de haut. Les plants intéressants sont ceux dont le nom est précédé de Pfitzer's: Salmon Pink (rose saumoné), Cherry Red (rouge cerise), Primrose Yellow (jaune primevère), Coral (corail chinois), Porcelain Rose (rose porcelaine), Firebird (écarlate brillant).

Les fines herbes sont ornementales et servent à plusieurs usages

Il ne faut pas croire que les fines herbes ou herbes condimentaires ou encore herbes aromatiques ne servent qu'à rehausser la saveur des mets. Ces plantes, dont la culture, fort heureusement, gagne des milliers d'adeptes chaque année au Québec, possèdent aussi des qualités médicamenteuses fort appréciées. En outre, ces végétaux servent avantageusement pour l'aménagement paysager et le contrôle des insectes au jardin. La plupart des herbes aromatiques sont des herbes véritables, dont les tiges et les feuilles meurent chaque année. D'autres sont cultivées pour leurs fleurs et leurs graines. Elles appartiennent à six familles botaniques, soit les borraginacées (famille de la bourrache), les composées (famille des asters), les crucifères (famille de la moutarde), les liliacées (famille du lis) et les ombellifères (famille du persil). Il est facile, grâce à ces plantes, de devenir rapidement un fin gourmet, et un cordon-bleu, d'acquérir des connaissances dans l'art de la parfumerie, ou tout simplement d'être un bon jardinier amateur, en se livrant au plus populaire, au plus sain des loisirs, le jardinage.

Plants disponibles

On sait que les semis s'effectuent au début du printemps et que l'on doit, un peu plus tard, éclaircir les plants à six pouces (15 cm). Ceux qui n'ont pas semé des graines de ces herbes condimentaires n'ont pas à le regretter croyant qu'ils doivent attendre au printemps prochain. Je sais que plusieurs jardineries (centres de jardin) et pépinières ont encore un choix assez considérable de ces plantes. Si vous en êtes à vos débuts dans ce type de culture dans votre jardin, commencez par les herbes les mieux connues, les plus faciles à cultiver, comme la sarriette d'été, la ciboulette, la sauge, l'aneth et le persil.

Trois catégories

Il est bon, je crois, de rappeler que ces plantes se divisent en trois catégories quant à leur mode de croissance. Le premier groupe est celui des annuelles, c'est-à-dire celles qui complètent leur évolution, à partir du semis jusqu'à la production de la graine, dans le cours de l'année ou moins, et qui meurent ensuite.

Ce groupe comprend l'anis, le basilic doux, la bourrache, la coriandre, l'aneth, la capucine, le cerfeuil, le cumin, la moutarde noire, le fenouil, la nigelle, la sarriette d'été.

156

Les herbes condimentaires ornent avantageusement la base des arbres d'ornement, à condition qu'elles bénéficient d'un ensoleillement suffisant.

Les herbes condimentaires conviennent très bien à l'ornementation d'un patio.

Une façon originale de cultiver les fines herbes.

Les herbes condimentaires peuvent être cultivées dans les corbeilles.

À ces espèces, il convient d'ajouter des plantes, qui ne sont pas des annuelles, mais que l'on traite comme telles. Mentionnons par exemple, parmi les bisannuelles, le poireau, l'oignon et le persil frisé. Chez les vivaces, citons l'ail, le thym d'été et la marjolaine.

Il y a ensuite les herbes bisannuelles qui produisent généralement un collet de feuilles près de la surface du sol, et une ou deux racines épaisses la première année. La deuxième année, elles émettent une tige dressée, qui produit des graines, puis toute la plante meurt. Deux plantes condimentaires seulement sont cultivées, au Québec, comme bisannuelles: le carvi et l'angélique.

Le troisième groupe comporte les herbes vivaces, qui poussent pendant plusieurs années et émettent tous les ans de nouvelles racines d'une partie souterraine de la plante.

L'oignon d'Égypte, la ciboule, la rocambole ou ail géant, le raifort, l'herbe à chats. Il y a également la menthe poivrée, la menthe verte, la menthe en épis ou baume, la sauge, l'absinthe, l'estragon français, la sarriette vivace, le romarin, la rue, la lavande, le laurier commun, la mélisse, la pimprenelle, le thym, l'oseille, la marjolaine, l'hyope, la manube, l'ail et le fenouil doux.

Exigences minimes

Les herbes condimentaires et aromatiques ont trois exigences de base. La première chose à considérer, c'est l'emplacement, qui doit être bien drainé, sauf pour le persil et la menthe, qui préfèrent un sol humide, mais bien égoutté. Le site doit être bien ensoleillé, tout en étant près de la maison afin de faciliter la récolte.

Vient ensuite le sol, de préférence une terre franche sablonneuse, suffisamment riche en matière organique, fournie par des apports de compost Fertox, par exemple. Le troisième facteur de succès est la fertilisation.

Les méthodes de récolte et de séchage varient selon les plantes. Commencez par les herbes vivaces (baume, ciboulette, fenouil doux, ail, marjolaine, menthe, etc.), qui seront coupées aux deux tiers de la tige. Dans le cas des annuelles (aneth, anis, basilic doux, etc.), laissez-leur assez de tiges pour faciliter la formation de nouvelles feuilles en vue d'une deuxième coupe. N'oubliez pas, incidemment, de bien rincer, puis de secouer les feuilles récoltées qui seront souillées de terre.

La lavande se récolte quand les capitules floraux sont à moitié ouverts. La camomille, par contre, doit être en pleine floraison.

Les racines de calamus aromatique, d'angélique, d'iris ou de livèche doivent être lavées dès qu'elles sont arrachées. De plus, si elles sont trop grosses, il est nécessaire de les couper en tranches ou de les broyer. Le séchage ressemble à celui des feuilles, mais il est nécessaire de s'assurer que la conservation se fasse dans des locaux hermétiquement fermés puisque les racines attirent les insectes.

La récolte des grains de moutarde, de coriandre, d'aneth, de cumin et d'anis a lieu à peu près au moment où les graines tournent au brun. Puisque les graines de coriandre sont lourdes, vous devrez prendre beaucoup de précautions afin d'éviter qu'elles ne tombent sur le sol. Elles requièrent un séchage d'une semaine environ avant l'entreposage. Pour sécher les herbes aromatiques vous pouvez procéder à l'extérieur, dans un endroit ombragé, sur des moustiquaires de fenêtres. Pour conserver la couleur des feuilles et les huiles volatiles il est nécessaire et indispensable qu'il y ait une bonne circulation d'air.

Si vous faites le séchage à l'extérieur, vous devrez rentrer la récolte à l'intérieur durant la nuit afin de la protéger contre la rosée. Certaines personnes préfèrent le séchage à l'intérieur, dans un grenier bien ventilé ou un garage dont la porte reste ouverte et où il n'y a pas de poussière.

JUILLET

Il n'est pas trop tard pour fabriquer du compost pour votre jardin

L'une des pires difficultés auxquelles de nombreux amateurs de jardinage ont à faire face, c'est un sol pauvre. Il ne s'agit pas bien souvent d'une pénurie d'éléments nutritifs mais surtout d'une structure déficiente. Une terre franche trop tassée (tout comme les sols sablonneux et argileux) ne favorise guère une croissance normale des plantes, même si l'on incorpore un engrais. Les sols trop tassés emprisonnent les éléments nutritifs, tandis que les sols légers les perdent par lessivage, alors que les sols lourds ne permettent pas aux racines des plantes de se développer normalement. La solution idéale, dans tous les cas, c'est l'addition de matière organique au sol, sous forme de compost. En plus d'être une source précieuse, indispensable d'humus, ce matériau naturel, grâce à sa structure fibreuse et à ses interstices où peut circuler l'oxygène (air) permet aux racines des végétaux de respirer.

Le composteur Growmaker muni de panneaux à glissières permet de fabriquer rapidement et d'une façon ininterrompue des tonnes de compost.

Un programme dont l'objectif est l'incorporation, à intervalles réguliers, de compost au sol du jardin est la méthode la plus sûre d'améliorer la croissance des plantes, puisque le compost ne limite pas son action bénéfique à l'amélioration de la structure du sol. Il fournit d'importantes quantités de micro-organismes qui fabriquent de la nourriture pour les plantes, en plus de contribuer d'une façon significative à la lutte contre les maladies du sol.

Fabriquer son compost

Pour obtenir un bon compost inodore, riche en humus, qui fournira à vos plantes des éléments nutritifs et alimentera le sol d'une façon naturelle, il faut accumuler les déchets organiques dans des conditions propices à accélérer leur décomposition. Outre l'aération des matériaux organiques, il est indispensable de prévoir un endroit où leur présence ne nuira pas et où le sol sera bien drainé. La technique de compostage la plus répandue consiste à accumuler des rebuts du jardin, les rognures de gazon, des feuilles mortes et même des restes de table.

Il ne faut pas prendre la viande, les os, le poisson et les produits laitiers. Les débris végétaux doivent être compostés dans des conditions propices à accélérer leur décomposition.

Les détritus, hachés le plus fin possible, sont empilés en couches d'environ 1 pied (30 cm) d'épaisseur, en alternance avec une couche de 2 pouces (5 cm) de compost équilibré, tel le Fertox, pour accélérer la décomposition. Ces déchets sont accumulés en tas dans un enclos carré d'environ 6 pieds sur 6 (2 m sur 2 m) entouré d'un grillage de broche soutenu par de solides piquets aux quatre coins de l'enclos. Les matières végétales, saupoudrées de compost Fertox sont arrosées après chaque déversement sur le tas afin de maintenir un degré d'humidité suffisant.

La décomposition des matériaux organiques est due à des bactéries. Ces micro-organismes ont besoin de températures appropriées, d'oxygène et d'humidité pour être actifs. L'émiettage ou le hachage des débris accélère beaucoup le rythme de la décomposition.

Toutefois, plusieurs jardiniers amateurs ont du mal à préparer assez de compost pour leur jardin. En premier lieu, mentionnons que dans bien des cas le terrain n'offre pas assez d'espace pour l'installation d'un tas de compost aux dimensions adéquates ou encore, ne peut loger plusieurs petits tas de débris végétaux à divers degrés de décomposition aérobique lente, ce qui est nécessaire à l'obtention d'un bon approvisionnement de compost. Fort heureusement, on trouve maintenant sur le marché un système efficace et rapide de compostage, le Growmaker, qui permet de transformer sans difficulté des tonnes de débris végétaux dans un espace très exigu. Ce système consiste en un coffre de compostage en acier muni de panneaux à glissières qui s'installe sur le sol ou encore sur une base en béton ou en pierre. Cet appareil est scientifiquement construit pour fabriquer des tonnes de compost rapidement et d'une façon ininterrompue. Il suffit de verser les débris de végétaux dans l'ouverture située au haut de l'appareil, puis d'en retirer par le bas, après seulement quelques semaines, un compost de toute première qualité.

Une technique moderne

L'appareil est fabriqué avec un nouvel alliage d'aluminium et de zinc appelé Galvalume, qui dure quatre fois plus longtemps que la tôle galvanisée et est plus résistant que le plastique. Des panneaux d'acier à glissières, pourvus d'orifices de ventilation, facilitent l'obtention rapide d'un compost supérieur parce qu'ils permettent à la chaleur de s'étendre jusqu'aux bords du tas, en plus de fournir une excellente aération à la masse de débris organiques. Ils laissent entrer l'air

162

tout en conservant à l'intérieur l'humidité et la chaleur de décomposition. L'appareil est aussi pourvu à sa base d'un ventilateur imputrescible qui fournit exactement le volume de circulation d'air ascendant nécessaire pour accélérer la décomposition. Par ailleurs, la forme cylindrique du composteur contribue pour beaucoup à assurer une distribution uniforme de la chaleur puisqu'il n'y a pas de coins à refroidir. De plus l'appareil peut être équipé, au choix, d'un capitonnage thermique afin d'empêcher les déperditions de chaleur, ce qui permet de prolonger la saison de compostage jusqu'à l'arrivée des gels d'automne, alors que l'activité bactérienne se ralentit normalement.

Il suffit de glisser ces panneaux vers le haut pour recueillir le compost prêt à utiliser du composteur, sans déranger les couches supérieures du compost, qui continuent de se décomposer. Un couvercle à charnière procure une excellente protection du compost contre les conditions météorologiques adverses, particulièrement les pluies diluviennes.

Faites un jardin sans terrain par la culture en contenants

Pourquoi ne pas convertir votre patio, perron ou terrasse en un joli minijardin? Vous pouvez réaliser une transformation instantanée en utilisant des plants d'annuelles et de légumes que vous offrent les pépinières, jardineries et jardiniers professionnels. Ces plants sont aussi beaux, aussi attrayants dans les contenants qu'ils le sont dans les plates-bandes et les potagers. Les œillets d'Inde jaunes, les pétunias pastel, les balsamines radieuses et même les tomates poussent bien comme plantes en contenants, du printemps à l'automne.

C'est du jardinage sans effort puisqu'il suffit de se procurer les jeunes plants en caissettes, en terrines ou en pots, le matin, pour les transplanter le jour même dans des bacs, corbeilles, jardinières ou boîtes à fleurs. Choisissez une journée nuageuse ou un début de soirée pour installer vos nouveaux plants. Si vous devez, pour une raison ou une autre, retarder la transplantation, arrosez les plantules puis installez-les dans un endroit semi-ombragé et bien protégé des vents dominants.

Différents contenants

Vous pouvez utiliser n'importe quelle forme de contenant, pourvu qu'il soit assez solide pour contenir le sol et les plants. Les bacs en sequoïa ou en cèdre, de même que les barils, créent un effet rustique s'ils sont remplis de pétunias ou de zinnias. Ces contenants peuvent facilement être mobiles. Il suffit de les installer sur des roulettes pour les déplacer facilement.

Les géraniums rouges et roses, ainsi que les agérates bleues sont à leur mieux dans des paniers d'osier, surtout si ces plantes sont entourées d'une délicate bordure d'alyssum.

Pour être fantaisiste, placez des pots de lobélies dans une cage.

Arbres fruitiers

Les arbres fruitiers nains cultivés en contenants produisent une abondance de fleurs roses ou blanches au printemps puis portent de délicieux fruits par la suite.

Leur beauté est rehaussée en les entourant, à la base, de coléus, de petits bégonias et de salvias.

Les petits cerisiers donnent une dimension verticale au décor. Incidemment, les boîtes à fleurs les plus jolies sont celles où l'on a combiné les plantes dressées, compactes et retombantes. Quels que soient les contenants choisis, il est indispensable de grouper les plantes qui ont les mêmes exigences de sol et d'ensoleillement.

Pour un emplacement ensoleillé choisissez un mélange d'annuelles qui ont besoin de beaucoup de lumière, comme les œillets d'Inde nains, les zinnias et les agérates; entourez-les de pétunias retombants. D'autre part, un site semi-ombragé convient très bien aux balsamines, impatientes, lobélies, coléus ou browallias.

Les légumes et les herbes condimentaires poussent très bien en contenants, pourvu qu'ils reçoivent de six à sept heures de soleil par jour. Les grands bacs ou des barils sont tout désignés pour réussir la culture des plants de tomates, concombres, piments et aubergines.

Il est possible de tirer des récoltes abondantes de plants de tomates cultivés dans des contenants installés sur un patio ou une terrasse. Plusieurs autres légumes et la plupart des annuelles à floraison estivale poussent bien dans des contenants. Servez-vous des boîtes à fleurs, bacs en sequoïa, barils de vin vides et même des urnes en céramique qui sont excellentes pour la culture d'un «jardin en pots» de fleurs et légumes.

La clé du succès

Voici quelques conseils pratiques susceptibles de vous aider à réussir votre culture en contenants. En tout premier lieu, procurez-vous des plants sains, de qualité. Ensuite, préparez bien chacun des contenants. Placez d'abord une couche de gravier ou d'éclats de marbre sur les orifices situés au fond de chacun d'eux afin de faciliter un drainage efficace. Il faut d'ailleurs au moins un trou au fond d'un contenant pour assurer l'évacuation de l'eau excédentaire et éviter la pourriture possible des racines.

Versez ensuite un terreau convenant à ce type de culture, ou un mélange, à parties égales, de bon sol de jardin, tourbe horticole moulue, perlite ou sable grossier. Il doit y avoir suffisamment de terreau pour remplir chacun des contenants jusqu'à 3 cm du bord supérieur. Puis, placez les plants avec précaution pour ne pas affecter leurs racines.

Ajoutez enfin un peu de terreau pour bien établir les plants, tout en évitant que l'eau d'arrosage ne s'écoule à l'extérieur des contenants. Afin d'assurer un enracinement rapide des plantes, il est recommandé, au moment de la transplantation, d'arroser le terreau avec une solution d'engrais complet, de formule 10-52-10.

Arrosages fréquents

Sauf si les pluies sont abondantes et fréquentes et si cet arrosage atteint sans encombre les plantes des contenants, il est nécessaire de les arroser souvent et généreusement. Mentionnons, par exemple, que les plants cultivés dans les corbeilles doivent être arrosés au moins une fois par jour s'ils sont en plein soleil. Il est à propos de signaler que les pots de plastique retiennent mieux l'humidité du sol que les pots de terre cuite, et que le sol des petits contenants se dessèche plus rapidement que celui des contenants de grande dimension. Afin que le sol des contenants installés en plein soleil ne s'assèche pas trop rapidement, épandez un paillis (compost d'écorce, paille hachée, tourbe horticole, etc.) en surface.

Fertilisation et soins

Outre les arrosages, les plantes cultivées en contenant doivent recevoir une quantité adéquate d'éléments nutritifs. Pour cela, il faut, en plus de la solution de transplantation (10-52-10), au moment de leur installation, les fertiliser avec un engrais équilibré pour fleurs et légumes, c'est-à-dire, la formule 4-12-8. Par la suite, tous les 7 ou 10 jours, arrosez les plants et le sol avec une solution de 10-30-20.

Pour que les plantes ornementales demeurent belles et attrayantes, enlevez les fleurs fanées et les feuilles desséchées. Pincez ou taillez les plants de coléus et de balsamine dès que leurs tiges s'allongent démesurément. Cela les maintiendra touffus et compacts. Ne négligez pas, non plus, de couper l'extrémité des tiges de vigne.

Les contenants montés sur des roulettes vous permettent de modifier l'aménagement d'un patio, par exemple. Déménagez-les, selon vos goûts et vos besoins.

Enfin, si vous aimez les décorations florales, tirez avantage des annuelles, œillets d'Inde, zinnias, salvias et autres, pour avoir toujours, au cours de la belle saison, un bon approvisionnement de fleurs coupées pour la composition de superbes bouquets.

La bière, un excellent produit antilimaces

Même s'ils utilisent des produits antilimaces, bien des amateurs de jardinage se plaignent d'avoir l'impression que leur lutte contre les limaces, ces ennemis de leurs plantes au jardin et dans le potager, est un combat perdu d'avance. Ils se demandent, par exemple, comment il se fait que ces mollusques infestent plusieurs espèces de légumes simultanément et même les plates-bandes de fleurs, comme les œillets d'Inde. Les applications répétées d'antilimaces, sous forme de poudre et de granules n'ont fait que diminuer temporairement le nombre de ces destructeurs, disons l'espace d'une journée, puis leur population a poursuivi vigoureusement sa croissance. Les secteurs infestés s'étendent tandis que des colonies s'installent aux endroits qui étaient demeurés indemnes jusque-là.

On sait que la lutte n'est pas facile puisque les limaces se cachent sous les tas de débris végétaux et les monticules de terre durant le jour pour sortir de leurs abris au cours de la nuit, lorsque la température est plus fraîche, afin de dévorer les feuilles tendres des plants de légumes et de fleurs.

Puisque les limaces aiment beaucoup le malt fermenté, un moyen d'éradication efficace consiste à disposer des contenants peu profonds remplis de bière éventée, mélangée à une petite quantité de farine pour rendre le liquide un plus épais, aux endroits susceptibles d'être fréquentés par les limaces. Elles sont attirées par la bière où elles se noient.

Il y a plusieurs autres moyens recommandés pour prévenir ou combattre les dégâts. Tout d'abord, il faut débarrasser le jardin des déchets organiques et disposer des planches sur le sol ça et là. Soulevez-les, en début d'après-midi, et vous pourrez détruire facilement une foule de limaces. Il convient de signaler que le terreau de feuilles de chêne est un excellent anti-limaces.

Les appâts enpoisonnés, à base de méthaldéhyde, sont habituellement très efficaces. Puisque les limaces pondent leurs œufs au printemps et à l'automne, il est indispensable de maintenir le jardin très propre, libre de débris de plantes et autres détritus.

Entretien de la pelouse, arrosage, tonte et fertilisation durant l'été

Quand arrive enfin la période des grandes chaleurs d'été, le retour du soleil tant attendu des jardiniers amateurs et de leur jardin marque cependant le début de semaines difficiles pour les pelouses. Le gazon, si beau au cours du printemps, est affecté par les températures élevées. De prime abord, les arrosages semblent devoir être le remède spécifique. L'eau qui est un bon correctif ne constitue pas l'unique solution. Le maintien de la verdure de la pelouse durant les temps chauds s'obtient par un programme efficace d'entretien amorcé dès le début du printemps, par un nettoyage pour enlever tous les débris, puis par le déchaumage, suivi d'une fertilisation adéquate avec un engrais complet et équilibré, dont l'azote est à action lente et prolongée. La tonte, comme nous le verrons plus loin, a aussi son importance.

L'eau est indispensable

Les gazons constitués d'herbes de qualité, comme les graminées, le pâturin-des-prés et la fétuque, deviennent jaunes et même brunâtres sous l'effet du soleil ardent. Ils perdent leur vigueur jusqu'à l'arrivée des nuits fraîches du mois d'août et des précipitations abondantes de fin d'été-début d'automne, où ils retrouvent leur vitalité initiale.

Le pâturin-des-prés et la fétuque ont besoin, pour conserver leur belle teinte verte, d'environ un pouce d'eau par semaine afin que le sol soit humidifié à une profondeur d'environ 6 pouces (15 cm). Ainsi, lorsque les pluies ne sont pas suffisantes, il est nécessaire d'avoir recours aux arrosages artificiels. Toutefois, les petits arrosages à la main ne conviennent pas et sont même susceptibles d'être nuisibles en occasionnant l'accumulation des racines du gazon à la surface de la pelouse et leur dessèchement au cours de l'été. Lorsqu'on arrose une pelouse durant les périodes chaudes et sèches, il ne faut pas se contenter de l'humecter superficiellement, puisque cela fait plus de tort que de bien. Un arrosage généreux, qui pénètre à plusieurs pouces de la surface du sol, effectué une ou deux fois par semaine, est la méthode qui réussit le mieux. Cette opération peut se faire à l'aide d'un arrosoir ordinaire pour pelouses ou avec un système souterrain d'irrigation.

L'avant-midi est le moment le plus propice à l'arrosage. D'autre part, il ne faut pas, autant que possible, arroser une pelouse tard le soir, puisque cette méthode, combinée à une température nocturne fraîche favorise le développement de maladies fongiques sur les herbes à gazon.

Importance de la tonte

La santé de la pelouse et son apparence dépendent largement d'une tonte bien faite et opportune. La meilleure taille et aussi la plus sûre pour une pelouse, est celle de 1½ à 2 pouces (3,8 à 5 cm). Cela signifie donc des tontes fréquentes. Ainsi, au printemps, il est nécessaire de couper le gazon 2 fois par semaine et, un peu plus tard, une fois par semaine. Au début de la saison la tondeuse est ajustée pour couper le gazon à une hauteur de 1 pouce et demi (3,8 cm), tandis que, de la fin de juin à la mi-août, il vaut mieux maintenir une hauteur de 2 pouces (5 cm).

Il est à souligner qu'une taille trop basse peut annuler tous les efforts consacrés à l'obtention d'une belle pelouse bien vigoureuse. Les racines des herbes à gazon sont affectées par la hauteur à laquelle les feuilles des herbes sont taillées. Plus la coupe est basse, plus rares et plus faibles sont les racines. Au cours des semaines de grandes chaleurs, il est préférable de laisser le gazon atteindre une hauteur de 3 pouces (7,5 cm) avant de procéder à une tonte où les herbes sont coupées à 2 pouces (5 cm).

La fertilisation

Une pelouse privée d'éléments nutritifs éprouve beaucoup de difficultés à traverser sans problème les semaines très chaudes. Si elle a été adéquatement nourrie, au printemps, avec un engrais complet pour pelouse, on évite facilement les problèmes occasionnés par une pénurie de nourriture pour les graminées à gazon.

À ce temps-ci de la saison, si le sol de votre pelouse est pauvre en éléments nutritifs, utilisez un engrais soluble, comme la populaire formule 20-20-20. Par ailleurs, même si votre pelouse est belle et vigoureuse, évitez une trop grande circulation à cette période de l'année. On doit normalement pouvoir marcher sur une pelouse, mais ne perdez pas de vue qu'il y a une limite à la circulation qu'elle peut endurer quand le sol est très desséché. Il est sage de limiter alors le va-et-vient.

Le terreautage

Vers la mi-août arrive le moment de procéder au terreautage, qui consiste à incorporer de la matière organique ou humus, comme le compost, au sol de la pelouse. Si vous n'avez jamais procédé au terreautage, effectuez cette opération deux années consécutives puis, par la suite, faites-la seulement tous les deux ans.

Le compost Fertox est épandu en surface, puis enfoui au moyen d'un râteau de bambou ou l'équivalent, de manière à ce qu'il couvre les racines des herbes à gazon beaucoup plus que leurs feuilles, sinon le gazon risque d'être étouffé. Vous pouvez, par la même occasion, resemer les espaces vides avec le mélange d'herbes à gazon Canada No 1 et recouvrir légèrement ce semis avec le compost, puis maintenir ces espaces ou sites légèrement humides.

Des plantes idéales pour un petit jardin, les rosiers miniatures

Vous aimeriez avoir des rosiers dans votre jardin, mais l'espace dont vous disposez est vraiment trop restreint! Une heureuse solution s'offre à vous, la culture des rosiers miniatures. Il est à prévoir d'ailleurs que d'ici peu ces plantes, qui sont une reproduction parfaite en miniature des rosiers hybrides de thé ou multiflores seront davantage présents, et c'est tant mieux, dans nos petits jardins urbains.

La culture de ces rosiers minuscules a débuté au Canada il y a déjà plusieurs années, à l'Institut de recherches sur les végétaux. On s'est servi de plants du type rosier de Chine ou rosier des fées (*Rosa chinensis minima*) n'ayant qu'environ six pouces de hauteur et produisant des fleurs doubles comme celles des rosiers polyanthas.

Les minirosiers que l'on a obtenus ne mesurent que de huit à quatorze pouces de haut et leurs feuilles sont semblables à celles des rosiers de jardin; ils sont plus petits dans tous les détails et plus délicats. Ces plantes, dont l'apparence est très agréable, portent des bourgeons qui ne sont pas plus gros que des pois avant de s'épanouir en une multitude de roses délicates.

Rosiers des fées

Il n'est pas exagéré d'affirmer qu'il n'existe pas de plantes plus appropriées à un très petit jardin que ces rosiers des fées, puisqu'ils confèrent aux espaces les plus réduits tout le charme des rosiers à grandes fleurs. Une de leurs qualités les plus attrayantes est le fait qu'ils forment des buissons étalés et bas qui, plantés en rangs serrés, couvrent complètement le sol.

On peut obtenir un étalage ravissant de rosiers miniatures en plantant ensemble des cultivars de couleurs contrastantes reconnus pour la vigueur de leur port atteignant de neuf à douze pouces de hauteur. Il devrait suffire d'une douzaine de ces plants pour garnir une petite plate-bande que l'on pourra border de violettes comme la Coronation Gold, la Chantryland ou la variété commune cornue bleue (*Viola cornuta*). Pour mieux profiter de ces rosiers on peut surélever la plate-bande à l'aide d'un mur de pierre au pied duquel on fait courir un trottoir pavé.

Le Pink Cameo, l'un des meilleurs rosiers miniatures à fleurs rose pâle.

Il est possible d'organiser tout un jardin miniature comme cadre pour ces jolies petites plantes, par exemple, en installant un petit ornement à un point central, autour duquel on fait rayonner de petites plates-bandes. Chaque plate-bande peut être bordée par un agératum compact nain, par exemple le Blue Mink, ou par des alysses Carpet of Snow.

L'alysse annuel peut être semé en mai pour fleurir à l'été. On peut faire des semis d'agératums à l'intérieur en mars, ou bien on peut acheter des plants pour les repiquer à l'extérieur lorsque tout danger de gelée est passé.

Les rocailles sont un endroit tout naturel pour recevoir ces délicieuses roses minuscules. On peut les planter en groupes de trois plantes, à six pouces de distance l'une de l'autre, placés dans des petites cavités en un endroit ensoleillé, près de la base de la rocaille; ainsi, les racines de ces rosiers ne souffriront pas d'une insuffisance d'humidité. Avant de planter, remplir les cavités d'un mélange de sol, de sable et de tourbe horticole auquel on ajoute une cuillerée à soupe d'engrais complet (8-6-7) pour chaque pied cube de sol.

Ces rosiers minuscules font aussi d'excellentes plantes d'intérieur quand on les cultive sous éclairage fluorescent durant l'hiver. À cette fin, on les rentre après quelques gelées, et on les plante dans un mélange de terre franche, de feuilles décomposées et de sable, en parties égales.

Il suffit d'un pot de cinq à six pouces pour loger les petites racines; toutefois ces plantes ont tendance à devenir dégingandées après avoir fleuri durant plusieurs semaines sous éclairage artificiel. Tout ce que vous aurez à faire alors sera de les rabattre à trois pouces du sol. Elles réagiront rapidement en produisant une nouvelle croissance compacte et une profusion de boutons. Au printemps, taillez ces rosiers encore une fois et plantez-les à l'extérieur ou plongez les plantes empotées dans le sol et tenez-les toujours bien arrosées.

Plusieurs pépiniéristes commerciaux et centres de jardinage offrent de ces rosiers miniatures. Voici quelques-uns des meilleurs qui ont été soumis aux essais à l'Institut de recherches sur les végétaux au cours des cinq dernières années.

Le Baby Gold Star produit des fleurs doubles jaune doré et pousse bien sous éclairage fluorescent. Le Baby Masquerade est une réplique exacte du Masquerade multiflore, avec ses fleurs jaunes et rouges.

Le Cinderella est une variété double blanche plus ancienne, qui pousse à l'extérieur aussi bien qu'en pots; ses fleurs marquées de rose pâle comptent jusqu'à soixante pétales et ses branches ne portent pratiquement pas d'épines. Le Lilac Time arrive à maturité lorsqu'il atteint moins de 10 pouces, et il produit des boutons qui, en éclatant, sont d'un lilas rose pâle virant au lilas pur en s'épanouissant. Le Red Imp et le Red Elf sont semblables, tous deux se couvrant de fleurs doubles d'un rouge riche mesurant trois quarts de pouce de diamètre, portées par un plant vigoureux. Le Starina donne en miniature les fleurs du type hybride de thé les plus parfaites; elles sont de couleur orange rougeâtre et poussent sur de beaux plants buissonnants mesurant 15 pouces de hauteur. C'est la variété qui a obtenu la plus haute cotation dans le jardin. Le Perle d'Alcanada, une vieille variété, a été à peu près le plus vigoureux de tous ceux que l'on a essayés. Il produit des fleurs rose pâle d'environ un pouce et demi de diamètre.

Le Rosina, avec ses grosses fleurs jaune bouton-d'or, portées sur de très petits plants, a été le meilleur des rosiers
jaunes. Il est aussi possible de se procurer des rosiers miniatures sur des tiges arbustives de 18 pouces, ce qui en fait des types
un peu plus élevés que ceux des variétés plus naines. Ils ne sont
pas aussi rustiques que les autres et, comme les rosiers ordinaires, ils doivent être enterrés dans un sol légèrement sablonneux pour l'hiver.

Les autres rosiers des fées doivent être traités exactement
comme les rosiers hybrides de thé, c'est-à-dire recouverts de sol
à l'automne, puis d'une couche de feuilles après que le sol est
gelé. Comme ils poussent moins haut que les rosiers hybrides
de thé ordinaires, ils résistent mieux à l'hiver.

Si vous n'avez jamais cultivé de rosiers miniatures, vous
devriez en essayer au moins un plant. La plupart des amateurs
de rosiers miniatures sont enclins à les laisser de côté sous
prétexte qu'il s'agit d'une mode qui passera, mais il s'en trouve
déjà beaucoup pour admirer secrètement leurs avantages évidents.

AOÛT

La meilleure période pour établir ou rénover votre pelouse

Nous sommes arrivés, du moins dans la région de la plaine de Montréal, à la meilleure époque de l'année pour l'établissement et la rénovation de la pelouse. Jusqu'aux environs du 15 septembre les journées vont être ensoleillées et chaudes, tandis que les nuits seront fraîches. De plus, le sol est réchauffé et sec, ce qui le rend facile à travailler.

Il contient aussi des milliards de micro-organismes qui rendent rapidement assimilables par les plantes les éléments nutritifs des engrais. Et, ce qui est également fort intéressant pour tous ceux qui veulent avoir enfin une belle pelouse, les mauvaises herbes sont beaucoup moins dangereuses à ce temps-ci de la saison parce qu'elles ont perdu beaucoup de leur vigueur.

Une nouvelle pelouse

Lorsqu'il s'agit d'installer une pelouse, il est indispensable, en premier lieu, d'accorder une attention particulière au nettoyage du terrain, c'est-à-dire, l'élimination des roches et des débris dans le sol et en surface. Ensuite, si la terre de surface est satisfaisante, repoussez-la sur le bord du terrain qui est nivelé de manière à ce qu'il s'égoutte en direction opposée à la maison.

Un bon drainage

Lorsque le terrain est nettoyé, il est important de s'assurer de son égouttement. L'aplanissement du terrain en pente suffit aux besoins de l'égouttement superficiel. Toutefois, dans le cas d'un sous-sol imperméable (glaise, argile, terre forte), nous vous conseillons, pour améliorer le drainage, d'y installer des drains de 4 pouces (10 cm) de diamètre.

Placez-les en lignes espacées de 15 à 20 pieds (4,5 à 6 m), à une profondeur de 2½ à 3 pieds (0,75 à 0,90 m), avec une inclinaison de 2 à 4 pouces par 50 pieds (5 à 10 cm par 15 m). Un bon drainage fournit une condition physique du sol propice au développement des racines des plantes herbacées. On sait, par ailleurs, que les nappes d'eau souterraines sont la cause de graves dommages aux gazons.

176

La tourbe à gazon est le meilleur moyen d'obtenir une belle pelouse rapidement. Mais, pour donner vraiment satisfaction elle doit être de toute première qualité et posée avec soin sur un bon sol de surface contenant une bonne provision d'humus et d'éléments nutritifs.

Le moment est venu de protéger le gazon contre les risques de dommages par l'hiver. L'épandage d'un engrais spécial d'automne, telle la formule 4-9-15, est la meilleure protection. C'est aussi l'époque pour lutter le plus efficacement contre les mauvaises herbes.

Un sol fertile

Le sous-sol doit être recouvert d'une couche de 4 à 6 pouces (10 à 15 cm) de terre végétale. Si, à la suite des travaux de construction de votre demeure, la terre de surface a été enlevée, ou encore si vous n'avez pas assez de terre végétale, il est indispensable d'obtenir suffisamment de bon sol à jardinage. Quand la terre de surface n'est pas assez riche en humus, ajoutez, en la mélangeant bien au sol, de la matière organique, par exemple du compost Fertox; en même temps, un engrais complet de formule 10-25-10.

Après avoir ameubli le sol, ratissez la couche superficielle afin de faire disparaître les buttes et les dépressions, de telle sorte que le sol soit réduit en particules n'excédant pas ¼ à ½ pouce (0,6 à 1,5 cm) de diamètre. Cela vous donne la meilleure surface d'ensemencement pour le gazon.

Tourbe ou semis

Lorsqu'on veut installer une pelouse le plus rapidement possible, on emploie ordinairement la tourbe plutôt que les semis de graines de gazon. Ensemencer est, en fait, la méthode la moins coûteuse, celle qui est beaucoup plus uniforme et davantage exempte de mauvaises herbes. Les meilleurs mélanges à gazon pour notre région sont ceux qui contiennent au moins 70 pour cent d'herbes fines et permanentes, où le pâturin-des-prés et la fétuque rouge traçante sont en proportions à peu près égales.

La différence, soit 25 à 30 pour cent, est comblée par les herbes à croissance rapide, l'agrostide blanche, l'agrostide traçante, l'agrostide fine et le ray-grass vivace, qui protègent le pâturin-des-prés et la fétuque rouge traçante, tout en empêchant les mauvaises herbes de prendre le dessus.

La rénovation

La fin de l'été, c'est-à-dire du 15 août à la mi-septembre, est la meilleure époque, non seulement pour l'établissement d'une nouvelle pelouse mais également pour la rénovation. À ce moment-là, les pelouses constituées d'herbes à gazon de qualité, comme le pâturin, la fétuque et l'agrostide, sont favorisées par les conditions de température et les précipitations.

Si un examen de votre pelouse vous porte à conclure «qu'il faut faire quelque chose», la première question que vous devez vous poser est, évidemment, «que faire?».

Il existe essentiellement trois degrés dans l'amélioration et la rénovation d'une pelouse: amélioration par un bon entretien, ensemencement d'une vieille pelouse, ou rénovation complète. Il est généralement préférable de labourer ou de bêcher une pelouse et de la refaire ensuite si plus de la moitié de la superficie totale est envahie par les mauvaises herbes.

L'aération

Si votre pelouse a connu une circulation intense durant l'été, comme terrain de jeu, lieu de rencontre, ou autres, le sol en est compressé. Comme l'aération est indispensable au maintien d'un gazon sain et vigoureux, louez un aérateur automatique dans un centre de jardinage et perforez toute la pelouse. Cet appareil automatique prélève des «carottes» de sol, qui doivent être râtelées et remplacées par un sol sablonneux.

Si vous voulez savoir jusqu'à quel point le sol de votre pelouse est compressé, servez-vous du test du crayon. À l'aide d'un crayon, piquez votre pelouse à différents endroits. Si le crayon s'enfonce facilement, votre sol est suffisamment poreux. Dans le cas contraire, c'est-à-dire si vous devez peser fortement sur le crayon pour le faire pénétrer, l'aération est recommandée.

Mauvaises herbes

Si votre pelouse renferme passablement de mauvaises herbes, fortifiez les herbes à gazon tout en détruisant les herbes nuisibles en utilisant un engrais complet contenant des herbicides, par exemple la formule 4-9-15 plus herbicides.

Cependant, s'il s'agit d'une pelouse où plus de 50 pour cent de la superficie est occupée par les mauvaises herbes, nous vous recommandons de détruire cette pelouse avec un herbicide non sélectif, tel le Gramoxone, puis de travailler le sol à fond avec une bêche rotative ou à la bêche manuelle, selon la superficie à traiter et le temps dont vous disposez.

Ensuite, il faut éliminer les mottes d'herbes et niveler la surface avec un râteau ou autrement. Ensuite, vous avez le choix, après avoir enrichi le sol avec du compost Fertox et l'engrais d'ensemencement 10-25-10, de semer de la graine à gazon ou de tourber.

Arrosage et tonte

Lorsque le nouveau gazon apparaîtra, arrosez-le si les tiges et les feuilles semblent se ramollir. Ajustez les couteaux ou lames de votre tondeuse et coupez le gazon à une hauteur de

1½ pouce (4 cm) dès qu'il sera suffisamment dense. Continuez de tondre la nouvelle pelouse et balayez les rognures d'herbes afin qu'elle parvienne à l'hiver sans être recouverte d'une accumulation de chaume.

Dans le cas des pelouses déjà établies, continuez à les couper ou à les tondre régulièrement. C'est le rythme de croissance qui détermine la fréquence de la tonte. Assurez-vous, cependant, de ne jamais enlever plus d'un quart ou d'un tiers de la surface totale du feuillage.

C'est le temps de la division des touffes d'iris et de pivoines

Le mois d'août est, avec le début de septembre, la meilleure époque pour multiplier les iris barbus et les pivoines.

Lorsque les vieux plants d'iris donnent des fleurs de plus en plus petites, c'est le temps de diviser leurs touffes. Il s'agit de sortir les rhizomes (tiges souterraines) de terre puis, après avoir coupé les feuilles à environ 6 pouces du sol, de les diviser et de les éclater. La vieille partie de la touffe — ou son centre — est éliminée et on replante ensuite les parties extérieures, ou éclats, plus jeunes. Un excellent éclat est formé par deux ou trois éventails de feuilles avec racines attenantes.

Lors de la division, c'est le temps d'en profiter pour remédier à la pourriture des iris. Cette maladie fait généralement son apparition après le passage de la mineuse, un ver qui creuse des galeries dans les rhizomes. Toutes les parties affectées doivent être coupées et détruites. Il importe aussi de désinfecter le sol avec une solution d'une once du fongicide Semesan dans un gallon d'eau.

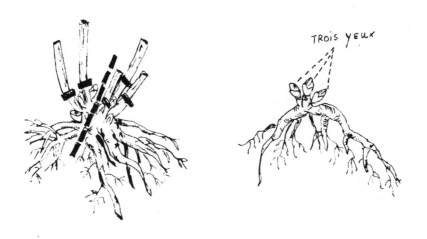

TROIS YEUX

Afin de multiplier une touffe de pivoines, il faut la déterrer à l'aide d'une fourche à jardin puis la diviser avec un couteau bien aiguisé ou un sécateur. Chaque division doit avoir de 3 à 5 bourgeons. Chacune de ces divisions est plantée de façon à ce que les bourgeons soient recouverts par une couche de sol de 2 pouces d'épaisseur.

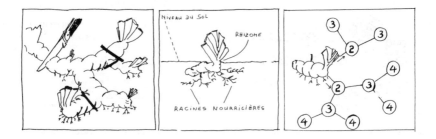

La multiplication des vieux plants d'iris se fait par la division des rhizomes, qui sont déterrés et lavés. À gauche, la partie du rhizome attachée à un éventail de feuille (éclat) est coupée. Au centre, la bonne façon de planter un rhizome. À droite, le diagramme du type de croissance d'un iris barbu qui illustre bien pourquoi le bout végétatif du rhizome doit pointer vers l'extérieur.

Évitez de planter des rhizomes infectés. Stérilisez vos couteaux, sécateurs et autres instruments aratoires avec une solution de Semesan, afin de prévenir la pourriture.

Pour une belle plate-bande

Pour la plantation en plate-bande, un excellent éclat peut être formé par deux ou trois éventails de feuilles avec racines attenantes. Dans le cas d'une variété dont la multiplication doit être obtenue dans les plus brefs délais possibles, on se limite à un éventail de feuilles avec racines attenantes. Il est, par ailleurs, opportun de retenir que, dans une plate-bande, trois ou cinq touffes de la même variété, plantées à proximité les unes des autres, produisent un meilleur effet qu'une seule.

Multiplication des pivoines

Lorsque les pivoines commencent à donner des fleurs plus petites que d'habitude, cela veut dire qu'il faut diviser leurs touffes. Cette opération permet aussi de multiplier les plants.

La période la plus appropriée va de la fin août au début de septembre. La première chose à faire, c'est de couper le feuillage à 6 pouces du sol. Il s'agit ensuite de creuser un cercle de 2 pieds de profondeur, à environ 6 pouces des tiges. Ensuite, on coupe le plus loin possible sous le plant avant de dégager la touffe de tubercules.

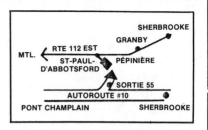
Afin de pouvoir diviser efficacement la touffe sans endommager les bourgeons ou yeux, il est nécessaire de l'arroser avec un jet d'eau, après l'avoir déterrée, afin d'enlever tout le sol. Il est très important lorsqu'on taille de ne garder que les divisions ou tubercules portant de trois à cinq yeux. Ces tubercules ne doivent pas être plantés trop profondément. Une couche de 2 pouces de sol est suffisante au-dessus des yeux.

Sachez tirer avantage des vivaces herbacées à floraison automnale

Si la culture des plantes vivaces herbacées gagne du terrain chez nous d'année en année, trop peu de nos jardiniers amateurs tirent vraiment avantage des espèces à floraison tardive ou automnale, et c'est dommage. Parmi ces plantes, qu'il suffise de mentionner les chrysanthèmes, les gaillardes, les asters, les hélénies et les tournesols orange et encore les héliopsis, qui atteignent facilement un haut degré de perfection grâce à quelques soins appropriés comme la fertilisation, les arrosages, le paillage et le tuteurage.

D'autre part, il ne faut pas oublier que les fleurs d'automne se combinent très bien au feuillage de cette saison ainsi qu'aux tiges d'arbustes à bois pour créer de magnifiques arrangements. S'il est vrai que peu à peu on constate une croissance continue de l'utilisation des vivaces dans nos jardins, disons qu'elles sont généralement cultivées conjointement avec les bulbes à floraison printanière ou estivale et avec les annuelles.

Pourtant, même si cette pratique offre des avantages réels, il n'en reste pas moins qu'il serait préférable, dans bien des cas, d'installer les vivaces à floraison tardive sur un ou des sites bien à elles, près des portes donnant accès à la maison par exemple, où elles peuvent offrir leurs beaux coloris jusqu'à l'arrivée des gels qui marquent la fin de l'automne.

Certains préféreront installer ces plantes dans des plates-bandes ou des bordures bien à la vue des fenêtres, surtout des fenêtres panoramiques. Les teintes seront superbes si ces emplacements sont à l'abri des vents froids, avec une orientation au sud. Ces sites captant les rayons du soleil d'automne sont des coins où il fait bon profiter des dernières journées ensoleillées. Cependant, il est opportun de signaler que toutes les vivaces à floraison tardive n'ont pas besoin d'un ensoleillement aussi abondant pour donner une riche floraison. Ainsi, les anémones japonaises et les aconits ou capuchons de moines (*Aconitum*) viennent très bien sur un site ombragé et dans un sol plutôt humide.

Des couvre-sols

Lorsqu'on choisit des endroits déterminés pour obtenir les teintes tardives des chrysanthèmes et des asters nains, il faut presque les considérer alors comme des plantes tapissantes ou des couvre-sols fleuris qui peuvent être employés pour compléter les plants de fondation ou de bordure. Leur feuillage demeure attrayant tout l'été, mais ce sont leurs fleurs tardives qui arrivent comme une récompense de fin de saison.

Parmi les vivaces basses, le céraiste (*Cerastium*), dont la croissance est rampante, est un véritable couvre-sol. Il faut prendre des précautions pour qu'il n'étouffe pas les plantes plus délicates. Il se reproduit facilement par semis ou par éclatage. Ces plantes basses et compactes couvrent ainsi avantageusement les talus. Elles vont très bien, en outre, à l'avant des bordures qui ornent les allées comportant des courbes ou encore autour du dallage d'un patio ou d'une terrasse.

Les plantes élevées

Les chrysanthèmes et les asters de taille élevée, ainsi que les gaillardes et les hélénies (*Helenium*), cultivés seuls ou combinés avec des plantes naines et basses, présentent généralement leur meilleure apparence si leur arrière-plan est une clôture, un mur, un treillis ou une haie. Les meilleurs sites pour ces vivaces aux brillants coloris sont un coin de clôture, l'espace entre le dallage, le pavé d'une terrasse et de la maison ou encore le mur du garage, du côté opposé à l'entrée du jardin.

Nombreuses plantes

Lorsqu'il est question de vivaces à floraison tardive on pense le plus souvent à celles qui se couvrent de fleurs surtout en septembre et octobre, voire même au début de novembre quand il n'y a pas de gels trop sévères. Les chrysanthèmes sont certes les plus rustiques, étant les dernières plantes à résister aux jours froids de l'automne. Pourtant, il existe plusieurs vivaces dont la floraison est plus hâtive que celle des chrysanthèmes et dure tard à l'automne.

La gaillarde, l'une de ces plantes intéressantes, se couvre de grandes fleurs jaunes ou rouges, de la mi-été aux gelées. Excellentes pour la composition de bouquets, les gaillardes se plaisent dans plusieurs types de sols, pourvu que le site soit bien drainé et au soleil.

Les hélénies (*Helenium automnale*) produisent d'abondantes fleurs ressemblant aux marguerites et forment des massifs brillants, de diverses teintes, jaune, cuivre, doré et acajou. Leur culture est simple, il suffit de leur fournir un sol assez fertile et un emplacement bien ensoleillé. Les plants doivent être divisés tous les 2 ans et espacés de 2 pieds (61 cm) l'un de l'autre.

Plante extraordinaire

L'eupatoire (*Eupatorium coelestinum*) est une vivace qui sort de l'ordinaire. Ses fleurs, à la texture délicate, de teinte lavande, ressemblant à celles de l'agérate, contrastent agréablement avec le jaune, l'or et le bronze des chrysanthèmes et les teintes automnales des hélénies et des gaillardes. Les plants, installés en plein soleil ou dans un endroit semi-ombragé, sont en fleurs à compter du mois d'août jusqu'aux gelées.

Asters rustiques

Parmi les asters rustiques, qui produisent des fleurs de juillet à septembre, mentionnons la variété A. Frikartii, aux fleurs larges, d'un bleu clair, au centre doré, qui, de juillet à septembre, se combinent bien aux teintes jaune doux, à l'or et au rose saumoné, ainsi qu'aux autres fleurs automnales qui ne sont pas bleues. Les asters nains sont des plantes compactes et viennent bien dans un sol ordinaire. Il leur faut de l'humidité durant les jours chauds de l'été. Elles sont d'un bel effet à la partie antérieure des plates-bandes ou dans les rocailles. On les multiplie facilement par l'éclatage de la racine. La variété Blue bird, une des plus foncées et des plus attrayantes, est en floraison de septembre à novembre, comme la variété Blue bouquet, dont les fleurs sont plus pâles.

L'aster Frikarti produit, de juillet à septembre, une abondance de grandes fleurs d'un bleu clair avec centre doré.

Parmi les asters de taille moyenne de 4 à 5 pieds de hauteur, signalons l'aster de la Nouvelle-Angleterre (*Aster Novae-Angliae*), indigène à l'est de l'Amérique du Nord, l'une des meilleures espèces à floraison tardive d'automne. Les plants, dont l'aspect est assez grossier, doivent se planter à l'arrière de la plate-bande, dans un endroit pas trop sec. L'Aster de New York (*Aster Novi-Belgii*) a donné naissance à plusieurs variétés horticoles par croisement avec d'autres espèces. Ces variétés sont plus délicates que celle de l'aster de la Nouvelle-Angleterre, tant par le port que par l'inflorescence.

Les asters préfèrent une exposition bien ensoleillée, mais ils tolèrent un peu d'ombre. Il faut éviter de les tasser. Ainsi, recommande-t-on de les planter distants de 15 à 30 pouces (38 à 76 cm) selon leur taille définitive. Ces vivaces viennent bien dans un sol bien pourvu de matière organique, enrichi par exemple avec du compost Fertox. De plus, puisqu'elles ont besoin d'une humidité adéquate au cours de l'été, il est conseillé de recouvrir le sol d'un épais paillis, soit d'écales de sarrazin, de paille hachée, de tourbe horticole ou autre matériau organique.

La multiplication des touffes s'effectue, tous les 2 ou 3 ans, par l'éclatage des racines. Les divisions sont limitées à trois tiges.

L'anémone du Japon est l'une des plus belles plantes qui fleurissent à l'automne.

L'anémone du Japon

Lorsqu'il s'agit de planifier une floraison automnale sur un site semi-ombragé il n'y a pas de meilleure vivace herbacée que l'anémone du Japon (*Anemone japonica*), qui est l'une des plus belles plantes en fleurs de septembre à octobre. Les plants sont de plus en plus beaux d'une année à l'autre, à la condition que le sol soit riche en humus et frais durant les périodes de sécheresse. Un paillage est donc recommandé dans ce cas.

Les aconits ou capuchons de moines (*Aconitum*) sont des plantes utiles dans un endroit ombragé, où le sol est plutôt humide. La variété A. Fisheri, dont les plants ont une hauteur de 4 à 6 pieds, produit une abondance de jolies fleurs bleu pâle, à pétales capuchonnés, d'août à octobre.

Les chrysanthèmes

Si vous désirez une richesse de coloris à l'automne, des teintes de blanc, jaune, bronze, rose, rouge, pourpre et lavande, les chrysanthèmes (*Chrysanthemum*) sont un choix qui s'impose.

Outre les variétés rustiques de chrysanthèmes des fleuristes, une foule d'espèces conviennent aux plates-bandes. Elles viennent bien dans une terre franche, bien pourvue de matière organique en y incorporant du compost Fertox comme source d'humus, et par l'addition d'éléments nutritifs, avec la formule d'engrais complet 4-12-8.

L'emplacement choisi doit être bien ensoleillé. Des arrosages abondants sont nécessaires durant les périodes de sécheresse. En plus d'une fertilisation en bande au mois de mai, il faut ajouter des éléments nutritifs au sol, autour des plants, à la mi-juin et à la mi-juillet.

Bulbes à floraison printanière. Quand, où, comment les planter?

On ne saurait trop répéter que les bulbes à floraison printanière ne sont disponibles qu'à l'automne, qui est d'ailleurs la saison de leur plantation. La raison en est bien simple: la fleur embryonnaire à l'intérieur du bulbe a besoin d'une longue période de froid dans le sol afin de se développer normalement.

Les jardiniers amateurs l'oublient souvent lorsqu'ils voient des jardins de bulbes printaniers en pleine floraison.

Sans hésitation, ils se précipitent à la pépinière ou à la jardinerie pour acheter des bulbes. Ils sont alors tout désappointés d'apprendre qu'ils ne sont pas disponibles à ce temps-là de l'année.

Voici quelques conseils simples de l'Institut des bulbes à fleurs des Pays-Bas afin de vous aider dans la plantation de vos bulbes pour que vous ayez un printemps superbement fleuri.

Choix des bulbes

Choisissez toujours de gros bulbes sains, fermes, sans blessures. Chez certaines variétés, les bulbes sont dépourvus d'enveloppe ou encore leur enveloppe a été partiellement enlevée, ce qui n'affecte en rien leur qualité. Si vous ne pouvez pas planter vos bulbes immédiatement après leur achat, conservez-les dans un endroit sec et frais (5 à 10 degrés C), à l'intérieur de contenants bien ventilés.

Époque de plantation: La meilleure époque de plantation se situe au mois de septembre et au début d'octobre. Les bulbes ont alors un mois ou deux pour développer leurs racines avant que le sol ne gèle.

Où planter? Les bulbes poussent bien dans une foule de sites différents. Ils peuvent être utilisés avec succès dans les plates-bandes, les rocailles et les bordures d'arbustes. Les narcisses et les muscaris raisins, ainsi que certaines variétés de tulipes, produisent leur meilleur effet lorsqu'ils sont plantés en massifs irréguliers autour des pelouses et le long des voies de circulation. Cette technique est surnommée la naturalisation, parce que les motifs qui en résultent ressemblent à des groupes de fleurs sauvages éparpillés par la Nature.

Incidemment, évitez de planter les bulbes selon des lignes rigides, bien précises.

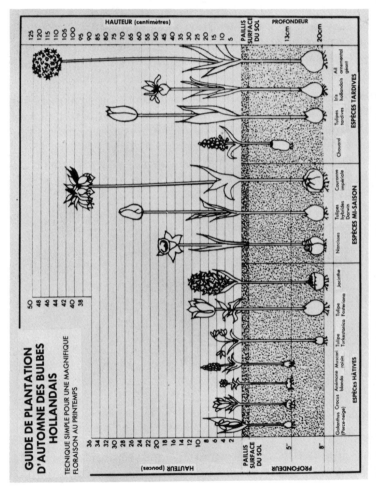

La profondeur de plantation des bulbes à floraison printanière vient d'être standardisée pour toutes les régions du Canada, à la suite des travaux du Département de recherches horticoles de l'université d'État de la Caroline du Nord, à la demande de l'Institut des bulbes à fleurs des Pays-Bas.

191

Tous les bulbes rustiques ou à floraison printanière ont besoin d'un sol bien drainé et d'un site au moins partiellement ensoleillé. Ne les placez pas dans un endroit exposé au plein soleil de midi. Les bulbes à floraison hâtives, perce-neige (*Galanthus*), éranthe ou ellébore jaune (*Eranthis*), fleurissent bien sous des arbres et des arbustes qui sont en bourgeons lorsque les fleurs des bulbes se fanent.

Comment planter? Certains jardiniers préfèrent creuser un trou pour chaque bulbe. Bien que ce ne soit pas une mauvaise méthode, il est plus simple et plus facile de creuser un espace assez grand pour installer plusieurs bulbes lorsque la plantation est assez considérable. Tout d'abord, il faut bien bêcher le sol à une profondeur de 30 cm. Si le sol est lourd, glaiseux, incorporez du compost Fertox pour rendre ce sol moins compact et améliorer le drainage.

Ajoutez aussi une once de poudre d'os par pied carré de sol. La profondeur de plantation varie selon les bulbes. Les gros bulbes, tulipes, narcisses, jacinthes et autres, doivent être plantés à une profondeur de 20 cm, avec une distance de 10 à 15 cm entre eux. Les bulbes plus petits, comme les muscaris, les scilles et les crocus, peuvent être plantés à une profondeur de 8 cm, espacés de 3 à 5 cm.

Lorsque les bulbes sont installés, recouvrez-les avec la moitié du sol enlevé pour l'excavation et qui a été enrichi par un apport d'un quart d'once d'engrais équilibré 4-12-8. Arrosez généreusement puis épandez le reste du sol de surface et arrosez de nouveau.

Après le premier gel en profondeur, épandez un paillis de 5 à 8 cm d'épaisseur. Cette couche conservera l'humidité du sol, empêchera la croissance des mauvaises herbes et préviendra les dommages résultant de l'alternance du gel et du dégel. Le compost Fertox est un excellent paillis organique. Les précipitations normales (pluies ou neige) vont fournir assez d'humidité aux bulbes.

Cependant, s'il y a sécheresse, il est indispensable d'arroser les superficies où se trouvent les bulbes.

Dès l'apparition des premières tiges, stimulez les bulbes par un épandage d'engrais 4-12-8, à raison d'environ un quart d'once par pied carré. Les pluies printanières vont entraîner les éléments nutritifs jusqu'aux racines.

Lorsque les fleurs se fanent, coupez la hampe ou tige florale. N'enlevez pas les feuilles avant qu'elles ne soient devenues jaunes. Les feuilles vertes, grâce à leur chlorophylle, par

192

le processus de la photosynthèse, permettent au bulbe de reconstituer sa provision de nourriture pour la production de nouveaux bulbes et la floraison de l'année suivante. Pour cacher les feuilles jaunes, plantez des annuelles et des vivaces parmi les bulbes.

Quoi planter? Pour obtenir les meilleurs effets, plantez des bulbes de la même espèce et couleur par touffes d'au moins une ou deux douzaines.

Avec une plantation bien planifiée à l'automne, vous obtiendrez des successions de floraison depuis la fin de l'hiver jusqu'aux derniers jours du printemps.

Les premiers bulbes à fleurir sont les crocus, aux fleurs bleues, blanches, pourpres et jaunes, ainsi que les chionodoxes (gloire de la neige); les iris reticulata, avec leurs belles teintes de jaune et de pourpre. Quand ces bulbes ont terminé leur floraison, c'est au tour des tulipes à floraison hâtive, les Fosteriana et les Kaufmanniana de produire une profusion de couleur. Ils sont accompagnés des muscaris raisins, ces jolies petites plantes très florifères et précoces. Les narcisses miniatures fleurissent à la même époque, suivis des narcisses trompettes puis, au milieu du printemps, par les narcisses barrii à coronule courte et les narcisses à fleurs doubles. C'est aussi le moment de la floraison odoriférante des jacinthes, ainsi que les tulipes triomphe, hybrides Darwin, les tulipes simples et doubles hâtives et la majestueuse fritillaire impériale.

Parmi les bulbes à floraison tardive, on retrouve les délicates tulipes à fleurs de lis, les tulipes Cottage simples tardives, les tulipes doubles tardives, les tulipes perroquet. Puis, avec l'arrivée prochaine de l'été, les iris hollandais et les aulx ou divers genres d'ail ornemental marquent la fin de la fastueuse et si diversifiée floraison des bulbes rustiques.

SEPTEMBRE

Plantation d'automne des arbres et arbustes

Trop de gens sont encore convaincus qu'il n'y a qu'une saison propice à la plantation des arbres et des arbustes. Pourtant, plusieurs amateurs de jardinage ont découvert que l'automne est, à bien des points de vue, supérieur au printemps. On sait, par exemple, que les pluies d'avril peuvent transformer le sol en une mer de boue, ce qui rend difficile l'excavation des trous pour l'installation des arbres et des arbustes. Au contraire, en septembre et en octobre, le sol est plus sec, plus facile à travailler. En outre, le sol est chaud, ce qui facilite la croissance rapide de nouvelles racines et, par le fait même, un établissement des plantes ligneuses avec plusieurs mois d'avance sur les plantations de printemps.

L'automne est aussi une excellente époque pour installer des arbustes à fleurs, puisque l'air est frais, alors que le sol conserve sa chaleur. Comme dans le cas des arbres, vous gagnez plusieurs mois de croissance.

Racines entourées

Les pépinières offrent présentement à leurs clients des petits arbres dont les racines sont dans un pot biodégradable, tandis que celles des gros arbres sont enveloppées dans du jute.

Si vous devez retarder la plantation, assurez-vous que les racines des arbres à planter sont maintenues humides. Les plants en pot sont arrosés comme n'importe quelle plante en pot. Dans le cas des gros arbres, il faut recouvrir l'enveloppe de jute d'un paillis de copeaux de bois ou de tourbe horticole et arroser ce paillis de temps à autre.

Espace et excavation

Si vous décidez d'avoir de grands arbres d'ombrage, des érables, des chênes ou des peupliers, que vous achetez plutôt petits, n'oubliez pas que, dans un avenir plus ou moins lointain, ils seront hauts et prendront beaucoup d'espace sur votre terrain. Ainsi, choisissez bien l'emplacement de chacun d'eux pour ne pas avoir à les transplanter plus tard, ou pis encore, à les abattre.

Lorsque le site où installer un arbre est choisi, ne creusez pas un trou de 1 dollar pour un arbre de 20 dollars. Faites une excavation assez spacieuse, avec un diamètre et une profondeur deux fois plus grands que ceux de la masse des racines et de la terre contenues dans le pot biodégradable ou l'enveloppe de jute. Versez un peu de bon sol de surface au fond de l'excavation, placez le contenant, épandez de la terre autour, arrosez avec une solution d'engrais de plantation 10-52-10 afin de stimuler la prolifération des racines nourricières et de hâter l'enracinement sans choc de transplantation.

Versez encore du sol, puis arrosez, alternativement, jusqu'à ce que la fosse soit comblée. Tassez le sol avec les pieds autour du tronc puis, quand arriveront les gels en profondeur, épandez un épais paillis (paille, écales de sarrazin ou tourbe horticole) sur le sol afin d'éviter les fluctuations trop fortes de température au niveau des racines. N'oubliez pas non plus, au moment de la plantation, d'installer un tuteur pour supporter les jeunes arbres dont la base du tronc devra être protégée contre les rongeurs par un grillage métallique ou un cylindre de plastique.

Arbustes à fleurs

Les arbustes à fleurs sont essentiels à tout aménagement paysager réussi. S'il est vrai qu'on les plante principalement en raison de leur beauté, ces plantes possèdent aussi d'autres qualités qui ajoutent à leur valeur esthétique. En effet, la floraison d'un arbrisseau peut durer seulement une semaine ou deux, tandis que son feuillage demeure durant cinq mois ou plus. Par conséquent, lorsque vous choisissez un arbuste, tenez compte de son feuillage. Si vous avez besoin d'arbustes capables de former un bel écran dense, comme plants de fondation ou haie régulière, choisissez des plants de troène, soit le troène de l'amour (*Ligustrum amurense,* le troène à feuilles lancéolées (*Ligustrum tschonoskii*) ou le troène commun (*Ligustrum vulgare*). Si, par contre, il est préférable d'avoir des arbrisseaux aux feuilles délicates, ce sont les potentilles qui conviennent le mieux.

Comme coloris automnal, les feuilles du fusain ailé (*Euonymus alata*), du fustet commun (*Cotinus coggygria*) et de plusieurs variétés de viornes (*Viburnum*) rivalisent avec la beauté du feuillage de l'érable à sucre. De plus, de jolis petits fruits brillants couvrent plusieurs arbustes, dont quelques cotonéasters (*Cotoneaster*), le houx verticillé (*Ilex verticillata*) et même des rosiers.

Durant l'hiver, la forme des branches et des tiges ou la couleur de leur écorce forme un charmant contraste avec le paysage morne. Mentionnons par exemple les ramilles éclatantes du cornouiller stolonifère (*Cornus stolonifera*) ainsi que les branches étrangement vrillées et tordues de la variété Contorta du noisetier commun (*Corylus avelluna contorta*).

Lorsque vous devez vous procurer des arbustes, il est indispensable que vous teniez compte du climat de votre région. Fort heureusement les pépinières du Québec sont maintenant en mesure de vous fournir des plants rustiques adaptés aux diverses zones climatiques de la province.

Conditions particulières

En général les arbustes à fleurs préfèrent être en plein soleil. Cependant plusieurs vont préférer un site semi-ombragé, voire même à l'ombre. Dans ce groupe mentionnons les daphnés, les seringas (*Philadelphus*), les symphorines (*Syphoricarpos*) et l'hamamélis de Virginie (*Hamamelis virginiana*).

D'autre part, le houx verticillé (*Ilex verticillata*) et le saule décoloré (*Salix discolor*) peuvent être plantés dans les terrains bas, près d'un étang ou d'un ruisseau. Il en est tout autrement d'autres arbustes, tels les comptonies (*Comptonia*), les cytises (*Cytisus*), le kolwitzia aimable (*Kolwitzia amabilis*) et les sumacs (*Rhus*), qui ne viennent bien que sur un sol sec.

Les jardins situés au bord de la mer, où l'air est salin et les sols plutôt pauvres, fournissent un milieu où se plaisent le prunier maritime (*Prunus maritima*), le crier de Pennsylvanie (*Myrica pennsylvanica*), plusieurs cotonéasters et les rosiers rugueux (*Rosa rugosa*). Où la pollution atmosphérique est un problème, pourquoi ne pas planter un forsythia précoce (*Forsythias ovata*).

UN ARBRE MAJESTUEUX

Plants de fondation

Les plants de fondation permettent de masquer généralement le solage et de créer un milieu naturel dans lequel une maison peut s'intégrer avantageusement. Mais pour que ce type de plantation atteigne son but, les dimensions et la forme des arbustes doivent être étudiées avec soin. La forme naturelle d'un arbrisseau doit compléter l'architecture, le syle d'une demeure, et non choquer l'esthétique.

Ainsi, lorsque vous installez un forsythia près d'une maison, attendez-vous à le tailler régulièrement, ce qui va, évidemment, détruire la grâce naturelle de cette plante. Il est donc préférable de choisir un arbuste nain, compact, soit un andromède (*Andromeda*), un daphné Giraldi (*Daphne giraldii*), ou un millepertuis (*Hypericum*).

Les arbustes plantés dans un but purement décoratif sont à leur meilleur avantage dans les bordures — un site complet par lui-même où l'on retrouve plusieurs plantes. Bien qu'une bordure d'arbustes puisse servir d'écran ou de brise-vent, son rôle essentiel est ornemental. Voilà pourquoi vous devez planifier avec soin l'aménagement d'une bordure dont l'arrière-plan sera formé de plants élevés. Évitez de créer des lignes artificielles droites, et donnez à chaque jeune plant assez d'espace pour se développer normalement sans nuire aux autres plantes. En passant par le milieu de la bordure vers l'avant, les plants doivent diminuer de taille. Là encore il s'agit de créer des touffes naturelles plutôt que des dessins géométriques rigides.

Floraison prolongée

Les fleurs sont l'essence de cette magie attirante qu'est le jardinage. Ne limitez donc pas la durée de votre saison de floraison aux premières semaines du printemps. Ayez des lilas, des viornes, des corêtes du Japon (*Kerria japonica*) pour ne mentionner que ceux-là. Au cours de l'été plusieurs arbustes dont le kolwitzia aimable, les seringas, les potentielles, les spirées et les chèvrefeuilles se couvrent d'une belle floraison.

Les arbustes à fleurs bien choisis et plantés à l'automne ajoutent beauté et gaieté au jardin durant trois saisons de l'année.

La santé publique menacée par des arrosages dangereux de pesticides

Depuis déjà une dizaine d'années, on constate une prolifération vraiment étonnante du traitement des pelouses et plantes ornementales, dans les jardins privés du Québec, pour lutter contre les mauvaises herbes, les insectes et les maladies, par des individus ou des entreprises qui travaillent à forfait. Deux agronomes de la région de Granby, MM. Francis Courtin et Serge Sokolski, ont déclaré à *La Presse* que cette vogue, qui semble devoir se populariser davantage à l'avenir, peut s'avérer très nuisible à la santé publique et à la sauvegarde de l'environnement. À la suite de nombreuses observations techniques sur ce qu'ils qualifient d'utilisation intempestive en zone urbaine de produits phytosanitaires dangereux, herbicides, insecticides et fongicides, par des gens pour la plupart non qualifiés, ces deux spécialistes se disent très inquiets. Ils lancent un cri d'alarme dans l'espoir d'amener une action prompte et efficace des autorités gouvernementales concernées.

Selon F. Courtin, «il est inquiétant de voir une prolifération des applications, dans les municipalités, de produits chimiques destinés à la protection des plantes, par des entreprises qui n'ont aucune qualification au point de vue connaissance de ces produits». En outre, avec l'imposition du système métrique dans ce domaine, il importe d'après ce professionnel, que l'on surveille de très près le dosage afin que ces substances soient appliquées convenablement. «C'est très bien de dire que l'on suit les recommandations du fabricant et d'affirmer que l'on a lu ce qui est écrit sur les emballages des produits, mais ce n'est pas suffisant. Il faut de toute nécessité que les entreprises d'arrosages à forfait pour les jardins urbains se rendent enfin compte des risques inhérents à l'emploi des composés phytosanitaires. Les préposés à l'application de ces produits le font généralement sans protection pour eux-mêmes et leurs clients, sans masque, ni lunettes, ni gants, ni vêtements protecteurs appropriés».

F. Courtin indique, à ce sujet, que «n'importe qui peut, disons, demain matin, acheter une pompe, un réservoir et un camion et aller arroser les arbres, arbustes, haies, pelouses, etc. On voit de plus en plus de camions équipés d'une pompe et d'un réservoir pour la pulvérisation de produits phytosanitaires, avec la présence à bord de ces équipages impressionnants d'individus qui ont l'apparence de grands spécialistes de la protection des plantes ou du moins qui prennent des allures à cet effet. Il faut dire, toutefois, que l'habit ne fait pas le moine. Ajoutons, d'ailleurs, à ce propos, que presque tous ces «spécialistes» travaillent sans gants ni autre forme de protection. C'est extrêmement grave, compte tenu du fait que plusieurs des composés peuvent pénétrer dans l'organisme par voie cutanée. Ces «experts» devraient se faire un devoir primordial de s'informer sur la manipulation de tels produits et plus spécialement sur les mesures de protection essentielles. Non seulement empoisonnent-ils les autres, mais ils s'empoisonnent eux-mêmes.»

De son côté S. Sokolski mentionne, que l'arroseur se présente chez un client en perspective et lui offre ses services pour une modique somme variant entre 30 et 40 $, en promettant un jardin exempt de «bibittes». Puis, lorsque la personne sollicitée donne son consentement, l'entrepreneur procède à l'arrosage ou pulvérisation, à pleine puissance, de pesticides de toutes sortes, en faisant fi du vent. Il est vrai que certains contracteurs avertissent leur clientèle que les produits sont dangereux et recommandent de ne pas s'aventurer dans le jardin pour une journée ou deux. Cependant, ajoute M. Sokolski, ils pulvérisent les pesticides résiduels chez deux ou trois voisins qui, eux, ne sont pas avertis. On ne se soucie pas du risque que le vent fasse dériver les substances antiparasitaires dans une piscine, un lac ou une rivière.

Doses trop fortes

Le problème dans l'utilisation des pesticides, c'est que les gens considèrent que les produits sont efficaces uniquement à forte dose.

M. Courtin affirme que présentement au Québec les entrepreneurs à forfait de vaporisations de pesticides ne sont soumis à aucune forme d'inspection, de contrôle ou de surveillance. Il estime que ces soi-disant spécialistes en vaporisation de produits phytosanitaires dans les agglomérations urbaines devraient être soumis à un contrôle pour la protection de la population puisqu'il y a là un danger très net pour les citadins. Il faudrait, pour avoir l'autorisation d'effectuer des traitements de protection des cultures et des plantes dans les villes, exiger des préposés aux pulvérisations ou épandages qu'ils suivent un cours de base intensif, puis soient munis d'un permis approprié avant de pouvoir exercer leur métier. De plus, ces traitements devraient être faits sous la surveillance d'agronomes, de technologues ou autres professionnels compétents dans le domaine.

M. Sokolski va plus loin, puisqu'il insiste pour que les gens déjà établis dans ce commerce suivent un cours et détiennent un permis.

Ainsi, lorsque la recommandation du fabricant indique la proportion d'une once de produit par 100 gallons d'eau, leur réaction, après avoir versé cette once dans le réservoir, est de se dire que cela ne se peut pas qu'aussi peu de produit soit efficace.

Pour sa part, l'agronome Courtin révèle qu'il a été à même de constater que plusieurs individus qui utilisent ces produits de façon régulière, dans les entreprises agricoles de quelque taille que ce soit, ont tendance à lever le coude pour qu'il y ait plus de produit que recommandé dans le réservoir. C'est aussi une erreur qui est commise couramment dans l'utilisation des produits domestiques. «Mais, lorsque l'on connaît les doses léthales de produits comme le cygon, le diazinon et autres insecticides organophosphorés, et qu'on voit qu'ils sont employés presque comme du sucre en poudre, à ce moment je me demande s'il n'y a pas lieu de faire excessivement attention et spécialement au niveau des gens qui se servent de ces composés sur le plan commercial.»

Aucune surveillance

«Il faut que les autorités compétentes décident sans plus tarder qu'à partir d'une certaine date tous les individus concernés, qu'ils soient déjà dans le métier ou qu'ils veulent y accéder, doivent se qualifier. Il est urgent que tous ces gens soient parfaitement au courant des produits qu'ils emploient et non pas, comme cela existe à l'heure actuelle, qu'ils soient simplement mis en garde par une étiquette qu'ils ne lisent à peu près jamais.» Il souhaite, que le Québec imite bientôt l'Ontario qui a légiféré afin d'obliger toute personne qui effectue des traitements de protection des cultures contre leurs ennemis, mauvaises herbes, insectes et maladies, à suivre un cours intensif sur l'usage des produits phytosanitaires dès qu'il s'agit d'une entreprise commerciale. «Il est difficile de faire surveiller ou contrôler l'usage de ces matériaux par un particulier, disons un amateur de jardinage afin de protéger ses cultures. Ceux qui sont sérieux et conscients des risques possibles qu'ils prennent en achetant ces produits se doivent d'obtenir des renseignements pertinents auprès d'organismes gouvernementaux ou autres et de spécialistes qui ont la compétence nécessaire pour bien informer le public.»

Cet agronome laisse entendre, d'autre part, concernant les diverses législations sur les produits antiparasitaires, que la loi fédérale qui s'y rapporte ne concerne que leur composition et les normes de fabrication. Quant au Québec, il n'existe aucune loi précise concernant l'usage des pesticides sauf que l'article 20 de la Loi sur l'environnement rend passible de poursuites un individu ou une société qui menace l'équilibre de l'environnement. Il faut une plainte particulière dans chaque cas de mauvais usage des pesticides. Par ailleurs, si la Commission de la santé et sécurité au travail peut poursuivre un employeur qui ne fournit pas le matériel pour une protection adéquate ou qui n'avertit pas son technicien, ladite Commission n'agit que sur plainte de ce dernier, semble-t-il.

Position des ministères

Il appert, selon les démarches effectuées par M. Sokolski pour obtenir que l'usage des pesticides en milieu urbain soit restreint sans plus tarder à des individus avertis, qu'au niveau du gouvernement fédéral, ce qui touche l'application des pesticides ne le concerne pas, sauf s'il s'agit de résidus dans l'alimentation.

L'équipement d'un entrepreneur en arrosages à forfait pour les jardins est simple. Le matériel se résume à un camion, un réservoir à pesticides, un compresseur, des boyaux, des extensions et des jets pour appliquer les produits chimiques contre les mauvaises herbes, les insectes et les maladies des plantes.

Les produits employés par les arroseurs à forfait sont, dans la majorité des cas, résiduels.

1) **Insecticides**	DL 50 orale	DL 50 cutanée (mg/kg)	Toxicité aux abeilles
020.			
- Malathion	885	4000	très toxique
- Azinphosméthyl	13	220	très toxique
- Carbaryl	307	2000	le plus toxique
- Dimethoate	250	150	très toxique
- Méthoxychlore	5000	2820	modérément
2) **Herbicides**			
- Mécoprop	930		
- 2,4 — D	375		
3) **Fongicides**			
- Captan	9000		non toxique

Pour ce qui est du gouvernement du Québec, le ministère de l'Environnement est conscient du problème. Toutefois, les porte-parole de ce ministère considèrent qu'une législation ne peut pas prendre place à ce niveau. Ils préconisent l'éducation des utilisateurs (et cela comprend les agriculteurs) par des séries de cours et l'établissement d'un code d'éthique professionnelle. Le code d'éthique imposerait une utilisation plus rationnelle des pesticides et supprimerait les arrosages intempestifs et souvent inutiles. Soulignons que le ministère de l'Environnement attend, par conséquent, les plaintes individuelles et tente de mettre sur pied un programme de cours pour les utilisateurs.

Popularité des plantes

Le développement extraordinaire de la culture des plantes par les citadins, au Québec, a entraîné une utilisation considérable des produits phytosanitaires. De plus en plus les amateurs de jardinage tiennent à ce que leur jardin soit superbe, avec des plantes bien saines et vigoureuses.

Ils veulent, en outre, protéger ces végétaux puisqu'ils représentent un investissement assez coûteux, mais pas au risque de voir leur santé menacée par les effets nocifs de produits chimiques. Il importe donc que les entrepreneurs en vaporisation et leurs employés possèdent au moins un minimum de connaissances sur les produits qu'ils utilisent. Ils devraient, de plus, être soumis à une protection individuelle obligatoire et avoir l'obligation stricte de remettre à chacun de leurs clients une mise en garde écrite contenant la description des produits utilisés. Compte tenu du risque toujours existant de dérive des pesticides dans des endroits non directement visés, une liste restreinte de produits doit être établie. Il est aussi souhaitable qu'il y ait un contrôle efficace basé sur les différents points mentionnés précédemment. Il faudrait, d'autre part, que les sociétés d'horticulture et d'écologie s'intéressent activement à ce grave problème des vaporisations de jardins en milieu urbain par des gens non qualifiés et qu'elles unissent leur action afin de sensibiliser la population pour que l'utilisation commerciale des produits phytosanitaires ne constitue pas, dans nos villes et villages, un risque pour la santé des citoyens.

Plantez des groseilliers et obtenez des fruits de qualité

La plantation des groseilliers, dans un sol franc ou argileux, profond, ameubli, riche en matière organique, s'effectue de préférence à l'automne puisque ces arbustes fruitiers mûrissent tôt et commencent à pousser dès le début du printemps. La plantation peut aussi se faire au tout début du printemps. Il faut choisir des plants de 1 ou 2 ans, dont on rabat les cimes de 6 à 8 pouces, en plus d'enlever les racines brisées et de réduire d'un tiers environ les racines devenues trop longues. Il est recommandé de faire tremper les systèmes radiculaires dans une solution d'engrais de transplantation (10-52-10) durant quelques secondes avant d'installer les plants dans l'excavation. Les groseilliers produisent plus de bois qu'il n'en faut. La taille consiste à ne laisser que les rameaux vigoureux qui portent des fruits. Il faut enlever les tiges devenues trop vieilles et les nouvelles qui sont trop tassées ou trop faibles. La taille doit se faire à l'automne ou au commencement de l'hiver, ou encore très tôt au printemps.

Autant que possible, cherchez à obtenir une cime ouverte; cela facilite la cueillette et ajoute de la qualité aux fruits.

OCTOBRE

L'automne marque le début de l'année pour le jardinier

À l'automne, les plantes du jardin semblent pardonner l'absence de soins à ceux qui devaient se préoccuper constamment de leur bien-être et leur procurer tout ce dont elles avaient besoin pour une croissance normale: un bon sol, les arrosages, la fertilisation, une protection adéquate contre les insectes et les maladies. Toutefois, elles apprécient un minimum d'attention à cette saison.

Plusieurs facteurs se combinent alors pour faciliter le jardinage: des journées fraîches, mais agréables, des nuits assez froides, mais sans gel profond, un sol réchauffé par les mois d'été et bien pourvu de bactéries utiles, des précipitations qui humectent bien le sol. Il est encore temps de planter ou transplanter des plantes ligneuses, arbres et arbustes, car le sol facilite un enracinement rapide, parce qu'il est friable, poreux, riche en matière organique, avec une flore bactérienne très nombreuse et active.

L'engrais de protection hivernale, comme la formule 4-9-15 incorporé présentement au sol est vite rendu assimilable par les plantes grâce à l'action des bactéries.

De leur côté, les amateurs de jardinage sont en pleine forme et ont amélioré leurs techniques et méthodes au cours de la belle saison. C'est l'époque où normalement ils aiment analyser le résultat de leurs divers travaux horticoles et dresser des plans pour une autre année de culture des plantes.

Pourquoi ne pas profiter de l'occasion pour se procurer, au plus tôt, quelques bons arbres et arbustes dans une pépinière ou jardinerie?

Plantation et transplantation

La plantation ou transplantation de conifères ne pose pas de problème. Il suffit de bien entourer les racines d'une motte du sol où ces plantes ont poussé et d'envelopper cette masse dans du jute afin que les petites racines nourricières demeurent en contact avec cette terre.

La situation est la même pour des arbres et arbustes feuillus dont les racines sont environnées de terre dans un pot biodégradable. Cependant, pour ce qui est des plants à feuilles caduques (qui perdent leurs feuilles à l'automne) et dont les racines sont nues, c'est-à-dire non entourées de sol, il est indispensable d'attendre que les feuilles soient tombées avant de procéder à la plantation ou à la transplantation, bien qu'il importe, par ailleurs, de ne pas trop attendre lorsque le sol gelé rend l'installation de ces plantes aléatoire et par trop risquée.

Rappelons la nécessité de creuser une excavation qui soit deux fois aussi profonde et aussi large que l'ensemble des racines du plant. Cette fosse doit être remplie d'un bon sol de surface (terre franche) riche en humus et bien pourvu d'éléments nutritifs. Au fur et à mesure que du sol est versé sur les racines, il est recommandé de l'arroser avec une solution d'engrais spécial de transplantation (la formule 10-52-10).

Ceci peut stimuler la multiplication des radicelles et un enracinement rapide, tout en évitant la présence de poches d'air. Le travail se complète en tassant bien le sol et en installant un tuteur.

La pelouse

Les herbes à gazon profitent au maximum d'une fertilisation de fin de saison, tout comme d'ailleurs les arbres et arbustes (feuillus et conifères) déjà établis. La formule complète 4-9-15 est toute désignée à cette fin. Mais là encore, il est très important de ne pas trop retarder l'épandage, de tirer parti de la présence bénéfique de millions de bactéries dans le sol prêtes à rendre possible l'assimilation rapide des éléments nutritifs par les végétaux. Le gazon doit être coupé jusqu'à ce que le sol gèle en profondeur. Les rognures d'herbes sont ramassées et ajoutées au tas de compost où l'on dépose également les autres débris végétaux finement hachés, feuilles, tiges, fleurs, etc.

Le compostage est un processus simple et efficace permettant, à un coût ridiculement bas, de se fabriquer une quantité intéressante de matière organique.

L'automne est par excellence l'époque où fournir au sol une provision nécessaire de matière organique. Le compost est à la fois une source précieuse d'humus et un excellent paillis pour protéger, entre autres, les vivaces dans les plates-bandes et les rocailles.

(PHOTO MALAK)

Amendement du sol

Puisqu'il est question de matière organique, mentionnons que l'automne est par excellence l'époque où incorporer de la matière organique au sol du potager, des plates-bandes et bordures, etc., l'enrichir en humus et l'amender ou le corriger s'il est trop lourd (glaiseux) ou trop léger (sablonneux). Servez-vous de fumier de ferme, de fumier déshydraté, de compost, de tourbe horticole ou autre matériau similaire.

D'autre part, pourquoi ne pas prélever des échantillons du sol des divers secteurs ou différentes cultures de votre terrain ou jardin afin d'en connaître la composition, le degré d'acidité, les déficiences possibles en certains éléments? L'analyse vous révélera ce que vous devez faire pour bien réussir votre jardinage, par exemple, si vous devez ajouter de la chaux ou acidifier votre sol et quelle fertilisation est nécessaire.

Bulbes et protection

Rien n'est plus déconcertant et déprimant, au printemps, qu'un parterre sans fleurs, sans couleurs, après les longs mois ternes de l'hiver. Toutefois, il y a une formule magique, peu coûteuse et efficace, pour se donner un printemps radieux de coloris et de gaieté; c'est la plantation, à l'automne, de bulbes hollandais à floraison printanière, comme les crocus, scilles, muscaris, jacinthes et tulipes. Plantés ce mois-ci, ces bulbes rustiques s'enracineront avant de s'endormir pour l'hiver pour se réveiller radieux lorsque le sol n'est pas encore complètement libéré de la neige.

Un peu plus tard vous devrez vous préoccuper de protéger vos plantes contre les dommages de l'hiver. Le sol, autour des plants, sur les plates-bandes et dans les rocailles est recouvert d'un épais paillis (paille, feuilles hachées, tourbe horticole); on installe des abris et des écrans protecteurs des vents violents et des accumulations de neige et de verglas.

Dans bien des cas, outre les clôtures à neige, il est avantageux d'utiliser des enveloppes ou couvertures de jute. Ces écrans sont particulièrement utiles pour éviter le dessèchement des conifères qui, d'ailleurs doivent être généreusement pourvus d'eau à l'automne, jusqu'à ce que le temps empêche l'arrosage.

Préparez le printemps maintenant par l'achat de bulbes rustiques

Ce sera bientôt le temps de la plantation des bulbes à floraison printanière. Déjà, afin d'approvisionner les jardiniers amateurs désireux de préparer cet automne leurs plates-bandes, bordures et rocailles, les jardineries, pépiniéristes et grainetiers ont importé des millions de bulbes rustiques, tulipes, narcisses, jacinthes, crocus, etc., des Pays-Bas.

Mais pourquoi doit-on planter ces bulbes à l'automne afin d'avoir des fleurs en avril et mai? Tout simplement parce que pour stimuler la croissance de leurs racines il est indispensable que les bulbes soient soumis à de basses températures. Ainsi, à la fin de l'hiver, plusieurs mois après que les racines ont commencé à se développer, les petites tiges qui formeront les plants commencent à émerger du bulbe.

Pour avoir ces fleurs printanières que sont crocus, narcisses, tulipes et autres bulbes rustiques, il faut entreprendre leur plantation dès le début du refroidissement du sol. La meilleure période de plantation se situe entre la fin de septembre et le moment où le gel pénètre dans le sol.

Plantation réussie

Il est intéressant de souligner que de récentes recherches ont démontré que l'on obtient de bien meilleurs résultats en plantant les bulbes dans une tranchée plutôt que de procéder à une plantation dans des trous individuels puisqu'il est plus facile de les installer à une hauteur et un espacement uniformes.

Avant de procéder à la plantation il est recommandé de bêcher et d'émietter le sol à une profondeur de 12 pouces (30 cm) et, si le sol est lourd (glaiseux), d'ajouter de la tourbe horticole ou du sable grossier pour le rendre plus poreux, plus friable. On peut aussi incorporer de la chaux dolomitique au sol afin d'ajuster son degré d'acidité, ou pH à 6,5. Il est bon, en outre, d'ajouter une petite quantité, 30 grammes, de poudre d'os et 20 grammes d'engrais granulaire complet, comme la formule 4-12-8, par mètre carré de plantation.

Autres précautions

La tranchée ou excavation doit être profonde d'environ 8 pouces (20 cm) pour les gros bulbes (tulipes et narcisses) et de près de 4 pouces (10 cm) pour les petits bulbes. L'espace entre les gros bulbes est de 6 pouces (15 cm) et de 3 pouces environ (8 cm) pour les petits bulbes.

On épand suffisamment de bon terreau au fond de l'excavation pour que la pointe (sommet) des gros soit à 6 pouces (15 cm) sous la surface du sol, et à 3 pouces environ (8 cm) pour les petits. Les bulbes sont ensuite recouverts de sol et arrosés généreusement. Puis, après le premier gel, on place un paillis épais, soit une couche de 4 pouces (10 cm) de copeaux d'écorce de pin, de feuilles mortes hachées, de rognures de gazon ou de tourbe horticole afin de conserver l'humidité du sol et d'y maintenir une température uniforme.

Un vaste choix

Lorsque les préparatifs sont terminés et que l'on est prêt pour la plantation, c'est l'aspect le plus intéressant de la culture des bulbes à floraison printanière qui commence: quelles espèces et quelles variétés choisir? Où les planter?

Qui ne connaît pas les magnifiques narcisses avec leurs fleurs en forme de trompette de diverses teintes de blanc, jaune, orange et pêche? Ces bulbes sont plantés d'une façon formelle,

D'heureux résultats sont atteints en plantant diverses espèces de bulbes hollandais. On voit ici une très jolie bordure où narcisses, tulipes et jacinthes sont combinés pour produire un magnifique effet de couleurs harmonieuses.

(PHOTO MALAK)

en rangées régulières, ou encore cà et là, en massifs ou groupes libres, irréguliers, naturels, comme si ces narcisses étaient installés par propagation naturelle dans une pelouse ou sous un arbre, par exemple.

Les tulipes

Il existe plusieurs groupes et une multitude d'espèces et de variétés de tulipes aux couleurs ou teintes les plus diverses. On a vraiment l'embarras du choix. Les plus petites tulipes sont les tulipes botaniques, comme les Fosteriana, les Greigii et les Kaufmanniana, qui devraient être plantées en groupe d'une même espèce dans une bordure ou une rocaille.

À l'autre extrémité, par rapport à la hauteur, se trouvent les tulipes Darwin, les plus populaires, en raison de la longueur et de la rigidité des tiges, de la grandeur et de la qualité des fleurs et de leurs superbes coloris.

Par ailleurs, entre les tulipes botaniques et les Darwin se trouvent des groupes de bulbes fort intéressants, les tulipes doubles tardives qui ressemblent à des pivoines, les tulipes à fleurs de lis dont les fleurs ont une forme particulièrement élégante et les tulipes perroquet, une espèce remarquable, avec de grandes fleurs aux pétales pointus et dentés. Toutes ces tulipes se plantent avantageusement en massifs.

Les jacinthes et les petits bulbes

Les jacinthes hollandaises sont très appréciées pour leurs très belles fleurs parfumées, de couleurs très vives. D'autre part, il ne faut pas oublier les petits bulbes à floraison hâtive. Qui ne connaît les crocus, qui annoncent la venue prochaine du printemps? Et que dire des chionodoxes (gloire de neige) dont les gracieuses fleurs sont bleues avec un centre blanc? Les fleurs des éranthes divers, jaune vif et très précoces, rivalisent de beauté avec les Galanthus ou perce-neige, qui sont extra précoces. Les scilles de Sibérie, dont les petites fleurs ressemblent à des cloches, fleurissent ensuite. Elles vont d'ailleurs fort bien avec les muscaris-raisin, qui sont plantés en groupe ou massif dans les bordures ou rocailles.

Excellente floraison

Quels que soient les types, groupes, espèces ou variétés de bulbes plantés, il ne faut pas négliger certaines précautions si l'on veut que leur floraison se répète d'une année à l'autre. En premier lieu, on doit les fertiliser avec un engrais complet, tel le 4-12-8, dès que les nouvelles pousses apparaissent au printemps. Cela leur donne une nouvelle vigueur quand arrive leur période de croissance la plus active.

Ensuite, aussitôt que les fleurs commencent à se faner, coupez leur tige sous les pétales. Ne coupez pas les feuilles avant qu'elles ne commencent à jaunir.

Lorsqu'elles sont vertes, elles aident, par photosynthèse, le bulbe à reconstituer sa provision d'éléments nutritifs pour la prochaine saison.

Un peu de travail à l'automne, une longue attente durant l'hiver, puis c'est l'éclatante beauté d'une fastueuse floraison qui embellit le printemps.

Menez la lutte contre les mammifères ravageurs

Avant d'avoir recours à un ou à des poisons contre les mammifères, il est préférable de savoir quel est le ravageur et s'il est encore présent sur les lieux des dépradations. Tout d'abord, il faut bien observer le site des dégâts, chercher des traces fraîches du passage du ravageur, puis repérer son terrier ou autres ouvertures et les bloquer avec de la terre. Comme mesures préventives, il faut tenir son terrain très propre, éviter les amas de branches, de bois, etc. La pelouse doit être tondue fréquemment. Évitez les accumulations de foin et de mauvaises herbes aux abords du terrain. Ramassez les feuilles tombées. On sait, par ailleurs, que le chat est un excellent auxiliaire dans la lutte contre les rongeurs. Il y a un répulsif à base de Thiram, l'Arborgard par exemple, qui donne de bons résultats. On l'applique tard à l'automne, lorsque la température est supérieure à 5 degrés C. D'autre part, les appâts enrobés de scille rouge, déposés aux abords du terrain, avant la première neige, donnent d'excellents résultats. La scille rouge est un poison spécifique pour les rongeurs et il n'est pas dangereux pour les humains, les animaux domestiques et les oiseaux.

La rhubarbe et les roses trémières sont peu exigeantes

Même si la *rhubarbe* est un légume vivace qui se cultive facilement dans tous les jardins et produit de bonnes récoltes dans des terrains peu propices à d'autres cultures potagères, il ne faut pas oublier qu'elle exige un sol profond, friable, poreux, exempt de mauvaises herbes, bien drainé, riche en éléments nutritifs et en matière organique. Avant la plantation, qui s'effectue de préférence en octobre, sinon au printemps, il est recommandé d'engraisser le terrain avec du compost Fertox, à raison d'un sac de 30 livres par 100 pieds carrés. Pour les plants déjà établis, épandez du compost Fertox entre les plants. Il est très important, en outre, après la récolte, de faire une application d'engrais complet, formule 4-12-8, à raison de 3 livres par 100 pieds carrés pour les sols sablonneux et de 1 livre et demie par 100 pieds carrés dans le cas de sols glaiseux. Il ne faut pas oublier d'enlever les tiges porteuses de graines dès qu'elles font leur apparition, afin de conserver toute la vigueur aux plants. La meilleure façon de multiplier les plants de rhubarbe est la suivante:

Les souches sont divisées en touffes de 4 ou 5 turions chacune, à l'automne. Ces touffes sont installées, à 4 pieds l'une de l'autre, dans des trous de 12 à 15 pouces de profondeur. On sait qu'un turion est un bourgeon souterrain formé à fleur de terre par une plante vivace. Les racines de chaque touffe doivent être bien étendues dans la fosse ou excavation. L'année qui suit la plantation voit une récolte presque nulle. Une plantation bien faite peut rapporter trois ou quatre bonnes récoltes. Ensuite, il est recommandé de renouveler la plantation, de préférence en se procurant des nouvelles raines (touffes) de qualité.

Les *roses trémières* sont des plantes bisannuelles qui exigent l'exposition au froid de l'hiver afin de pouvoir, par la suite, donner une floraison. Cet effet spécial qui communique à la plante l'aptitude à fleurir se nomme la vernalisation. Ainsi, ces plantes doivent êtres semées en été ou en automne. Il est très important de surveiller leur croissance pour qu'elles ne produisent pas de fleurs à l'automne ou une abondance de feuilles tendres qui ne résisteraient pas aux rigueurs de l'hiver. Il est conseillé, en outre, de recouvrir le sol autour des plants avec un paillis, de la paille hachée, des écales de sarrazin, de la tourbe horticole ou autre matériau organique du même genre.

Les petits bulbes doivent être plantés sans plus tarder

Qui ne désire pas avoir un jardin plein de couleurs dès le début du printemps? Il existe un moyen simple, efficace, peu coûteux et durable d'obtenir ce résultat, c'est la plantation, dès la mi-septembre, de petits bulbes, crocus, chionodoxes, scilles de Sibérie et autres. Ces plantes minuscules aux magnifiques coloris sont les précurseurs de la saison de jardinage. Même lorsque la neige recouvre encore le sol, elles sortent courageusement du sol pour annoncer le printemps qui vient.

Ce sont des plantes permanentes très avantageuses à cultiver. En premier lieu, elles exigent très peu d'espace, ce qui est particulièrement important pour un petit terrain urbain. Elles sont très utiles dans une rocaille, ainsi qu'au premier plan d'une bordure de plantes herbacées. Incidemment, comme ces bulbes rustiques produisent les premières fleurs printanières, il est recommandé de les planter à proximité de la maison.

Leur plantation est facile et rapide. Il suffit de les planter à trois pouces de profondeur dans le sol. Ajoutons qu'ils sont peu coûteux et que l'on peut compter sur eux pour une abondance de

Au tout début du printemps les crocus égaient le paysage même lorsqu'il y a
encore de la neige sur le sol.

(PHOTO MALAK)

fleurs dès le début du printemps, s'ils sont plantés dès les
premiers jours d'automne.

Peu de soins

Bien qu'ils n'exigent que peu de soins, ces bulbes hollandais donnent de merveilleux résultats avec un minimum de
précautions techniques. Ainsi, pour obtenir de bons résultats,
plantez-les dans une terre franche (bon sol de surface) légèrement sablonneuse et bien drainée. Évitez de les placer en
rangées bien droites. Vous obtiendrez un bien meilleur effet si
vous les installez en groupes ou en massifs, douze au minimum
d'une même variété, en les espaçant de deux à trois pouces
selon leur grosseur.

À travers la neige

Les premiers petits bulbes à faire leur joyeuse apparition, même à travers la neige qui recouvre encore le sol, sont les chionodoxes (gloire de la neige), avec les galanthus (perce-neige) et les scilles de Sibérie. Leurs jolies fleurs blanches et bleues sont une vraie bénédiction, ainsi que les fleurs jaune vif des éranthes d'hiver, à une époque de l'année où l'on a si hâte de voir revenir enfin le printemps.

Multiplication rapide

Les muscaris raisin, qui ressemblent à de minuscules jacinthes, sont très précoces et extrêmement florifères. Ces petits bulbes sont les favoris de bien des jardiniers amateurs, à cause de leur belle floraison, et aussi parce qu'ils se multiplient rapidement pour former des colonies qui deviennent des massifs de fleurs. Selon la variété, les fleurs sont bleu ciel ou blanc pur. Le mieux connu et le plus fréquemment planté parmi toutes les petites plantes bulbeuses à floraison printanière est le crocus, dont les fleurs ont des teintes bleues, pourpres, blanches, lilas et jaune vif.

Les crocus produisent leur meilleur effet plantés par grands massifs dans un site ensoleillé.

Tous ces petits bulbes annoncent la venue d'autres plantes bulbeuses rustiques, jacinthes, narcisses et tulipes, dont la fastueuse floraison accompagne gaiement le printemps.

centre jardin
HAMEL

4029, boul. Hamel, Ancienne-Lorette, **872-9705**
2030, boul. des Chûtes, Beauport, **664-0945**

BOUTIQUE FLEURISTE
872-9719

- Plantes d'intérieur – extérieur
- Accessoires de jardinage

OUVERT À L'ANNÉE, 7 JOURS PAR SEMAINE

Préparez un printemps odoriférant par la plantation de jacinthes

Pour son parfum, la jacinthe est unique et sans rivale parmi les bulbes à fleurs rustiques qui décorent le jardin printanier. Elle constitue le complément idéal des narcisses et des tulipes, parce qu'elle est le seul gros bulbe à floraison printanière qui produise des fleurs vraiment bleues. De plus, après plusieurs centaines d'années, l'hybridation par les Hollandais a produit aussi une multitude de couleurs, du lilas au rose et à l'orange, en passant par le blanc.

Mais ce qu'elle a de plus extraordinaire, ce n'est pas tant les couleurs vives de ses fleurs que leur parfum capiteux. Aucun bulbe à fleurs ne répand un parfum aussi pénétrant, une senteur aussi douce. Son arôme est incomparable pour évoquer la venue prochaine du printemps.

Un parfum subtil

Il est à signaler que durant plusieurs années les parfumeurs ont travaillé à extraire de façon économique l'essence aromatique de jacinthe.

Toutefois, ces petites fleurs se sont avérées trop délicates. Il existe, évidemment, des imitations du parfum de la jacinthe, mais la seule façon de connaître vraiment son odeur subtile c'est d'en planter les bulbes à l'automne, pour qu'ils fleurissent au printemps et embaument l'atmosphère.

Les très belles fleurs parfumées de la jacinthe en ont fait une favorite des jardiniers depuis des centaines d'années. Aussi loin qu'au XIIIe siècle, le poète perse Saadi a attiré l'attention des gens sur elle, en recommandant, dans un poème, à celui que les dieux et la chance abandonnent, s'il ne lui reste que deux pains, d'en vendre un et d'acheter avec l'argent des jacinthes «pour nourrir son âme».

Anciennes légendes

Les Grecs appréciaient aussi le charme irrésistible des jacinthes. Ils aimaient tant ces fleurs odoriférantes qu'ils ont créé plusieurs légendes pour expliquer l'origine de ces bulbes à floraison printanière.

Selon un mythe, la fleur est née du sang de Hyacinthe, un joli mortel qui avait attiré les regards d'Apollon, ce qui avait soulevé la passion jalouse d'Éole, dieu des vents. Un jour que

Hyacinthe et Apollon lançaient le disque, Éole suscita des vents si violents que le disque de Hyacinthe revint sur lui et le blessa mortellement au front. Plein de chagrin de la perte de son ami, Apollon fit apparaître des jacinthes pourpres là où les gouttes de sang de l'éphèbe étaient tombées.

Origine lointaine

La mythologie raconte encore que les premières jacinthes sont nées du sang versé par l'héroïque Ajax durant la guerre de Troie.

Des théories plus scientifiques concernant l'histoire de cette fleur révèlent qu'elle est probablement originaire d'Asie mineure, particulièrement de Turquie et de Perse (maintenant l'Iran). Les jacinthes, qui étaient cultivées par les Perses depuis longtemps, ne furent «découvertes» qu'au XVIe siècle par les Européens.

Toutefois, elles devinrent rapidement populaires, à un tel point qu'au XVIIIe siècle l'Europe connut une véritable folie pour les jacinthes. L'on vit alors, en Hollande et en Angleterre, certains spécimens se vendre pour des sommes fabuleuses.

Dans tous les jardins

De nos jours toutefois, les jacinthes sont des fleurs que tous peuvent acheter et sans lesquelles aucun jardin printanier n'est complet. Les épis serrés de fleurs délicates s'épanouissent en plusieurs teintes différentes, qui conviennent à tous les types de jardins; leur forme dense crée un contraste agréable avec la taille élancée des tulipes et des narcisses. Versatile et distinguée, la jacinthe convient aussi bien aux aménagements sans prétention qu'aux plates-bandes classiques.

De plus, c'est l'un des bulbes les plus faciles à cultiver. Elle fleurit, même si par inadvertance on l'a plantée la pointe en bas. C'est aussi un bulbe qui se prête bien au forçage, à l'intérieur, durant l'hiver.

Comme dans le cas de tous les bulbes à fleurs, il suffit, pour réussir cette culture, de prendre certaines précautions faciles lors de la plantation. Les bulbes de jacinthes doivent être plantés à l'automne, avant l'arrivée des premiers gels en profondeur. Il faut les planter à une profondeur de 20 cm (8 pouces) ou plus, dans un sol bien égoutté. Bêchez d'abord le sol, puis incorporez de la tourbe horticole, du sable ou de la vermiculite, si le sol est lourd, glaiseux. La poudre d'os (2-11-0) ou un autre engrais riche en phosphore, en magnésium et en calcium, comme la formule 4-12-8, devrait aussi êre ajouté afin de four-

En raison de son parfum sans pareil, plusieurs jardiniers amateurs considèrent la jacinthe hollandaise comme l'un des éléments essentiels du jardin au printemps.

(PHOTO MALAK)

nir les éléments nutritifs nécessaires au bulbe durant les mois d'hiver.

Lorsque le sol a été bêché et fertilisé, installez les bulbes, la pointe vers le haut, en les espaçant de 15 cm (6 pouces) environ. Recouvrez ensuite les bulbes d'une couche de sol d'environ 10 cm (4 pouces) d'épaisseur et arrosez généreusement pour empêcher la formation de poches d'air et tassez bien le sol sur les bulbes, pour fournir l'humidité nécessaire à l'enracinement de ces bulbes.

Recouvrez ensuite les bulbes d'une deuxième couche d'environ 10 cm (4 pouces) de sol, puis ajoutez un paillis de 8 cm (3 pouces environ) d'épaisseur ou plus et arrosez de nouveau. Arrosez régulièrement jusqu'à l'arrivée des premières gelées. Il suffit, après cela, d'attendre jusqu'au printemps, pendant que dame Nature s'occupe de l'enracinement et de la germination des bulbes.

Lorsque les premières tiges de jacinthes percent à travers le sol, au début du printemps, le moment est venu de les fertiliser à nouveau, mais avec un engrais riche en azote et en potasse, comme les formules 14-7-14 ou 21-3-9. Les pluies printanières vont entraîner les éléments nutritifs dans le sol, jusqu'aux racines des bulbes.

Après la période de floraison, enlevez les fleurs fanées, mais laissez le feuillage jusqu'à ce qu'il tourne au jaune. En effet, ces feuilles, sous l'effet de la lumière solaire (photosynthèse) accumulent la nourriture nécessaire au bulbe pour la prochaine floraison.

La culture des jacinthes ne pourrait être plus facile. Elle est tellement aisée, en fait, que l'on serait porté à croire que cette fleur vigoureuse pousse seule, sans aucun soin.

Cependant lorsqu'il s'agit de cultiver les jacinthes, comme dans bien d'autres tâches, il est opportun de suivre l'exemple des Grecs de l'antiquité et de donner à ces fleurs extraordinaires tous les soins qu'elles méritent si bien.

Enfin, des rosiers et des arbustes à fleurs convenant à notre climat

Les amateurs de jardinage seront sans aucun doute heureux d'apprendre qu'un programme à long terme de la station de recherches du ministère de l'Agriculture du Canada, à Ottawa, sur les rosiers et les arbustes à fleurs a été couronné de succès. Après plusieurs années de recherches, le Dr Felicitas J. Svejda, Ph.D., phytogénétiste, a réussi la création de six variétés canadiennes de rosiers vivaces, de deux seringas, d'une forsythie et d'un diervillée. Ces cultivars remarquables, caractérisés par leur résistance au froid et aux maladies les plus répandues, produisent des fleurs en abondance.

Rosiers exceptionnels

Les nouveaux rosiers, homologués officiellement pour la reproduction commerciale, possèdent les intéressantes caractéristiques suivantes: survie aux hivers très rigoureux avec très peu de neige pour les protéger, forte résistance à la tache noire et au blanc, ainsi qu'une floraison abondante et continue.

Voici une brève description de ces rosiers, qui se multiplient facilement par bouture de rameaux tendres et dont la production commerciale devrait normalement procurer des revenus substantiels aux rosiéristes canadiens.

Le rosier *Jens Munk,* un hybride du *Rosa rugosa,* est issu d'un croisement des cultivars Schneezwerg et Frau Dagmar Hartopp. Il porte des fleurs rose moyen très parfumées, de 6 à 7 cm de diamètre, munies d'environ 25 pétales. Ce plant est vigoureux et atteint une hauteur de 1,5 à 2 m, et un diamètre de 1,5 m.

Le *David Thompson,* un hybride du *Rosa rugosa,* provient d'une pollinisation libre. Le parent femelle est issu du Schneezwerg et du Frau Dagmar Hartopp. Le David Thompson a des fleurs très parfumées, de teinte rouge moyen. Leur diamètre est de 7,5 cm et elles sont munies d'environ 25 pétales. C'est un plant de taille moyenne qui atteint une hauteur et un diamètre de 1,2 m.

Le *Henry Hudson,* un hybride du *Rosa rugosa,* a été obtenu par une pollinisation libre du cultivar Schneezwerg.

Il se couvre de fleurs blanches très parfumées, nuancées de rose comme les fleurs de pommier, de 6 à 7 cm de diamètre, ayant environ 20 pétales. C'est un plant nain équilibré qui atteint une hauteur de 0,5 à 0,7 m et un diamètre de 1 m.

Le rosier David Thompson est très rustique. Il fleurit abondamment pendant tout l'été et se montre très résistant à la tache noire et au blanc.

Le rosier Jens Munk est exceptionnel par sa rusticité et sa résistance à la tache noire et au blanc. Il produit une abondance de fleurs en juin et juillet, et à nouveau en août. À l'automne, il est orné de fleurs et de cynorrhodons rouges très attrayants.

Snowbelle est une superbe variété demi-naine de seringa provenant du croisement de Philadelphus virginal et de Manteau d'hermine. Sa floraison est d'un blanc éclatant.

Le *Martin Frobisher,* un hybride du *Rosa rugosa,* résulte d'une pollinisation libre du cultivar Schneezwerg. Il a des fleurs rose tendre très parfumées, de 5 à 6 cm de diamètre, avec environ 40 pétales. C'est un plant vigoureux, équilibré, qui atteint une hauteur de 1,5 à 2 m, ainsi qu'un diamètre de 1,5 m. L'écorce est brun rougeâtre et l'extrémité des ramifications est inerme.

Le *John Cabot* est un hybride du *Rosa kordesii,* sorti d'un croisement du *Rosa kordesii Wulff* et d'un plant rustique. Ses fleurs rouge moyen très belles et très parfumées, ont 7 cm de diamètre et portent environ 40 pétales. À Ottawa, c'est un rosier primpant qui possède de robustes ramifications arquées atteignant de 2,5 à 3 m de longueur.

Le *John Franklin* est produit par le croisement du rosier floribond Lilli Marlene avec un plant rustique. Les fleurs sont rouge moyen, parfumées, de 6 cm de diamètre et elles ont environ 25 pétales. Elles sont portées en grappes composées d'un maximum de 30 unités. Ce plant vigoureux atteint une hauteur et un diamètre de 1,2 m.

Très beaux arbustes

Le programme de sélection de deux seringas, d'une forsythie et d'un diervillée, à la Station de recherche d'Ottawa, a pour objet d'améliorer la résistance au froid en même temps que la floraison, les caractéristiques ornementales des fleurs et des arbustes, et enfin la résistance aux maladies les plus répandues. Suivent quelques notes intéressantes sur ces quatre cultivars, créés dans le cadre de ce programme, et qui se propagent aisément par boutures de rameaux tendres. Les seringas *Buckley's Quill* et *Snowbelle* sont rustiques dans la région de Montréal et fleurissent très abondamment. En règle générale, les seringas sont exempts de maladies.

Le Buckley's Quill est issu d'un croisement des cultivars Philadelphus Frosty Morn et Bouquet Blanc. Le Snowbelle provient d'un croisement des cultivars Virginal et Manteau d'Hermine. Les fleurs du Buckley's Quill et du Snowbelle sont blanches, très parfumées et portées en inflorescences compactes. Les fleurs du Buckley's Quill ont 3,5 cm de diamètre et environ 30 pétales. Celles du Snowbelle ont 6 cm de diamètre et environ 8 à 15 pétales. Les pétales en forme de tuyau de plume confèrent au Buckley's Quill une apparence inhabituelle pour un seringa. Le Buckley's Quill atteint une hauteur de 1,5 à 2 m et le Snowbelle est un seringa demi-nain qui atteint 1 à 1,5 m à

Ottawa. Ces arbustes ont besoin d'une légère taille du bois mort chaque printemps.

La *forsythie Northern Gold* a été obtenue par le croisement du *Forsythia ovata Ottawa* et du *Forsythia europoea Degan & Baldacci*. Il n'y a qu'une fleur par tige. Les fleurs sont jaune doré, de 41 mm de diamètre et possèdent un tube corollaire de 23 mm de longueur. Le plant atteint une hauteur de 2 m.

Le Northern Gold se multiplie facilement, aussi bien par boutures de rameaux tendres qu'au moyen de boutures de nouveaux ligneux.

Le *diervillée Minuet* provient d'un croisement des cultivars *Weigela florida purpurea* et *Dropmore Pink*. Les fleurs, légèrement parfumées, ont 3,5 cm de diamètre et un tube corollaire d'une longueur de 4 cm. C'est un cultivar deux tons. Le tube corollaire et l'extérieur de la corolle vont du rouge rubis au rose magenta. Les lobes des pétales varient du pourpre lilas au pourpre magenta.

Les jardiniers amateurs devront patienter encore quelque temps avant d'orner leur jardin avec ces rosiers aux fleurs odoriférantes et ces arbustes rustiques, puisque les nouveaux cultivars seront probablement disponibles pour le public au printemps de 1984. Voici la liste des pépinières du Québec qui seront autorisées à vendre ces plantes: Pépinière Abbotsford, 605, rue Principale, Saint-Paul d'Abbotsford, J0E 1A0; W.H. Perron & Cie. Ltée., 515, boulevard Labelle, Laval, H7V 2T3; La Semence Supérieure, 2051, rue Victoria, Saint-Lambert; Pépinière Raymond Houle, RR1, Saint-Albert, Co. d'Arthabaska, Y0A 1E0.

Dr Felicitas J. Svejda, Ph.D.

Importante contribution à l'horticulture ornementale

Rares sont les scientifiques dont les travaux ont contribué d'une façon aussi marquée et pratique au progrès de l'horticulture ornementale canadienne, à notre époque, que ceux du Dr Felicitas J. Svejda, phytogénétiste à la section des plantes ornementales de la Station de recherche d'Ottawa, ministère de l'Agriculture du Canada. Cet éminent chercheur, originaire de Vienne, Autriche, a obtenu sa maîtrise ès sciences et son doctorat à l'Université d'État pour l'Agriculture et la foresterie, avant de poursuivre des études post doctorales en phytogénétique à la célèbre Association des semences de Svalof, en Suède. Arrivée au Canada, en 1953, Mlle Svejda, est entrée au service d'Agriculture Canada, tout d'abord comme statisticienne, jusqu'en 1960, à la Division des céréales. Depuis 21 ans elle travaille à l'amélioration des plantes ornementales canadiennes. On lui doit déjà six cultivars de rosiers et un diervillée. Elle a, en outre, en coopération avec un autre scientifique canadien, le Dr D.R. Sampson, créé deux superbes variétés de seringas et une forsythie exceptionnelle.

Hâtez-vous d'admirer le superbe spectacle des couleurs automnales

Les forêts du Québec présentent, avec l'arrivée de l'automne, un spectacle féerique. C'est l'époque où le feuillage des arbres à bois dur se pare de riches couleurs, depuis le rouge vif, jusqu'au jaune or, en passant par l'orangé.

Il faut en profiter pour admirer les éblouissants paysages offerts par nos campagnes et régions forestières et photographier ces scènes aux couleurs fastueuses. Cette période où l'on peut, à l'occasion de randonnées hors des villes, dans les régions boisées, profiter de panoramas extraordinairement colorés ne se prolonge jamais outre mesure.

Au cours de la deuxième quinzaine de septembre, les paysages des régions à arbres feuillus où les diverses teintes de vert dominaient durant la belle saison commencent déjà à se transformer. Depuis, le vert, sauf chez les conifères, disparaît peu à peu.

Symphonie de couleurs

Chaque jour qui passe intensifie les couleurs automnales, au fur et à mesure que les arbres se parent de leurs coloris de fin

de saison. Les montagnes qui, dans le lointain, étaient vertes il n'y a que peu de jours sont tachetées d'or. Une lueur rouge va s'accentuant dans les érables à sucre, le fusain (*Euonymus alata*) a, une fois de plus, endossé son superbe manteau rose cramoisi. Cette incomparable symphonie de couleurs est à son apogée durant la dernière quinzaine de septembre.

Certains croient que c'est le froid qui produit le changement de couleur des feuilles à ce temps-là de l'année. Les conditions idéales pour une coloration automnale maximale sont les suivantes: une précipitation convenable au cours de l'été, des réserves de sucre dans les feuilles, de longues périodes ensoleillées et fraîches. En outre, le gel n'est pas essentiel, puisque même en plein été un arbre affaibli peut se colorer.

Phénomène expliqué

Il y a des raisons scientifiques qui expliquent les changements de couleurs des feuilles à l'automne. Le feuillage automnal est l'indice que les plantes ligneuses se préparent graduellement pour le repos hivernal.

La transformation de la couleur des feuilles est attribuable à la disparition graduelle de la chlorophylle, matière colorante verte. Cette chlorophylle magique peut utiliser les rayons solaires comme source d'énergie pour transformer certains éléments de l'air en éléments nutritifs. Ce processus se poursuit chez les plantes à feuilles caduques pendant la période de temps chaud. Quand les nuits deviennent plus fraîches, en automne, ce phénomène s'atténue peu à peu et la formation de chlorophylle cesse. Outre des pigments verts qui composent la chlorophylle, les feuilles renferment, en quantités variables, des pigments rouges et jaunes. Chez la plupart des arbres et arbustes, ces pigments sont cachés sous le vert plus apparent, et ils ne se révèlent qu'à l'automne lorsque le vert disparaît.

D'un autre côté, on sait qu'à l'automne la circulation de la sève atteint son point optimum, comme au printemps. Il est à propos de signaler aussi que l'arbre puise sa nourriture dans le sol par ses petites racines (radicelles). Ce liquide nourricier (sève brute) est ensuite acheminé jusqu'aux feuilles par les vaisseaux du bois. De plus, les feuilles sont de véritables laboratoires où s'élabore la transformation de la sève brute en sève élaborée, par le truchement des échanges gazeux entre les feuilles et le milieu ambiant. Ces échanges sont de trois types différents: la respiration, la transpiration et la photosynthèse.

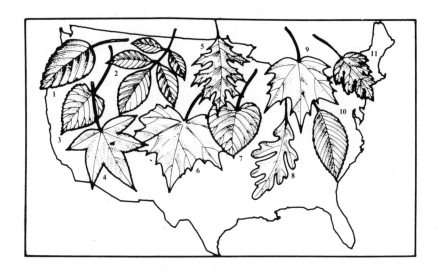

La respiration est la fonction par laquelle la plante absorbe l'oxygène et rejette du gaz carbonique (CO_2). La transpiration permet à la plante d'éliminer, sous forme de vapeur, l'excès d'eau absorbée par ses racines. La photosynthèse est la fonction vitale exclusive aux plantes vertes possédant de la chlorophylle. Par cette assimilation chlorophyllienne, la plante absorbe du gaz carbonique, fixe le carbone et rejette de l'oxygène. La lumière est indispensable au phénomène de la photosynthèse.

Avec la disparition de la chlorophylle, d'autres pigments (jaune, rouge-orange) présents dans les feuilles font leur apparition en surface. Il s'agit du carotène (jaune-rouge), de la xanthophylle (jaune) et de l'anthocyanine (rouge), qui est influencée par l'accumulation des sucres et des tanins.

Lorsque les feuilles changent de couleur, le pétiole se transforme à la base, où il se forme une couche de cellules subéreuses. Ces cellules, appelées couche d'abscission, facilitent la chute de la feuille. C'est la façon dont la nature cicatrise le point d'attache de la feuille au rameau. Dès la formation de ces cellules, la première brise automnale emportera les feuilles qui, tout doucement, flotteront vers le sol.

Ce sont surtout les feuilles des érables à sucre (*Acer sac-charum*) et des chênes qui contiennent une accumulation d'an-thocyanine, d'où leur belle teinte rouge vif. D'autres arbres apportent aussi leur contribution à cette féerie de couleurs.

Ce sont l'amélanchier (*Amelanchier spp.*), le pimbina (*Vi-burnum trilobum*), le chêne rouge (*Quercus rubra*), le chêne écarlate (*Quercus coccinea*), le sumac (*Rhus typhina*), les peupliers et les ormes indigènes, qui donnent une touche or. Voici, en outre, un guide des couleurs du feuillage de quelques arbres et arbustes au coloris également intéressant: Aubépine, diverses teintes brillantes. Aune, jaune vif. Bouleau, orange vif et jaune-orangé. Cornouiller, rouge. Érable argenté, jaune pâle. Érable rouge, violet brillant et orangé (aussi diverses teintes vives de rouge, orange et jaune). Frêne d'Amérique ou frêne blanc, jaune pâle ou pourpre foncé. Noisetier, jaune-brun. Noyer, jaune. Orme d'Amérique, jaune pâle. Peuplier, jaune clair et jaune or. Sumac, rouge vif. Tilleul d'Amérique, jaune.

Autres plantes intéressantes

Certaines plantes exotiques, par contre, méritent d'être cultivées uniquement pour leur coloris d'automne. Ces derniè-res se colorent ordinairement plus tôt que nos plantes indigè-nes, ce qui permet de prolonger la période des couleurs autom-nales.

Ainsi, dans la planification de votre jardin, il serait sage d'insérer certaines de ces plantes.

Au nombre des arbres exotiques les plus flamboyants, il convient de mentionner l'érable de l'Amour (*Acer ginnala*), dont l'éclat dépasse souvent celui de l'érable rouge indigène. S'il se colore plus tôt, son spectacle est, toutefois, d'une plus courte durée. Le marronnier de l'Ohio (*Aesculus glabra*), qui ressemble au marronnier d'Inde, et est garni de larges feuilles palmées tournant au rouge en automne. L'orme chinois (*Ul-mus parvifolia*), un arbrisseau à feuillage dense, se revêt de teintes cramoisies et jaunes. L'arbre aux quarante écus (*Ginkgo biloba*) prend une teinte jaune, lumineuse et douce.

Plusieurs arbustes exotiques rehaussent la gamme des couleurs d'automne: le sumac des teinturiers (*Cotinus coggy-gria*), dont les feuilles tournent au pourpre, à l'écarlate et au doré, le cotonéaster de Pékin (*Cotoneaster acutifolia*), une plante qui forme des haies spectaculaires et dont les feuilles vert foncé tournent au cramoisi en automne, le groseiller doré (*Ribes aureum*) qui présente, à l'automne, un effet écarlate très voyant, plusieurs fusains (*Euonymus*), soit le fusain ailé (*Euonymus alata*), le fusain de Schalin (*Euonymus schalinensis*) et le fusain d'Europe (*Euonymus europaea*). Il y a aussi le rosier rugueux (*Rosa rugosa*) et ses différentes variétés, dont le feuillage est relevé de fruits rose-rouge.

Comment préparer votre jardin et votre parterre pour l'hiver

Le succès, le printemps prochain, de votre jardin et de votre parterre, dépend en partie des soins que vous leur apporterez cet automne avant que la terre ne gèle et que la neige ne les recouvre.

Les arbres à feuilles caduques (feuillus), comme les érables peuvent être plantés ou transplantés en automne en prenant certaines précautions. Pour permettre aux racines de se développer pendant quelques semaines, il faut entourer la base de l'arbre de 7 à 10 cm de feuilles, copeaux, paille ou d'un mélange de tourbe sèche et de sciure pour le protéger des premières gelées.

Les conifères doivent être plantés tôt l'automne ou au printemps alors que la plantation des arbres à feuilles tendres, comme les peupliers, saules et bouleaux, réussit mieux au printemps. Les conifères doivent être protégés adéquatement pour bien passer l'hiver. Pour empêcher le soleil du printemps de les brûler, à cause de la réverbération sur la neige, il faut à l'automne les recouvrir de jute ou les entourer d'une clôture à neige.

Cette dernière, bien que moins efficace contre les rayons du soleil, a l'avantage de les protéger également de la neige trop lourde qui pourrait casser les branches et les tiges.

Les haies de cèdre ont besoin d'une protection supplémentaire contre les dégâts causés par le sel épandu sur les routes et les rues. On recommande d'installer un plastique tout le long de la haie du côté de la route. Attention, cependant, de ne pas recouvrir la haie au complet, car il n'y aurait pas suffisamment de circulation d'air. Le plastique est uniquement utilisé comme écran protecteur du côté longeant la chaussée.

Avant que la terre ne gèle tard à l'automne, il importe d'arroser les conifères pour éviter le dessèchement au cours de l'hiver. Évidemment, si les pluies automnales sont très abondantes, il n'est pas nécessaire d'arroser.

Le gazon devrait être coupé à une hauteur de 1 pouce et demi (3,8 cm). S'il est trop court, il risque d'être endommagé par le gel et s'il est trop long la moisissure pourra se développer plus facilement au printemps.

L'engrais de protection, comme la formule 4-9-15, qui fortifie merveilleusement les plantes ligneuses, arbres, arbustes et vignes, doit être épandu assez tôt, à la fin de septembre ou au début d'octobre, puisque lorsque l'application d'engrais est effectuée tard à l'automne, le sol n'a pas suffisamment de temps pour absorber les éléments nutritifs avant de geler.

Vivaces et rosiers

Au jardin on doit couper les fleurs vivaces comme les pivoines et les phlox 5 ou 7 cm au-dessus du niveau du sol. On peut ajouter les fleurs coupées au tas de compost, sauf en cas de maladie où il vaut mieux alors les détruire. N'oubliez pas de protéger les vivaces herbacées et les bisannuelles. Même si leurs tiges ont été rabattues, les feuilles à la base de ces plants risquent d'être écrasées sur le sol et d'y pourrir. Là encore, un bon paillis peut rendre de précieux services tout au long de l'hiver et fournir au début de la saison suivante une bonne provision de matière organique. Des branches de conifères ou des lattes contribueront à faire s'accumuler une bonne couche de neige.

Puisqu'il est question de protection des plantes ligneuses, il convient de mentionner que les rosiers doivent aussi être protégés contre les méfaits de l'hiver. Cela n'est pas très compliqué. Il faut d'abord les tailler, après une ou deux gelées, à la fin d'octobre ou au début de novembre, avant que le sol ne gèle en profondeur. Les tiges des rosiers hybrides de thé, *floribunda* ou *grandiflora,* doivent être taillées à une hauteur de 18 pouces. Il faut rabattre les rosiers arbustifs (rosiers en arbre) d'un quart de leur hauteur. Les rosiers grimpants seront décrochés de leur support, allongés dans une jauge profonde d'un pied, puis recouverts de terre. On peut aussi placer les tiges sur le sol, les couvrir d'un pied de terre et, ensuite, fixer une feuille de papier hydrofuge sur ce petit monticule. Afin d'éviter les infestations d'insectes nuisibles et les dommages causés par les maladies, il est recommandé de vaporiser les rosiers et le sol avec un mélange d'insecticide et de fongicide et ce, avant de butter vos plants avec de la terre.

Par ailleurs, chaque rosier hybride de thé, *floribunda* ou *grandiflora,* doit être recouvert d'une butte de 12 pouces de terre, lorsque le froid s'est installé pour de bon. Aux endroits particulièrement exposés au vent, ces types de rosiers doivent être complètement enterrés. Quand le sol est gelé à au moins un pouce de profondeur, les buttes doivent être recouvertes à leur tour d'un paillis de compost, de tourbe horticole, de branches de conifères ou autre matériau approprié. Cette couche protectrice empêche la neige de fondre trop vite sous l'effet des

La souffleuse à feuilles entasse les rognures d'herbes, les brindilles, les feuilles mortes et autres débris du jardin dans un même endroit afin d'en faciliter un ramassage rapide, à l'automne, lors du nettoyage du jardin et des parterres en prévision de l'hiver.

rayons du soleil, ce qui entraînerait un dégel prématuré au printemps.

D'autre part, il y a les bulbes rustiques hollandais à floraison printanière, tulipes, jacinthes, narcisses et autres, qui peuvent survivre au froid et même au gel, mais qui doivent quand même être protégés contre les méfaits du gel et du dégel. Les fluctuations ou changements de température dans le sol forcent les bulbes vers la surface du terrain et brisent leurs racines.

Pour éviter que cela ne se produise, il faut épandre un épais paillis sur la surface du sol lorsqu'il est gelé en profondeur. Le paillis empêchera ces alternances néfastes de gel et de dégel. Il ne faut jamais tarder à préparer son jardin pour l'hiver, car avec l'arrivée des tempêtes de neige, on ne peut absolument plus effectuer les travaux de protection des plantes efficacement.

Les paillis

Toutes les plantes perdent une certaine quantité d'humidité au cours des mois d'hiver. La déshydratation et le dessèchement des plantes peuvent être causés par le vent, un manque d'eau ou une couche de neige trop mince. Les plantes ligneuses (arbres et arbrisseaux) à feuilles caduques perdent moins d'humidité que les conifères, qui, eux, conservent leurs feuilles (aiguilles) pendant l'hiver. L'humidité qui se perd par les feuilles et les tiges doit être remplacée par les racines. Une bonne méthode pour empêcher que les arbres ne se dessèchent trop, consiste à épandre un paillis (tourbe horticole, paille hachée, feuilles broyées, etc.) sur la surface du sol de façon à éliminer le phénomène d'alternance du gel et du dégel.

L'écorce doit être protégée

Très souvent, on constate, au printemps, que l'écorce des troncs d'arbres et d'arbustes a été grugée par les rongeurs durant l'hiver. Pour éviter ces dégâts qui, dans bien des cas, entraînent la mort des plants, il est indispensable de les encercler avec une armure en treillis métallique ou en plastique d'une hauteur de 2 pieds ou plus. Pour une protection plus efficace, il est recommandé d'enfoncer le treillis dans le sol jusqu'à une profondeur d'au moins 3 pouces.

Ne pas retarder la récolte des bulbes à floraison estivale

Les bégonias tubéreux, caladiums, cannas, dahlias ou glaïeuls qui ont fait la beauté de votre jardin au cours de l'été peuvent durant des années encore produire de magnifiques plants. Pour cela il faut, en automne, arracher leurs tubercules ou tiges souterraines bulbeuses et les entreposer. Vous pouvez attendre après les premières gelées dans le cas des cannas et diums et les tigridies il est indispensable de les déterrer avant que ne surviennent les premiers gels. D'un autre côté, les cormus de glaïeuls peuvent être arrachés avant ou après une forte gelée quoiqu'il n'y ait rien à gagner en retardant la récolte.

Bégonias, caladiums et cannas

Voici la méthode qui a donné le plus de satisfaction avec les bégonias tubéreux. Arrachez-les aux premiers signes de gelée. Toutefois, ne négligez pas de conserver autant de sol que possible attaché aux tubercules et de garder le feuillage intact. Gardez-les dans un endroit frais durant trois semaines, soit jusqu'à ce que les tiges se détachent facilement. Entreposez les tubercules nettoyés, à une température de 10 à 15 degrés C, dans de la mousse de tourbe bien sèche, du sable ou de la vermiculite, jusqu'à ce qu'il soit temps de recommencer le cycle, au début du mois de mars suivant. Vous pouvez traiter les caladiums et les tigridies de la même façon.

Une autre méthode consiste à arracher les tubercules, les nettoyer, les laver et les laisser sécher durant quelques jours avant de les entreposer selon la méthode décrite ci-avant. Dans le cas de la culture en pots, vous pouvez tout simplement placer les pots sur le côté et les entreposer dans un endroit frais (10 à 15 degrés C) et sec, sans arrosage, puis recommencer, au mois de mars suivant, selon la méthode décrite ici.

Pour ce qui est des cannas, après la première gelée, rabattez les tiges à six pouces de terre. Arrachez les racines et laissez-les sécher puis entreposez-les en une seule couche dans une boîte de sable ou de tourbe horticole à des températures de 4 à 10 degrés C.

TIGRIDIE

CANNAS

GLAÏEUL

BÉGONIA TUBÉREUX

DAHLIA

Les dahlias

Il vaut mieux attendre jusqu'au début de novembre pour arracher les dahlias puisque la période d'entreposage de leurs tubercules doit être la plus courte possible. Cela ne veut pas dire que vous ne devez pas tenir compte des conditions climatiques, au contraire. Ainsi, advenant que le sol semble devoir geler définitivement avant les premiers jours de novembre, il faut les arracher tout de suite, sinon vous pourriez éprouver de la difficulté à les enlever du sol. L'enlèvement des tiges souterraines bulbeuses du sol doit se faire avec beaucoup de soin, car il est très facile de briser les racines fragiles. Coupez les tiges à 6 pouces du sol et creusez avec précaution autour des plants avec une fourche à bêcher. Soulevez alors la touffe de racines en dehors du trou. Pour ce travail il vaut mieux être deux. Utilisez deux fourches pour soulever la touffe des deux côtés opposés en même temps.

La récolte des cormus de glaïeuls s'effectue en octobre. Le point important est de prolonger la saison de croissance aussi longtemps que possible, tout en les arrachant avant que le sol ne gèle.

Si le sol est léger et sableux, il se détache des tubercules dès que vous les déterrez et il faut utiliser d'autres méthodes pour les entreposer. Descendez les touffes de racines au sous-sol dans une boîte de carton et couvrez-les de vermiculite. Laissez les tubercules à des températures variant de 5 à 10 degrés C jusqu'en avril, vous les transporterez alors dans un endroit plus chaud pour déclencher la germination. Il est bon, vers le milieu de janvier, d'examiner un ou deux tubercules pour se rendre compte de la façon dont ils passent l'hiver. S'ils sont très secs et qu'il semble y avoir danger de ratatinement, aspergez-les d'eau.

Les glaïeuls

La récolte des cormus (tiges souterraines) de glaïeuls se fait en octobre. Le point important est d'en prolonger la saison de croissance aussi longtemps que possible, mais de les arracher avant que le sol ne gèle. Choisissez un jour ensoleillé. Ne déterrez que les plants qui peuvent être équeutés. Faites-les sécher partiellement en plein air avant la nuit. À l'aide d'un couteau ou d'un sécateur tranchant, coupez les tiges et les feuilles tout près des cormus.

Puisque des insectes connus sous le nom de thrips causent des dommages considérables aux glaïeuls, il est indispensable de prendre certaines précautions spéciales pour l'arrachage et l'entreposage des cormus. Avant l'arrachage, préparez des boîtes avec étiquettes dans le jardin et procurez-vous du Sevin 5-D. Dégagez d'abord les bulbes du sol en les soulevant avec une fourche de chaque côté du rang, puis soulevez le plant d'une main tout en coupant les tiges près du cormus avec l'autre main.

Placez chaque variété dans une boîte à semis étiquetée. Dès qu'une boîte est pleine, saupoudrez avec un peu de Sevin 5-D, ce qui garantit que les thrips qui se trouvent dans la plantation au moment de l'arrachage n'iront pas pondre leurs œufs sur les bulbes. Placez les boîtes à semis pleines au sous-sol et laissez-les sécher pendant quelques semaines dans un endroit chaud et aéré. Lorsque les vieux bulbes se séparent des nouveaux, il est temps de procéder au nettoyage et de les entreposer. Cela se produira généralement en décembre. Nettoyez les vieux bulbes (cormus) et enlevez la peau superficielle lâche, mais n'écalez pas toute cette pelure extérieure jusqu'à la partie charnue. Si vous vous proposez de propager de nouveaux bulbes, conservez tous les petits cormus qui adhèrent aux vieux afin de les planter l'année suivante.

Après avoir nettoyé les cormus, il faut aussi les poudrer avec de l'insecticide. Procédez en plaçant une cuillerée à thé de Sevin 5-D dans un sac en papier de 4 kg. Emplissez ce sac à moitié de cormus nettoyés. Ensuite, agitez vigoureusement puis retirez les bulbes. Cette quantité de Sevin 5-D en poudre devrait suffire pour 25 cormus.

Entreposez les bulbes nettoyés et poudrés dans des boîtes de bois pour permettre la circulation de l'air. Si possible, placez-les dans un endroit dont la température varie entre 5 et 7 degrés C.

NOVEMBRE

En appartement, les fuchsias ont des exigences

Les fuchsias sont de bonnes plantes d'intérieur seulement si la température est plutôt fraîche, soit de 10 à 21 degrés C, avec une humidité ambiante de 30 pour 100 et plus, et une bonne circulation d'air. Il faut éviter un environnement chaud, sec, où l'air est stagnant. Voici, en bref, les exigences d'un fuchsia cultivé en appartement:

Éclairage: beaucoup de lumière, devant une fenêtre située du côté est ou ouest de la maison, ou encore à quelques pieds d'une fenêtre ensoleillée qui est orientée au sud, et ceci de l'automne au printemps. À l'arrivée de l'été, il faut veiller à ce que les rayons solaires ne frappent pas directement la plante.

Température, préférablement pas au-dessus de 21 degrés C au cours de l'hiver, quand le système de chauffage fonctionne. Le plant peut être affecté par des températures supérieures à 24 degrés C, ou inférieures à 10 degrés C.

Arrosages: Il faut arroser souvent afin de maintenir le sol légèrement humide en tout temps. Vaporisez fréquemment le feuillage pour fournir assez d'humidité à la plante.

Fertilisation: Le fuchsia, de la variété Gartenmeister Bohnstadt a besoin d'une fertilisation, tous les 15 jours, avec l'engrais soluble 10-30-20.

Insectes: surveiller le plant afin d'éviter les dégâts causés par les mouches blanches et les araignées rouges. Employer un insecticide à base de savon, contre les mouches, et le Kelthane pour lutter contre les araignées rouges.

Sol: un terreau pour violettes africaines.

Empotage: Le fuchsia est rempoté au printemps, après avoir été taillé et débarrassé des tiges mortes.

Le printemps dans votre maison par le forçage des bulbes

Il peut sembler étrange de suggérer la culture de fleurs printanières en plein hiver. C'est pourtant ce qui arrive lorsqu'on pratique la culture forcée des bulbes. Les fleurs que l'on ne voit généralement qu'au printemps s'épanouiront dans votre foyer alors que les froids d'hiver sévissent à l'extérieur.

On force les bulbes à fleurir très tôt en leur créant un climat printanier artificiel grâce à la chaleur du foyer. Il faut s'y prendre dès l'automne lorsqu'on met les bulbes en terre pour leur permettre de former des racines. Plusieurs espèces de bulbes hollandais peuvent être cultivées aussi bien à l'intérieur qu'à l'extérieur. Le choix est vaste: tulipes, jacinthes, narcisses, les minibulbes tels les crocus, les muscaris et les scilles de Sibérie, etc.

Le crocus et la jacinthe fleuriront à l'intérieur dès le début de janvier, tandis que les tulipes et les narcisses feront leur apparition un peu plus tard.

Parmi les petits bulbes, outre les crocus, qui se prêtent à la culture forcée, il y a le muscari et l'iris *reticulata*.

Les tulipes offrent une gamme intéressante de teintes, rouges, blanches, bleues, orange ou jaunes. Certaines variétés sont même de deux ou de trois couleurs. La jacinthe est celle qui se prête peut-être le mieux à la culture forcée et elle embaume merveilleusement l'endroit où elle se trouve.

Bien choisir les bulbes

Assurez-vous que les bulbes que vous destinez à la culture forcée soient de bonne dimension, fermes et dénués d'écorchures. Plantez-en suffisamment pour en avoir un pot ou deux dans chaque pièce de la maison.

Les récipients doivent avoir au moins deux fois la hauteur du bulbe afin de lui donner suffisamment d'espace pour former ses racines. Il faut aussi que le fond soit troué pour faciliter le drainage. On peut se servir de pots de métal, de céramique, de bois, de plastique ou d'argile.

Dans le cas de ces derniers, il faut les laisser tremper dans l'eau pendant 24 heures.

Un sol léger

La culture forcée exige un sol léger, car les bulbes requièrent de l'humidité. On peut ajouter de la mousse ou du sable si la terre est trop compacte, ou si c'est de la terre achetée en sac. N'ajoutez pas d'engrais, puisque les bulbes contiennent assez de nourriture pour leur première floraison. Placez des morceaux de pot d'argile brisé, des petites pierres ou du gravier dans le fond du pot afin de faciliter le drainage.

Mettez assez de terre dans le pot pour que, lorsque le bulbe y est déposé, la pointe soit à ras du bord du pot.

Entourez le bulbe de terre, mais en laissant dépasser un peu la pointe du bulbe. Arrosez généreusement par le dessus ou en plaçant le pot dans un plat d'eau jusqu'à ce que la terre soit imprégnée.

Autres conseils pratiques

Plantez autant de bulbes que le pot peut en contenir pourvu qu'ils ne se touchent pas. Un pot de 6 pouces contiendra facilement 6 bulbes ou environ 15 minibulbes.

Les jacinthes peuvent être mises en pot individuellement ou groupées par 3, 5 ou 7 bulbes.

Plantez les bulbes de façon à ce que leur côté plat soit parallèle au côté du pot. C'est là que poussera la première feuille large. Les autres seront réparties tout autour du pot. Après la plantation, placez des étiquettes sur chaque pot. Indiquez la variété, la couleur, la date de la plantation et le moment où on pourra les retirer du froid.

Un coup de froid

Les pots doivent demeurer dans une chambre froide pour au moins 14 semaines à une température de 4 à 0 degrés. C'est pendant cette période que le bulbe forme ses racines et que sa tige et sa fleur se développent. Il faut garder les pots dans l'obscurité et les arroser périodiquement.

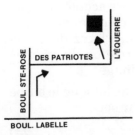

La neige, la glace et les vents froids ne sont pas des facteurs susceptibles de créer une ambiance favorable à la culture des tulipes et autres bulbes hollandais à floraison printanière. Toutefois, grâce à la technique du forçage, l'amateur peut obtenir de jolies fleurs multicolores dans son foyer, même au cours des mois les plus rigoureux de l'hiver.

(PHOTO MALAK)

S'il n'y a aucun endroit frais dans la maison, vous pouvez enterrer les pots dans un coin ombragé du jardin en laissant au moins un pouce de terre au-dessus de ces pots. Placez les pots l'un près de l'autre et recouvrez le tout de 2 pouces de sable, de vermiculite ou de rognures de polystyrène. Il faut recouvrir ensuite toute la surface de 3 à 6 pouces de terre. Arrosez la surface régulièrement jusqu'aux grosses gelées. Vous pouvez alors recouvrir le tout de paille ou de branches de conifères pour permettre à l'eau d'atteindre les pots. Le paillis qui les recouvre conservera les bulbes à une température uniforme et les empêchera de geler.

243

Après 14 semaines, voyez si les racines et les tiges sont suffisamment avancées. À ce moment, les tiges devraient avoir de 2 à 3 pouces de hauteur. Si les racines passent alors à travers le trou de drainage, renversez le pot, frappez-le légèrement sur le côté pour en sortir le contenu. Lorsque les racines encerclent l'intérieur du pot, la période de culture forcée est arrivée. Autrement, il faut les laisser au frais pendant deux ou trois autres semaines. Lorsque les racines et les tiges sont assez avancées, il est nécessaire de transporter les pots dans une pièce où la température est de 10 à 15 degrés C. Arrosez régulièrement le sol afin de garder la terre humide. Après quelques semaines à l'intérieur, le bourgeon de la fleur apparaîtra. À ce moment, les bulbes sont prêts à fleurir et les pots peuvent être disposés n'importe où dans la maison, toutefois à l'écart des sources de chaleur et des courants d'air. Arrosez fréquemment, car les fleurs requièrent plus d'eau que les bulbes.

La culture forcée réussit mieux si les pots sont gardés à une température d'environ 15 degrés C pour les narcisses et les crocus, et de 16 degrés C pour les tulipes et les jacinthes. Il est recommandé de les placer dans un endroit plus frais la nuit.

La culture forcée des bulbes procure une grande satisfaction et ajoute un cachet de gaieté au foyer alors que les rigueurs de l'hiver se font encore sentir à l'extérieur.

Sauvez vos plantes des dommages de l'hiver, protégez-les maintenant

Les travaux de jardinage ne prennent pas fin avec le ratissage des dernières feuilles mortes, si vous tenez à vos arbres et arbustes ainsi qu'à vos vivaces herbacées et désirez les voir survivre à l'hiver sans dommages. La neige, la glace, le froid, le vent, de même que le gel et le dégel du sol sont autant de causes de dégâts sérieux, qui peuvent même aller jusqu'à la mort des plantes. «Mettre son jardin au repos» est une expression bien connue des jardiniers expérimentés et elle résume un ensemble de précautions que tout amateur a intérêt à prendre s'il veut retrouver ses plantes en bon état le printemps prochain. Ces quelques mesures préventives bien exécutées et au bon moment permettent, en outre, d'éviter des dépenses importantes au cours de la prochaine saison de jardinage, ce qui constitue somme toute une source d'économies substantielles.

Même si certains prédisent un hiver peu rigoureux, ne passez pas outre aux quelques recommandations qui suivent. D'ailleurs, même un hiver plutôt doux n'empêche pas un grand nombre de plantes, surtout les arbres et les arbustes, de subir des dommages considérables.

Si à un certain moment le temps s'est assez réchauffé pour «réveiller» plusieurs plantes ligneuses, le gel qui suit le dégel entraîne souvent la mort des bourgeons à fleurs.

Plants de fondation

Les premiers végétaux à protéger sont les plants de fondation. Si ces plantes ne sont pas bien attachées, soutenues par un tuteur ou recouvertes d'un abri convenable, l'accumulation de neige peut briser leurs tiges ou rameaux. D'autre part, les arbres nouvellement plantés pencheront et même se déracineront s'ils ne sont pas solidement tuteurés. Les conifères rampants, tels les genévriers, sont très vulnérables aux amas de neige. D'une façon générale les résineux installés dans un endroit venteux et bien ensoleillé à la fin de l'hiver-début du printemps souffriront d'une déshydratation souvent très grave si vous ne les protégez pas par un brise-vent, par exemple une clôture à neige, recouverte de jute.

Le jute offre le double avantage de filtrer les rayons solaires ardents et de réduire la vélocité du vent.

Vivaces et arbustes

Les vivaces herbacées, les chrysanthèmes par exemple, dont les racines sont près de la surface du sol, ainsi que les bulbes à floraison printanière (tulipes, jacinthes, narcisses, etc.) peuvent être très affectés par l'alternance du gel et du dégel. C'est pourquoi un paillis doit être épandu à la surface de leur emplacement. Il en est de même des plants de Buddleia, du Père David, qui meurent chaque année au ras du sol et qu'il faut protéger par le paillage.

Si les hortensias arborescents et les hortensias en panicule sont rustiques dans la plupart des régions du Québec, par contre, il est recommandé de les protéger par un abri qui, tout en protégeant les tiges contre des bris trop nombreux, aidera à accumuler une bonne épaisseur de neige protectrice.

Les rosiers

Les rosiers ont besoin d'être protégés contre les rigueurs de l'hiver, particulièrement les risques de dommages causés par l'alternance du gel et du dégel et les méfaits de l'exposition aux vents dominants. Les préparatifs d'automne diffèrent selon la catégorie de rosiers.

Ainsi les hybrides de thé, *multiflora, grandiflora* et *floribunda* doivent être taillés sans tarder à une hauteur ne dépassant pas 18 pouces au-dessus de la surface du sol.

S'ils sont dans un endroit exposé aux grands vents, la hauteur maximale des plants ne doit pas dépasser 16 pouces.

Les rosiers grimpants doivent être décrochés de leur support. De leur côté, les rosiers arbustifs ou en arbre sont taillés modérément, soit au quart de leur hauteur afin de prévenir le bris des tiges par les vents d'hiver et de stimuler la production de tiges courtes.

Après la taille des rosiers ou dans le cas des rosiers grimpants, quand ils sont décrochés de leur support, on les protège contre les insectes et les maladies par une vaporisation ou un saupoudrage d'un mélange d'insecticide-fongicide.

Les rosiers hybrides de thé, *multiflora,* etc. sont buttés à une hauteur minimale de 12 pouces et même, aux endroits les plus exposés aux vents violents, complètement recouverts de terre ou encore protégés par un cône de polystyrène. Au premier gel en profondeur, les buttes de terre sont recouvertes d'un paillis (tourbe horticole, compost, etc.) d'une épaisseur d'environ 4 pouces.

Un brise-vent, par exemple une clôture à neige recouverte de jute, empêchera la déshydratation des conifères installés dans un endroit venteux et ensoleillé à la fin de l'hiver, début du printemps.

LATTES

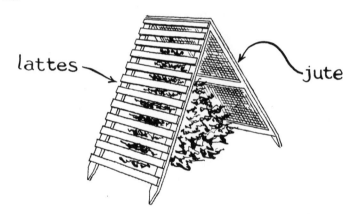

JUTE

Les rosiers grimpants sont allongés sur le sol et recouverts d'une couche minimale de terre de 12 pouces. On peut aussi les étendre dans une tranchée profonde d'au moins 12 pouces. Lorsque le temps froid est définitivement arrivé, la fosse (ou le monticule) est recouverte d'une feuille de papier hydrofuge à construction.

Pour ce qui est des rosiers en arbre, après la taille, ils sont partiellement déterrés, puis renversés sur le côté dans une tranchée profonde d'au moins 12 pouces. Certains jardiniers préfèrent ne pas coucher les rosiers et tout simplement les envelopper dans du papier de construction hydrofuge.

Dans tous les cas, des écrans de clôture à neige, de préférence revêtus de jute, ajoutent beaucoup à la protection de ces plants.

Les arbres et les arbustes aident à la conservation de l'énergie

Une des principales conséquences de la crise de l'énergie a été une montée en flèche des prix du combustible et de l'électricité. Il devient de plus en plus coûteux de chauffer nos maisons durant l'hiver et de les climatiser au cours des mois de grande chaleur de l'été. L'un des meilleurs moyens d'économiser l'énergie et de comprimer les dépenses inhérentes à un logis, consiste à planter des arbres, des arbustes et des vignes, qui sont des brise-vent naturels et efficaces.

Des travaux de recherche ont permis de constater qu'il faut 10 pour 100 moins de combustible pour chauffer les maisons protégées par des écrans d'arbres durant l'hiver. Dans le cas de maisons chauffées avec des calorifères électriques, celles qui n'étaient pas protégées contre le vent ont nécessité une consommation de 442 Kwh d'électricité pour être chauffées à une température de 21 °C pendant le mois de janvier.

Par contre, celles qui étaient protégées par un écran d'arbres et d'arbustes n'ont demandé qu'une consommation de 270 Kwh pour maintenir le même niveau de chaleur. Ainsi, les maisons abritées par un brise-vent naturel ont enregistré une consommation de carburant inférieure de 33,92 pour 100.

D'autres recherches effectuées par trois scientifiques de l'université du Maryland ont souligné la nécessité de canaliser ou de rediriger le courant d'air afin de tirer tous les avantages possibles de l'emploi des arbres, arbustes et plantes grimpantes comme moyen de conserver l'énergie. Ces chercheurs ont constaté qu'un vent nord-ouest soufflant à une vitesse de 10 milles à l'heure (17 kmh) a un facteur de refroidissement qui abaisse la température de 44 degrés F (6,5 degrés C) à 32 degrés F (0 degrés C). Un tel vent, de même vélocité, qui frappe le mur d'un immeuble, entraîne un abaissement identique de température.

Les arbres et arbustes utilisés comme écran constituent somme toute une obstruction sur le chemin du courant d'air. Les canaux pour le vent, par contre, aident à guider ou à orienter la circulation du vent après qu'il a été dévié. Ils servent à diriger le courant d'air vers l'endroit voulu sans réduire, cependant, la vélocité du vent. La canalisation du vent est habituellement le résultat de l'emploi combiné d'arbres de différentes tailles et d'arbustes. Leur disposition est dictée par le site de la maison et son environnement, la direction d'où viennent les vents incommodants et les qualités d'esthétique paysagère désirées par le propriétaire de la demeure.

Les vents dominants

Puisque dans notre région climatique les vents dominants d'hiver viennent surtout du nord et de l'ouest, les brise-vent offrent leur maximum d'efficacité s'ils sont situés au nord et à l'ouest de la maison, et aussi à l'est si l'espace disponible le permet. Puisqu'il est question d'espace, ajoutons que sur les grands terrains, on peut se permettre de planter des arbres appartenant à des espèces à croissance rapide, dont la hauteur définitive atteindra une fois et demie celle de la demeure.

Ces arbres seront plantés à une distance de la maison égale à 4 à 6 fois leur hauteur. Ainsi, par exemple, une bâtisse haute de 20 pieds (6,50 m) aura besoin d'un écran formé d'une rangée d'arbres de 30 pieds (9 m) située entre 80 et 120 pieds (24 à 36 m) du côté nord de la maison. Par ailleurs, si une rangée simple de conifères peut être suffisante, une rangée double ou triple s'avérera certes plus efficace.

Durant l'été

Les grandes chaleurs de l'été sont une période où il se consomme beaucoup d'électricité pour la climatisation des bâtisses. Là encore les arbres, qui sont des climatiseurs d'air naturel, peuvent diminuer de beaucoup la dépense d'énergie en procurant de l'ombre aux édifices atteignant 60 pieds (18 m) de haut. Les arbres à feuilles caduques ont leur feuillage avant l'arrivée des jours chauds de l'été, puis perdent leurs feuilles à l'automne, avant la venue des temps froids de l'hiver et, ainsi, permettent aux rayons du soleil d'atteindre sans entrave les toits et les murs, pour diminuer l'effort fourni par le système de chauffage.

Les maisons bien ombragées ont moins besoin d'être climatisées artificiellement. Il est à signaler, à ce propos, que les arbres d'ombrage contribuent à rafraîchir une bâtisse lorsqu'ils sont placés au sud et à l'est de cet immeuble.

Plantes grimpantes

Les plantes grimpantes peuvent aussi aider à la conservation de l'énergie. Ainsi, des vignes à feuilles caduques, comme le lierre de Boston, plantées près du mur sud ou ouest d'une bâtisse, servent à faire dévier les rayons du soleil d'été, ce qui maintient la fraîcheur de ce mur. Cet abaissement de température est encore plus important lorsque la vigne grimpe sur un

Des arbres d'ombrage, à gauche, plantés du côté ouest ou sud d'une maison permettent une économie substantielle d'énergie. En été, leur ombre abaisse la température intérieure de la bâtisse d'au moins 8 degrés. D'autre part, des écrans d'arbres, à droite, installés au nord et à l'ouest d'une maison, entraînent une diminution de chauffage de 10 à 40 pour 100, selon la région.

Mieux qu'un mur

L'idée d'utiliser des plantes ligneuses pour diminuer les déperditions énergétiques peut amener à se demander si, en l'occurrence, un solide mur de bois, de brique ou de pierre ne serait pas à préférer. Des expériences pratiques démontrent hors de tout doute qu'un mur est beaucoup moins efficace qu'un écran végétal. En effet, lorsque des vents violents frappent un mur non ajouré, ils sont soulevés par-dessus ce mur, ce qui crée une forte turbulence du côté opposé à ce mur.

Par contre, un écran d'arbres ou d'arbustes, en dispersant les vents, crée des courants brisés selon les principes de l'aéro-dynamique. Il en résulte une réduction de la force du courant d'air descendant ce qui entraîne une diminution maximale de la vélocité du vent.

treillis fixé au mur, puisque cela permet une circulation d'air entre la vigne et l'immeuble. L'usage d'un treillis est fortement recommandé dans le cas d'une maison de bois afin d'empêcher la vigne qui s'agrippe au mur de pénétrer entre les planches, ce qui entraîne la pourriture du bois.

Facteur d'embellissement

Si l'utilisation des arbres, arbustes et vignes aide beaucoup à conserver l'énergie, c'est aussi un apport significatif à l'apparence d'une propriété et à l'amélioration de l'environnement. Par ailleurs, si l'usage de moyens naturels pour protéger et améliorer la qualité de la vie n'est pas une nouveauté, il convient de mentionner que c'est une méthode innovatrice lorsqu'il est question d'économiser les ressources énergétiques.

Si vous désirez réaliser des économies substantielles de chauffage et de climatisation pour votre maison, consultez une pépinière, une jardinerie (centre de jardin) ou un paysagiste. Ces spécialistes en horticulture, conscients de la grande utilité des arbres, arbustes et vignes comme moyen efficace pour une meilleure conservation de l'énergie, vous donneront les conseils appropriés sur le type de plantes à utiliser et la technique de plantation préférable dans chaque cas.

D'autre part, n'oubliez pas que l'automne est une bonne époque pour fertiliser vos arbres, arbustes et vignes. Donnez-leur une provision adéquate d'éléments nutritifs et plus particulièrement de potassium, par une fertilisation avec un engrais de protection, comme la populaire formule 4-9-15.

La conservation des fruits et légumes de votre jardin

Si vous n'avez pas encore préparé les fruits et légumes de votre jardin pour qu'ils se conservent bien, il est temps que vous y pensiez. Ces récoltes peuvent être entreposées facilement de façon à être aussi fraîches et aussi appétissantes que lorsqu'elles sont cueillies. C'est une façon pratique de réaliser des économies substantielles sur votre budget alimentaire.

Toutefois, pour obtenir les résultats escomptés il est indispensable d'observer des normes. Ainsi, la plupart des légumes exigent d'être conservés dans un endroit humide, frais, dans l'obscurité.

Un caveau à légumes, une chambre de conservation des fruits et légumes dans une cave ou encore un baril enfoui dans le sol et bien recouvert de paille et d'une toile, donnent de très bons résultats, quoique certains légumes demandent des températures plus élevées, car ils souffrent facilement du froid.

Légumes racines

Les navets, rutabagas, carottes et betteraves se conservent bien dans un endroit frais et humide. Ils préfèrent une température de 2 à 5 degrés C, ne dépassant jamais 10 degrés. Une température trop élevée les recroqueville ou les dessèche. Les navets ne se conservent d'ailleurs que durant quelques semaines. Par contre, les carottes, rutabagas et betteraves se conserveront jusqu'au printemps. Installez-les dans des boîtes ou des coffres remplis de sable humide pour qu'ils demeurent fermes et frais.

Pomme de terre

Si vous cultivez des pommes de terre, il n'y a aucune raison, sauf si votre terrain est trop petit, pour que vous n'en ayez pas assez pour votre table jusqu'à la prochaine récolte. Vous réaliserez ainsi des économies importantes puisque c'est un légume constamment au menu dont le prix va certainement monter en flèche au cours des prochains mois. Elles se gardent très bien, dans l'obscurité, avec une température de 4 degrés C, et une humidité relative de 85 à 90 pour 100.

Ceux qui ont des pommiers ou qui vivent dans une région de vergers où les pommes sont à un prix abordable peuvent en entreposer une provision qui durera tout l'hiver. Bien que les pommes exigent des conditions de conservation similaires à celles des légumes racines, il ne faut pas les entreposer avec les navets ou les choux parce qu'elles en absorberaient les saveurs et les odeurs.

Un système satisfaisant de conservation consiste à les garder dans des boîtes ou des barils placés dans une cave fraîche et humide ou dans un caveau spécial. Sous notre climat rigoureux on peut aussi les conserver avec succès dans une fosse ou un trou spécialement creusé à cette fin.

Les panais

Bien que les panais puissent se garder dans les mêmes conditions que les autres légumes racines, il n'y a aucune hâte à les emmagasiner étant donné qu'ils peuvent fort bien être laissés dans le sol et déterrés en cas de besoin.

Le gel, loin de les affecter, améliore leur saveur. Cependant, n'oubliez pas de les déterrer avant que le sol ne gèle en profondeur.

Les choux

Si les choux peuvent être conservés durant un certain temps dans un sous-sol frais ou une cave extérieure, un entreposage de longue durée exige une fosse ou tranchée bien préparée, par exemple une excavation de 3 pieds de large par 3 pieds de profondeur et longue de 6 à 10 pieds. Le fond est drainé de façon adéquate, puis recouvert de paille ainsi que les parois. Après que les légumes, dans des sacs de jute ou de toile ou encore dans des caisses à claire-voie, y sont installés, l'ouverture doit être recouverte de paille puis d'une couche de 6 pouces de terre, qui peut être augmentée au fur et à mesure que le temps se refroidit. Outre un bon drainage, il est nécessaire de prévoir une ventilation suffisante.

Le céleri

Le céleri est un autre légume qui préfère être conservé dans un endroit frais et humide. D'autre part, contrairement aux autres légumes, pour une bonne conservation, on doit placer ses racines dans le sol. S'il peut être gardé dans un caveau à légumes, il importe d'éviter qu'il soit avec les navets ou les choux puisqu'il absorbe leurs odeurs. Le céleri a besoin d'une température de 0 degré C et d'une humidité de 95 pour 100 pour se conserver durant environ 3 mois.

Oignons et piments

Les oignons peuvent être conservés durant tout l'hiver, à condition d'être placés dans un endroit frais, sec et bien ventilé.

Fruits	Température °F	(°C)	Humidité relative %	Durée approximative de conservation
Abricot	31-32	(−0,5 — 0)	85-90	1 ou 2 semaines
Bleuet	31-32	(−0,5 — 0)	85-90	3 à 6 semaines
Canneberge	36-40	(2 — 4,5)	80-85	3 mois
Cerise				
douce	31-32	(−0,5 — 0)	85-90	10 jours à 2 semaines
aigre	31-32	(−0,55 — 0)	85-90	quelques jours
Fraise	31-32	(−0,5 — 0)	85-90	5 à 10 jours
Framboise	31-32	(−0,5 — 0)	85-90	quelques jours
Mûre	31-32	(−0,5 — 0)	85-90	quelques jours
Pêche	31-32	(−0,5 — 0)	85-90	2 semaines
Poire	30-31	(−1 — −0,5)	85-90	2 à 3 mois
Pomme	30-32	(−1 — 0)	85-90	suivant la variété
Prune				
japonaise précoce	40	(4,5)	85-90	quelques jours
autres variétés	31-32	(−0,5 — 0)	85-90	2 à 3 semaines
Raisin américain	31-32	(−0,5 — 0)	85-90	4 semaines

Légumes	Température °F	(°C)	Humidité relative %	Durée approximative de conservation	Moyens proposés de conservation prolongée
Ail sec	32	(0)	70-75	6 à 8 mois	
Asperge	32	(0)	95	3 semaines	congelée ou en conserve
Aubergine	45-50	(7-10)	85-90	10 jours	
Betterave					
en bottes	32	(0)	90-95	10 à 14 jours	
décolletée	32	(0)	90-95	1 à 3 mois	
Brocoli, italien ou branchu	32	(0)	90-95	1 semaine	congelé
Carotte					
en bottes	32-34	(0-1)	95	2 semaines	
sans fanes	32-34	(0-1)	95	4 à 5 mois	
Céleri	32	(0)	95+	3 mois	
Champignon de couche	32	(0)	85-90	5 jours	congelé
Chou					
précoce	32	(0)	90-95	3 à 4 semaines	
tardif	32	(0)	90-95	3 à 6 mois	
Chou de Bruxelles	32	(0)	90-95	3 à 4 sem.	congelé
Chou-fleur	32	(0)	90-95	2 semaines	congelé
Chou-rave	32	(0)	90-95	2 à 4 sem.	congelé

Légumes	Température °F	(°C)	Humidité relative %	Durée approximative de conservation	Moyens proposés de conservation prolongée
Concombre	45-50	(7-10)	95	10 à 14 jours	
Courge					
d'été		(6,5-10)	70-75	2 semaines	
d'hiver	44-50	(6,5-10)	70-75	6 mois	
Endive ou scarole	32	(0)	90-95	2 à 3 sem.	
Épinard	32	(0)	90-95	10 à 14 jours	congelé ou en conserve
Haricot					
vert de Lima	45-50	(7-10)	85-90	8 à 10 jours	congelé ou en conserve
écossé	32	(0)	85-90	2 semaines	congelé ou en conserve
en cosse	32	(0)	85-90	2 semaines	
Laitue	32	(0)	85	2 à 3 semaines	
Maïs sucré	32	(0)	90-95	8 jours	congelé ou en conserve
Melon					
brodé	32-45	(0-7)	85-90	2 semaines	
honeydew	45-50	(7-10)	85-90	2 à 3 sem.	
pastèque	36-40	(2-4,5)	85-90	2 à 3 sem.	
Oignon					
vert	32	(0)	70-75	5 à 7 mois	
sec	32	(0)	50-70	5 à 9 mois	
Panais	32	(0)	95	2 à 4 mois	
Piment doux (poivron)	45-50	(7-10)	85-90	8 à 10 jours	
Poireau vert	32	(0)	90-95	1 à 3 mois	
Pois vert	32	(0)	95	1 à 2 sem.	congelé ou en conserve
Pomme de terre					
précoce	50	(10)	85-90	1 à 3 sem.	
tardive	39	(4)	85-90	4 à 9 mois	
Potiron	44-50	(6,5-10)	70-75	2 à 3 mois	
Radis					
de printemps, en bottes	32	(0)	90-95	2 semaines	
d'hiver	32	(0)	90-95	2 à 4 mois	
Raifort	30-32	(-1-0)	90-95	10 à 12 mois	en conserve
Rhubarbe	32	(0)	90-95	2 à 3 mois	congelée
Rutabaga ou navet	32	(0)	90-95	6 mois	
Salsifis	32	(0)	90-95	2 à 4 mois	
Tomate					
mûre	50	(10)	85-90	1 à 2 sem.	
verte mûre	55-60	(13-15,5)	85-90	2 à 6 sem.	

Durée de conservation, température et humidité relative recommandées pour les fruits et les légumes frais. (Tableaux tirés du livre *Votre potager*, publié aux Éditions La Presse.)

N'essayez pas de les emmagasiner dans un caveau à légumes car il est certain qu'ils pourriront. D'autre part, n'oubliez pas que les oignons doivent être bien secs avant d'être entreposés. Si vous disposez d'assez d'espace, éparpillez-les sur une ou plusieurs tablettes, mais si l'espace est restreint, attachez-les par petits paquets qui sont pendus où l'air circule librement.

Les piments sont enfilés avec de la ficelle, à l'aide d'une aiguille à repriser, dans un sous-sol chauffé à une température de 10 à 15 degrés C. Un grenier chaud et sec ou encore une armoire convient également bien.

DÉCEMBRE

Les durées d'entreposage des aliments

Les consommateurs soucieux de retirer des aliments qu'ils consomment le maximum de saveur et de valeur nutritive devraient veiller à les entreposer dans des conditions appropriées.

Les céréales et autres denrées sèches entreposées dans des contenants hermétiques, loin de la chaleur et de la lumière, conservent leur saveur et leurs propriétés nutritives durant au moins 6 semaines et parfois plusieurs années dans le cas des pâtes alimentaires, du riz et du sucre.

Les pommes de terre, les rutabagas et les courges, s'ils sont conservés à la température ambiante, devraient être consommés moins d'une semaine après leur achat. Dans une chambre froide (7-10°C), ils se conservent plusieurs mois.

La plupart des aliments réfrigérés y compris la viande, le poisson et les restes devraient être placés au réfrigérateur dans des contenants fermés et utilisés avant trois jours.

Les fruits de mer et les crustacés devraient être consommés le jour même.

La durée de conservation des produits laitiers varie selon que le contenant est entamé ou non. Ils devraient être utilisés avant la date indiquée sur l'emballage dans le premier cas et en moins de trois jours si le contenant est ouvert.

Les aliments frais devraient être congelés lorsqu'ils sont au maximum de leur qualité. La plupart se conservent alors de six mois à un an.

Sachez vous protéger des ravageurs du garde-manger

C'est aller au devant des ennuis que de garder très longtemps des fruits secs dans vos armoires. Les insectes et les acariens infestent souvent les aliments gardés à la maison, les rendant parfois impropres à la consommation.

Ces parasites se trouvent habituellement dans les aliments emballés. Ils peuvent aussi s'introduire par les portes et les fenêtres, ou venir des appartements voisins. Une fois installés, ils s'attaquent aux aliments. La présence d'insectes ou d'acariens, de leurs toiles sur les aliments ou de trous dans les emballages sont autant de signes d'infestation. Au stade adulte, la plupart des insectes parasites des aliments se présentent sous forme de papillons ou de coléoptères, mais le gros des dégâts est occasionné par leurs larves. La majeure partie des demandes de renseignements de la part des consommateurs se rapporte au cucujide marchand des grains et au dermeste du lard. Ces deux insectes infestent un vaste assortiment d'aliments secs, y compris les fruits, les épices, le café, voire même le cuir. La pyrale méditerranéenne de la farine et la pyrale indienne de la farine sont deux autres parasites que l'on trouve fréquemment dans les aliments et dont les larves gâtent de nombreuses denrées. La lasioderme du tabac et la stégobie des pharmacies se nourrissent de divers aliments secs mais, comme leur nom l'indique, elles ont certaines préférences. Ainsi, la première s'attaque au tabac et la seconde aux médicaments. Les acariens sont minuscules, presque invisibles à l'œil nu. Ils infestent la farine, les céréales, le fromage, le sucre et presque toutes les autres denrées.

Il y a plusieurs moyens d'empêcher les insectes et les acariens d'entrer dans nos maisons. Je conseille de n'acheter que de petites quantités des aliments susceptibles d'être infestés, surtout en été. Tous les aliments devraient être examinés avant et durant l'entreposage. Le garde-manger doit être propre, sec et aussi frais que possible. Les insectes et les acariens ne s'accommodent pas de températures inférieures à 14 et 4°C respectivement. Tous les aliments en trop devraient être gardés dans des récipients où ne peuvent pénétrer les insectes. Ne jamais ajouter d'aliments frais aux aliments qui le sont moins. Les aliments fortement infestés devraient être détruits. Il existe sur le marché un certain nombre d'insecticides qui sont efficaces contre les parasites des aliments, mais il faut les utiliser en suivant scrupuleusement le mode d'emploi indiqué sur l'étiquette.

Cultivez des ananas dans la maison

Vous pouvez obtenir un beau plant de maison à partir de la partie supérieure d'un ananas (*Ananas comosus*). Voici comment procéder: avec un couteau bien aiguisé, coupez le haut du fruit, à environ ½ pouce du sommet. Laissez sécher durant 2 jours (48 heures), à l'air libre. Ensuite, plantez dans un sol pour broméliacées, c'est-à-dire un terreau composé de fibres d'osmonde, d'écorce de sequoïa et d'écorce de conifères broyée, ou encore dans un mélange commercial utilisé pour la culture des broméliacées ou des orchidées. Vous pourrez aussi vous servir de mousse de sphaigne non moulue, de perlite, de vermiculite ou de paillettes de charbon de bois. D'ailleurs, il faut absolument que le sol pour les ananas, comme d'ailleurs pour toutes les autres broméliacées, soit poreux et assez spongieux pour permettre au surplus d'eau de s'évacuer facilement ce qui facilite la respiration normale des racines. Le petit fruit que la plante va produire éventuellement peut aussi servir à obtenir un nouveau plant. Coupez le feuillage en conservant ½ pouce du petit fruit.

Ne remisez pas votre tondeuse pour l'hiver sans l'avoir vérifiée

Tout jardinier expérimenté sait qu'il est indispensable de vérifier sa tondeuse à gazon en automne avant de la remiser pour l'hiver. C'est le moyen de retrouver cet appareil si utile en bon état de fonctionnement le printemps suivant.

S'il s'agit d'une tondeuse électrique, la besogne est relativement simple. Le travail se résume à vérifier le moteur, plus particulièrement les brosses, les courroies d'entraînement des lames et/ou les engrenages, le fil et le commutateur de courant. L'enveloppe protectrice des couteaux ou lames doit être bien nettoyée à l'intérieur et à l'extérieur. Quant aux couteaux eux-mêmes, outre un bon nettoyage, il faut les aiguiser et ne pas oublier de les huiler afin de les protéger de la rouille.

Moteur à essence

Si peu de gens se préoccupent de leur tondeuse électrique à l'automne, il y en a encore moins, malheureusement, qui préparent bien leur tondeuse à moteur à essence.

Pourtant ils sont les premiers à se plaindre du mauvais démarrage de leur appareil au printemps. S'il est vrai qu'une machine négligée et mal utilisée peut exiger une réparation passablement coûteuse, par contre si la vôtre a reçu un minimum d'attention et de soin et n'est pas affectée d'un grave problème mécanique, vous pouvez, en quelques heures, la vérifier, la nettoyer, l'ajuster et la mettre au point. Ce n'est pas un travail compliqué. Il vous suffit d'avoir un tournevis, des pinces, un petit ensemble de douilles et un jeu de clefs.

Enlevez le moteur

La première phase d'une bonne vérification consiste à séparer le moteur du bâti de la tondeuse. Ceci vous permet de nettoyer parfaitement l'enveloppe et d'être plus à l'aise pour les autres étapes de l'inspection. Enlever le moteur d'une tondeuse à 2 temps est facile. Ôtez d'abord la lame, desserrez quelques boulons et soulevez le moteur. Sur une tondeuse à 4 temps, le problème est quelque peu compliqué par le carter.

Sur la plupart des tondeuses vous devez aussi enlever le support de la lame du carter pour sortir le moteur. Le support de la lame est tenu en place sur l'axe par la combinaison d'un boulon et d'une clavette Woodruff. Quelques légers coups sur le support avec un petit marteau suffisent habituellement pour séparer le support de l'axe. Faites attention de ne pas perdre la petite clavette.

Nettoyage de l'enveloppe

Lorsque le moteur est sorti de son enveloppe il est facile d'enlever la poignée, les roues et les contrôles mécaniques, volets d'admission des gaz, étrangleurs, etc. Renversez l'enveloppe et ôtez les rognures de gazon et la rouille à l'aide d'un grattoir à peinture ou encore d'un gros tournevis trop usé pour un usage normal. Brossez ensuite avec une brosse métallique. Afin d'empêcher l'enveloppe de rouiller à nouveau, vaporisez une peinture antirouille.

Ensuite, essuyez l'enveloppe à l'extérieur avec un chiffon doux imbibé de dissolvant pour enlever les saletés, la graisse et l'huile, puis vaporisez la surface avec une peinture antirouille. Replacez la poignée, enduisez légèrement de graisse les boulons des roues, et replacez les roues.

Nettoyage du moteur

Puisque l'enveloppe du moteur est maintenant bien propre, vous pouvez vous occuper du moteur. Enlevez le fil de la bougie d'allumage afin de prévenir tout départ accidentel. Nettoyez minutieusement le moteur en vous servant d'un dissolvant, de chiffons doux et de petites brosses raides. N'oubliez pas les ailettes de refroidissement, car si elles sont encrassées, elles peuvent affecter considérablement le fonctionnement du moteur.

Il y a un détail très important dont on ne se préoccupe pas assez souvent, surtout lorsqu'il s'agit d'un moteur à 2 temps, c'est le nettoyage du silencieux.

Enlevez-le, grattez tout dépôt de carbone qui peut entourer les orifices et obstruer le silencieux. Faites attention de ne pas faire tomber des paillettes dans le cylindre. C'est une excellente idée de pousser le piston vers le haut afin qu'il ferme le cylindre. Replacez le silencieux et la garniture.

Si votre tondeuse a un démarreur à rebobinage muni d'une corde encastrée, tirez cette corde lentement de toute sa longueur et recherchez tout signe de coupure ou d'usure. Si votre tondeuse est équipée d'un démarreur à rebobinage mécanique, examinez-le afin de voir s'il n'y a pas de pièces desserrées ou manquantes, puis lubrifiez selon les recommandations de votre manuel de l'usager. Inspectez le boulon sur le volant et serrez-le si nécessaire.

Nettoyage du réservoir

Enlevez le réservoir à essence et la canalisation. Versez environ une tasse ou deux de dissolvant dans le réservoir, ajoutez quelques petits cailloux et brassez le réservoir énergiquement afin d'enlever toute la vieille gomme et le vernis.

Enlevez ensuite le dissolvant et les cailloux, puis rincez avec de l'essence propre. Assurez-vous, incidemment, que la pièce où vous travaillez est bien ventilée.

Carburation et filtre à air

Ajustez le carburateur à son premier réglage, d'après votre manuel de l'usager. La vibration, au cours de l'été, l'a peut-être déréglé. Enlevez le filtre à air ainsi que son couvercle. Faites tremper le filtre dans l'huile. Après quelques minutes, frottez-le énergiquement avec une bonne brosse raide, puis faites-le sécher parfaitement. Nettoyez le pourtour du filtre avec de petits torchons de coton. Plusieurs tondeuses sont munies de filtres à air de papier qui sont remplaçables. Dans ce cas, il suffit d'installer un nouveau filtre convenable.

Si votre tondeuse est munie d'un collecteur de bol de sédiments et d'un filtre à carburant, ôtez le filtre puis nettoyez-le selon la méthode décrite plus haut. Versez le dissolvant et le sédiment, avant de remplacer le filtre et le bol.

260

Si vous soupçonnez que les lignes de carburant sont bloquées, soufflez dedans ou remplacez-les.

Reboulonnez le moteur sur le bâti de la tondeuse et remettez en place le support de la lame, tout en vous assurant que la clef s'engage bien dans la rainure. Placez l'extrémité du fil de la bougie d'allumage à environ ⅟₁₆ de pouce du bâti de la tondeuse et faites tourner le moteur manuellement. Si une belle étincelle bleue saute à travers l'écartement, l'allumage fonctionne parfaitement. Par contre, si l'étincelle est jaune ou faible, le système d'allumage devra être vérifié par un spécialiste, avant le début de l'été prochain.

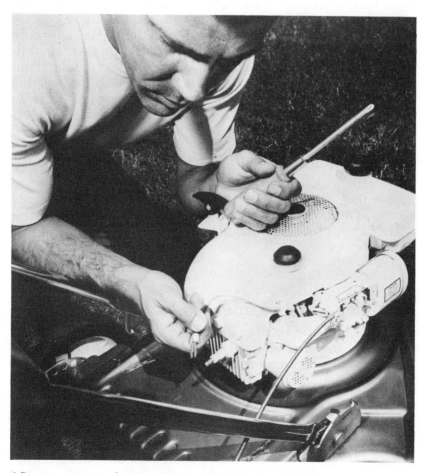

Afin que votre tondeuse soit en bon état de fonctionnement le printemps prochain et que vous puissiez vous en servir sans délai, vérifiez-la cet automne avant de la remiser pour l'hiver.

Vérification de la bougie

Enlevez la bougie d'allumage et examinez-la attentivement. Son état actuel va vous donner une bonne idée du fonctionnement de l'appareil. Si l'extrémité de l'isolateur est de teinte gris pâle ou beige, avec très peu de dépôt de combustion, le moteur fonctionne normalement. Nettoyez la bougie avec du papier émeri fin, corrigez son écartement selon votre manuel de l'usager, puis remettez-la en place.

Toutefois, si la bougie est usée, elle sera blanchâtre et légèrement corrodée et devra être remplacée par une bougie neuve écartée selon les spécifications de votre manuel. Une bougie surchauffée est blanche et brûlée. Cela est généralement causé soit par un carburateur qui n'admet pas assez de carburant, soit par une fuite d'air ou une canalisation d'essence obstruée, soit par un support de carburateur mal fixé ou encore un diaphragme de carburant perforé. Il peut s'agir, par ailleurs, sur les moteurs à 2 temps, d'une obstruction du silencieux ou des orifices de sortie. Dans ce cas, c'est l'indice d'une consommation excessive d'huile ou de l'emploi d'une huile ou essence non recommandée. La vitesse du moteur au ralenti est peut-être trop lente, l'ajustement du carburateur trop riche en essence, ou encore c'est peut-être un problème causé par un filtre à air obstrué.

Vérifiez tous les écrous et boulons ainsi que toutes les vis. Serrez tout ce qui n'est pas bien fixé. Vaporisez une légère couche d'huile antirouille sur les points difficiles d'accès et lubrifiez tous les raccords.

Aiguisage de la lame

Si la lame de votre tondeuse est en assez bon état, vous pouvez l'aiguiser facilement avec une lime bâtarde à simple taille. Il suffit de serrer la lame dans un étau et de limer les bords en maintenant un bon angle. Il importe que la lame soit aussi bien équilibrée que possible. Cet équilibre se vérifie rapidement à l'aide d'un petit appareil bien simple que vous pouvez vous procurer dans une quincaillerie. Par contre, si votre lame est en mauvais état, avec des entailles sur le taillant, vous devrez l'aiguiser sur une meule motorisée. Faites attention de ne pas surchauffer le taillant, ce qui ruinerait la trempe du métal. Enfin, replacez la lame sur la tondeuse qui est prête à être remisée.

Le printemps prochain vous devrez remplir le réservoir avec un carburant approprié ou un mélange recommandé d'essence et d'huile. Inspectez la machine afin de voir si tout est bien fixé. Ensuite, enlevez la bougie et versez une cuillerée à thé de carburant dans le cylindre.

Replacez la bougie et faites tourner le volant. Le carburant dans le cylindre devrait permettre le démarrage au premier ou deuxième coup de corde du démarreur. C'est alors que le piston va pomper l'essence dans le carburateur et maintenir le mouvement du moteur. Il se pourrait que le moteur ait des soubresauts. Il suffit alors d'ajuster le carburateur selon les données du manuel de l'usager.

La préparation domestique du compost

Il n'est pas trop tôt pour parler du compost, cette merveilleuse source de matières organiques pour les plantes. Les mois d'hiver vont passer rapidement et de nouveau les jardiniers amateurs seront joyeusement à l'œuvre sur leur parterre et au jardin.

Dès ces premiers jours de jardinage, l'une des premières tâches à accomplir, pour s'assurer éventuellement une bonne provision d'humus, sera de commencer la préparation d'un tas de compost. L'un des moyens les plus efficaces d'activer la décomposition aérobie des déchets végétaux consiste à épandre un peu d'engrais sur ceux-ci au fur et à mesure qu'ils sont accumulés.

Afin d'établir combien il faut ajouter d'engrais au compost, et dans quelle proportion, on peut se guider sur l'estimation suivante: on a établi expérimentalement qu'une teneur d'environ 1 pour 100 d'azote est amplement suffisante pour nourrir les bactéries chargées de la décomposition de la matière organique.

Si l'on prend pour acquis qu'aucun azote n'est présent dans cette matière — s'il y en a, c'est en quantité négligeable — il est facile de calculer que 100 livres de sulfate d'ammonium, appliquées à une tonne de matières organiques relativement sèches donneront 1 pour 100 d'azote. Pour établir la bonne proportion 5-1-2 (azote, phosphore, potasse) il faudra aussi ajouter 20 livres de superphosphate (20 pour 100) et 16 livres de muriate de potasse (55 pour 100) par tonne. En plus de servir de nourriture aux bactéries, le superphosphate a l'effet additionnel d'empêcher l'ammoniac de s'évaporer. Ne serait-ce que pour cette raison, on ne doit jamais l'omettre. Toutefois, comme dans toutes les diverses matières organiques il y a toujours une bonne quantité de potasse, mais qui ne devient accessible que lentement, on peut réduire la quantité de muriate de potasse de moitié, soit 8 livres par tonne.

Un compost neutre

La recette sera donc par tonne de matières raisonnablement sèches: 100 livres de sulfate d'ammonium, 20 livres de superphosphate, 8 livres de muriate de potasse.

Ce mélange d'engrais, toutefois, est acide et le compost sera plutôt acide. Pour obtenir un compost neutre — ce qui,

264

Tas de compost.

entre parenthèses, va plus vite — il faudrait ajouter en plus pour chaque 100 livres de sulfate d'ammonium, 110 livres de pierre à chaux pulvérisée. Il ne faut jamais se servir de chaux hydratée au lieu de pierre à chaux (agricole) pulvérisée, parce qu'elle ne la remplace pas et peut de plus avoir des conséquences désastreuses sur le compost.

Être prudent

Les quantités d'engrais indiquées sont des minima, ce qui veut dire qu'il n'y a aucun danger même en employant le double. Si on réduit, la décomposition sera plus lente. Un fait certain, c'est qu'il n'est pas désirable d'employer l'engrais trop librement, mais qu'il faut y aller avec discrétion. Mais qu'on ne croie pas que les rapports entre les diverses quantités soient délicats et que toutes les matières organiques doivent au préalable être pesées avec soin. Ce serait toute une besogne. Il suffira de peser 100 ou 200 livres, alors que la matière est modérément sèche et, d'après le volume que cela représente, calculer plus ou moins l'ensemble. Ce sera suffisamment précis. Si on ne veut traiter qu'environ 200 livres de compost, il est bien entendu qu'il suffira d'appliquer $\frac{1}{10}$ des quantités d'engrais et de chaux indiquées. On obtient de meilleurs résultats quand engrais et pierre à chaux pulvérisée sont bien mêlés avec les matières à traiter, avant de les incorporer au tas. Certains préféreront sans doute se servir d'un engrais complet, équilibré, comme les populaires formules 20-5-5, 21-3-9 ou 14-7-14.

Un excellent fumier

Le fumier de poule — qui, à cause de son état grumeleux et de sa haute concentration en sels divers, n'est pas recommandé comme engrais directement appliqué au sol — est toutefois une bonne matière à incorporer au compost. Quand il est accessible ou bon marché, on devrait l'employer au lieu d'engrais et de pierre à chaux pulvérisée. Comme, en plus de l'azote, du phosphore et de la potasse, il renferme également des éléments mineurs aussi bien que diverses hormones, il est supérieur aux engrais mentionnés plus haut.

Il faut l'appliquer à la proportion de 100 à 200 livres (45 à 90 kg) par tonne de matières organiques, selon la pureté du fumier. 100 livres suffiront si le fumier est à peu près de litière, 200 lb (90 kg) s'il est environ moitié litière, moitié fumier.

Décomposition de la matière organique

Le processus chimique de l'hydrolyse joue un rôle très important dans la décomposition de la matière organique. Il faut donc s'assurer qu'il y a suffisamment d'eau. Le tas de compost doit être mouillé (non inondé!) au fur et à mesure qu'on l'édifie, en aspergeant d'eau tous les matériaux qu'on y apporte. Le sommet du tas de compost devra être déprimé, de façon à ce qu'il recueille l'eau de pluie. Durant les périodes sèches de l'été, on doit l'arroser de temps en temps.

Bactéries aérobies

Il faut également que l'air circule assez librement à l'intérieur du tas parce que le genre de bactéries qui font le travail ont besoin d'oxygène pour accomplir leur cycle.

Ce sont des bactéries aérobies. La transformation de l'ammoniac en nitrate, par exemple, qui dans la nature est toujours le résultat de l'activité bactérienne, consiste surtout dans le procédé chimique de l'oxydation. Lorsqu'il n'y a pas la quantité suffisante d'oxygène, d'autres bactéries — on les appelle anaérobies — prennent le dessus, ce qui peut faire qu'une grande partie du précieux azote s'en ira dans l'air sous forme gazeuse. Par conséquent, on recommande de placer d'abord une rangée de piquets épais — à 3 pieds (1 m) de distance — dans le sens de la longueur du tas et c'est autour de ces piquets qu'on édifie peu à peu le monticule. Quand il est terminé, soit lorsqu'il a atteint environ 5 pieds de hauteur, on retire les pieux, laissant ainsi des bouches d'air à leurs places. À cause de l'aération requise, il n'est pas désirable de recouvrir le monticule de terre, comme on le recommande parfois.

Éviter la trop grande chaleur

Un tas de compost édifié selon les présentes instructions développe beaucoup de chaleur, mais aussi longtemps qu'on le maintiendra raisonnablement humide, la chaleur ne deviendra jamais excessive. Si on ne l'a mouillé qu'irrégulièrement ou d'une manière insuffisante, il se produira de la carbonisation à l'intérieur, ce qui n'est nullement désirable et qu'il faut à tout prix éviter. Dans un tas de compost fait suivant les indications, la décomposition est rapide et, selon le type de matériaux incorporés, sera terminée au bout de 3 à 6 mois. Si on a le temps, on peut remuer le monticule au bout des premières 5 ou 6 semaines, envoyant les couches extérieures à l'intérieur et vice versa, et on humecte de nouveau au fur et à mesure qu'on refait le tas. *Toutefois, il ne faut plus ajouter d'engrais.*

Là réside tout le secret, mais il faut encore dire que le bran de scie et les autres matières fines analogues sont sujettes à se tasser et, l'air étant exclu, la décomposition est ralentie.

Les résultats sont plus satisfaisants lorsque le bran de scie est mêlé à des matériaux plus grossiers, par exemple de la paille en morceaux. Autrement, convenablement traité par les engrais, le bran de scie est un matériau excellent. Si on peut se le procurer à bon compte, on devrait s'en servir généreusement pour aider le sol à suppléer à sa disette d'humus.

Pour dissiper toutes craintes possibles, on peut ajouter que, contrairement à certaines opinions, les bactéries du sol ne sont nullement abîmées par les engrais dits chimiques, si on les emploie correctement. En fait, on peut faire croître des bactéries en laboratoire en les nourrissant exclusivement d'un mélange de sels solubles chimiquement purs.

Assurez la protection des rosiers contre l'hiver

La lutte contre le froid est plus qu'à moitié gagnée quand les rosiers sont bien aoûtés à l'arrivée de l'hiver. L'aoûtement dépend des bonnes techniques culturales et de la quantité de pluie qui tombe à la fin de l'été et à l'automne. Les dommages de l'hiver sont causés par le dessèchement du bois et par le gel plutôt que par le froid. Le bois non aoûté est plus exposé à ces deux types de dommages que le bois bien aoûté. Il faut protéger le rosier contre les vents desséchants et contre les écarts de température. La quantité de protection nécessaire ne dépend pas seulement de la température de l'hiver, mais aussi de l'état des plants au moment où l'hiver s'établit.

Notez que la neige offre la meilleure protection. On doit, autant que possible, s'efforcer de tenir les plates-bandes bien recouvertes de neige. Je dois souligner que les hybrides de thé, comme les rosiers pernetianas et hybrides de polyanthas (*Floribunda*) sont taillés au début du printemps. Il s'agit alors d'enlever toutes les tiges mortes, endommagées et faibles; on ne conserve que trois ou quatre tiges saines de la végétation de l'année précédente et l'on rabat ces tiges jusqu'à quelques pouces du sol. À l'automne, étant donné que la plupart des sommités des plants sont enlevées par la taille printanière, il faut protéger la base des plants pendant l'hiver.

Le meilleur moyen de protection consiste à enterrer les rosiers avec du sol de surface jusqu'à une hauteur de 8 ou 9 pouces. On peut aussi utiliser les cônes de polystyrène, à la condition de les installer sur les plants lorsque le sol est gelé. Entourer la base de ces cônes avec une couche de 2 à 3 pouces de sol, puis placer un poids sur le sommet de chaque cône pour qu'il ne soit pas emporté par le vent. Je me dois d'ajouter que les rosiers arbustifs gagnent constamment en popularité. Ils sont rustiques, fournissent une plus longue période de floraison que la plupart des arbustes florifères. Grâce à leur grande rusticité ils exigent un strict minimum de protection contre les dangers de l'hiver.

La culture des herbes condimentaires à l'intérieur

Les herbes condimentaires qui peuvent être recommandées pour la culture à l'intérieur sont les suivantes et se divisent en deux catégories, celles à cultiver par semis et les autres, à partir des plants récoltés dans le potager.

Par semence (méthode qui convient à ce temps-ci de l'année): sarriette d'été, basilic, cerfeuil, marjolaine, persil frisé, thym, fenouil doux et sauge.

À partir de plants ou de boutures, à la fin de l'automne: persil frisé, ciboulette, estragon français, thym, marjolaine, sarriette vivace, menthe poivrée, romarin, lavande et laurier commun.

Il est à remarquer, d'autre part, que la marjolaine, le thym et le persil frisé se cultivent selon l'une ou l'autre des méthodes mentionnées plus haut.

Quelques précautions

S'il est agréable de cultiver des fines herbes à l'intérieur, certaines précautions s'imposent pour que cette forme de jardinage soit agréable et profitable. L'endroit où on cultive ces plantes (pièce ou bord de fenêtre) doit être bien aéré, bien éclairé, avec une température plutôt fraîche, une humidité ambiante suffisante (35 à 45 pour 100 d'humidité relative). Les pots, pourvus d'un bon drainage, doivent être assez grands pour que les plants ne soient pas trop tassés, le terreau, friable, poreux, bien pourvu de matière organique et d'éléments nutritifs, comme le sol pour plantes tropicales, par exemple.

CIBOULETTE   ANETH

ROMARIN   ORIGAN

Il est recommandé de fertiliser, une fois par mois, avec un engrais soluble tout usage, la formule 20-20-20 par exemple. L'arrosage est l'un des principaux facteurs à surveiller. Il faut arroser généreusement afin que l'eau humecte bien le sol sans le détremper, puis arroser de nouveau au moment propice pour maintenir le sol légèrement humide.

Quelques particularités

Voici quelques soins particuliers qui contribuent aussi au succès de la culture des herbes condimentaires dans la maison.

Le basilic et le fenouil doux doivent être taillés fréquemment et bassinés souvent. Donnez-leur beaucoup de lumière et surveillez spécialement les arrosages et la fertilisation. La menthe poivrée demande qu'on coupe son feuillage souvent pour qu'elle ne s'étende pas d'une façon exagérée. Les plants de persil sont beaux et productifs, à la condition que l'on élimine les petits plants faibles, ne conservant que les plus forts. Dans le cas de la marjolaine il importe, entre autres précautions nécessaires à leur culture, de porter une attention spéciale à l'humidité atmosphérique. L'air stagnant et trop sec favorise, en effet, l'apparition des araignées rouges. Le romarin exige un sol constamment humide. Le moindre assèchement du terreau entraîne automatiquement la perte des plants. Il est préférable de cultiver cette herbe aromatique dans un pot en plastique.

Les fines herbes contribuent à une alimentation saine et savoureuse. D'ailleurs, une cuisine digne de ce nom est impensable sans les herbes aromatiques.

Ces plantes condimentaires possèdent les propriétés communes suivantes: elles sont riches en vitamines C ou anti-scorbutiques, qui contribuent à la résistance à l'infection et à l'anémie. Elles contiennent des oligo-éléments en particulier, du zinc et du cuivre, l'un et l'autre influençant favorablement tous les états infectieux et réduisant les états adynamiques (fatigue intellectuelle, surmenage, asthénie, neurasthénie). Elles favorisent l'assimilation des aliments par excitation des glandes digestives du fait de leur utilisation à l'état cru (généralement hachées), car les diastases contenues dans ces fines herbes ne sont pas détruites et favorisent à la fois la digestion et l'assimilation.

Les cactus et plantes grasses, une culture captivante

Le jardinier amateur qui débute dans la culture des cactus et des plantes grasses ou succulentes pénètre dans l'un des domaines les plus intéressants et des plus captivants de l'horticulture. Les cactées ou cactacées s'avèrent un choix judicieux pour ceux qui éprouvent de la difficulté à cultiver des plantes à l'intérieur durant l'hiver. Leur culture est passionnante et ils produisent des fleurs vraiment superbes. D'autre part, il n'existe pas de plantes aussi merveilleusement diversifiées quant à la forme, la beauté de la floraison et aussi remarquablement adaptables au milieu ou environnement que les plantes grasses.

Il est bien difficile pour ceux et celles qui n'ont jamais ressenti l'attrait des plantes grasses de comprendre l'influence qu'elles exercent sur les gens qui les aiment. En premier lieu, disons que les plantes grasses offrent une variété suffisante pour satisfaire même le jardinier le plus exigeant.

Elles offrent une multitude de coloris, non seulement dans leurs fleurs, mais aussi dans leurs tiges et leurs feuilles qui sont fréquemment teintées de couleurs iridescentes d'un blanc lustré, de riche pourpre ou encore d'un rouge éclatant. Même les épines et les aiguilles aux teintes variées forment des dessins compliqués, étonnants.

Une distinction s'impose

Si la plupart des membres de la famille des cactées sont des plantes grasses, l'inverse n'est pas vrai. La famille des cactacées n'en est que 1 parmi les 30 et quelques familles que l'on rencontre chez les plantes grasses. Évidemment, les cactus constituent certes l'une des familles les plus considérables et les mieux connues, mais ce n'est pas la seule. D'autre part, il ne faut pas s'étonner si le débutant est quelque peu troublé, puisque certaines plantes grasses appartenant à d'autres familles ressemblent considérablement parfois à des cactus. Lorsque l'on n'est pas certain de leur identité, mieux vaut alors parler de plante grasse, plutôt que de cactus.

Par ailleurs, il est généralement difficile de confondre les feuilles charnues, souvent parées de couleurs éblouissantes, que l'on rencontre chez la plupart des plantes grasses, avec les tiges rigides, anguleuses, gonflées et recouvertes de piquants des cactus. Cependant, peu de plantes sont aussi peu connues, ou plutôt si mal connues. Tous les jours nous entendons les gens donner le nom de cactus à une plante qui a une forme étrange ou qui porte des aiguilles ou des épines, même si cette plante appartient à la famille des amaryllis ou des lis. Par ailleurs, combien de personnes voient dans les plantes grasses des végétaux étranges, mi-repoussants ou mi-comiques, qui ne peuvent absolument pas être comparés aux rosiers, aux orchidées, aux azalées et aux camélias!

Tous ces préjugés, ou ce manque de connaissance, nous empêchent de nous familiariser avec l'un des groupes les plus intéressants du monde végétal.

Bien connaître et comprendre les plantes grasses, c'est comme apprendre à connaître et comprendre les gens.

Ils nous paraissent, de prime abord, étranges et différents, jusqu'au moment où nous apprenons d'où ils viennent, comment ils se sont formés ou transformés pour vivre et prospérer. Ainsi, graduellement nous voyons de la beauté où il n'y avait que de l'étrangeté. Nous en venons à nous sentir fort attirés, après avoir été remplis de crainte ou d'indifférence. Les renseignements sur les plantes grasses et les cactus ne manquent pas. Toutefois, le débutant est vraiment perdu et ne sait par où commencer pour que leur culture lui soit réellement agréable et profitable.

Il n'est pas possible dans un seul article, ni même dans plusieurs, de prétendre tout dire sur ces plantes merveilleuses. Il faut donc, pour le moment, se limiter à une introduction à la culture passionnante du groupe de végétaux le plus complexe qui soit, qui gagne de plus en plus d'amis, pour ne pas dire d'admirateurs fidèles, non pas parce que ces plantes sont étranges, mais plutôt en raison de leur qualité intrinsèque, de leur élégance et de leur valeur comme plantes de maison.

Préjugés ou erreurs

Avant d'en entreprendre la culture, et de les apprécier à leur juste valeur, il est indispensable de nous libérer de nos préjugés ou de nos craintes à leur sujet. Il est faux, par exemple, de croire que même si les déserts contiennent le plus grand nombre et la plupart des variétés de plantes grasses, toutes les plantes grasses poussent nécessairement dans le désert. On les retrouve aussi dans les jungles tropicales, au sommet de hautes montagnes et sur le bord des rives de lacs salés et des mers. En général, l'opinion populaire veut que les plantes grasses poussent seulement en plein soleil. Plusieurs de ces plantes, même parmi celles qui ont le désert pour habitat, préfèrent pousser dans un site semi-ombragé, à l'ombre des roches ou d'autres plantes, plutôt que d'être exposées au soleil brûlant.

Bon nombre de gens croient que les plantes grasses ne croissent bien que dans le sable pur. Pourtant, en raison de leurs différents habitats naturels, ces végétaux poussent dans une grande diversité de sols. Même ce que l'on appelle le sable pur du désert est beaucoup plus riche que l'on ne se l'imagine.

On entend souvent dire que ces plantes peuvent exister dans un milieu privé d'eau. Il est vrai qu'elles exigent moins d'eau que les autres végétaux. Cependant, elles ont besoin d'un minimum d'approvisionnement en eau pour survivre.

Un vaste choix

L'amateur qui veut commencer une collection de plantes grasses a réellement l'embarras du choix. Dans la seule famille des cactacées, par exemple, on trouve plus de 2000 espèces, et comme je le mentionnais au début, cette famille n'en est qu'une parmi une trentaine. Fort heureusement, cependant, parmi les dizaines de milliers de plantes grasses connues, probablement moins de la moitié peuvent faire partie d'une collection de ces plantes. Il y a des plantes grasses qui occupent une place à part ou encore qui surpassent toutes les autres.

Pour ceux qui ont de la difficulté à cultiver des plantes d'intérieur durant l'hiver, les cactus peuvent s'avérer un choix judicieux. Ces plantes sont faciles à cultiver et produisent de très belles fleurs.

La famille des cactacées renferme plus de 2000 espèces qui, même si elles diffèrent profondément entre elles par leur forme, leur taille et leur habitat, peuvent être reconnues par 5 caractéristiques communes: toutes ces plantes possèdent une structure unique, ressemblant à un coussin, sur leur tige et leurs branches, appelée aréole. Ce sont des vivaces, puisqu'il leur faut plus d'une saison pour atteindre leur maturité, et qu'elles ne meurent pas après leur floraison.

En général, les cactus ont des fleurs en forme de roue ou d'entonnoir, avec une infinité de sépales et de pétales, et elles ont en plus un ovaire ou un fruit qui se forme toujours en dessous de la fleur.

Le fruit des cactus est une baie unicellulaire dont les graines sont simplement éparpillées un peu partout à l'intérieur. Tous les cactus appartiennent à la catégorie de plantes à fleurs connues sous le nom de dicotylédones. Leurs graines, à la germination, produisent toujours des feuilles embryonnaires, ou cotylédons.

Les plus beaux

Les cactus les plus attrayants appartiennent à la famille des Astrophytum. L'astrophyte asterias (*Astrophytum asteria*) au corps aplati et sans épines mesure 2 cm (1 pouce) de haut sur 7 cm (3 pouces) de large, est divisé par sections et produit des fleurs jaunes de 2 cm de long. L'*Astrophytum myriostigma* n'a pas d'épines et sa forme évoque une mitre d'évêque. Les Cereux, grands et filiformes, produisent de grosses fleurs et parfois des fruits comestibles.

Parmi les petits cactus qui se cultivent le mieux à la maison se trouvent le chamaecereus sylvestre (*Chamaecereus silvestrii*) qui accumule des masses de nœuds ressemblant à des arachides. Le *Cephaloncereus senilis* est mince, arrondi, et après quelques années de croissance se couvre de poils blancs.

Autres plantes grasses

La famille des Amaryllidacae. Dans cette importante famille de plantes grasses on trouve le genre Agave, dont la plante la mieux connue et la plus populaire est l'*Agave americana* ou Century Plant. Il y a aussi l'*Agave attenuata,* une plante grasse de taille moyenne, et les petits plants, comme l'*Agave Victoriae-reginae* et la très populaire *Agave filifera*.

La famille des *Crassulaceae*: peu de plantes parmi les plantes grasses, à l'exception des cactus, ont autant contribué à l'embellissement de l'intérieur de nos demeures que les plants de la famille des Crassulaceae ou famille des Orpins, où l'on trouve une grande diversité de formes et de tailles, sans parler d'étranges feuillages et de fleurs très décoratives. Il existe d'ailleurs plus de 25 genres de plantes différentes dans la famille des Crassulaceae, qui ont été divisés en 6 groupes principaux, soit: la tribut des Cotyledons, celles des Crassulas, les Echeverias, les Dudleyas, les Phayphytum, les Kalanchoe, les Graptopetalum et les Sempervivum.

La famille des *Compositae,* dont l'espèce la plus importante est celle des Kleinia; ses plants portent des fleurs en forme de pinceau, en général blanches ou rouges. Chez une espèce très semblable, de cette famille, le Senecios, les fleurs poussent en touffes. Les *Euphorbiaceae* comprennent plus de 200 espèces, dont la culture est relativement facile.

Il est à propos de signaler qu'il faut manipuler ces plantes avec soin, puisqu'elles «saignent» facilement lorsqu'elles sont endommagées. Chez les Liliaceae on retrouve le genre Ale (*Aloes*), et le genre Gasteria, le genre Haworthia, le genre Apicra, les Bowiea.

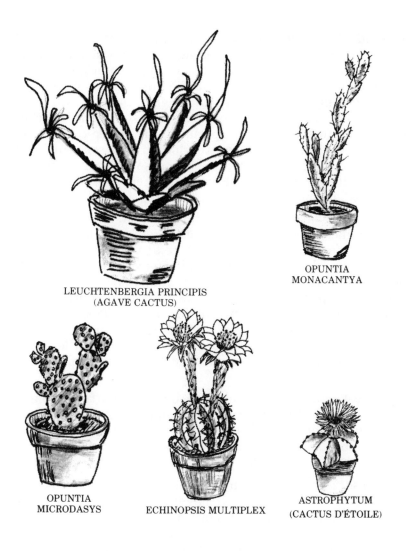

LEUCHTENBERGIA PRINCIPIS
(AGAVE CACTUS)

OPUNTIA
MONACANTYA

OPUNTIA
MICRODASYS

ECHINOPSIS MULTIPLEX

ASTROPHYTUM
(CACTUS D'ÉTOILE)

Les Aizoaceae ou Mesembryanthemum, en plus d'avoir des formes très variées, produisent des fleurs très belles et extrêmement brillantes. Citons les Asclepiadaceae (*Hoya carnosa*), dont les plantes les mieux connues sont les hoyers, le jasmin de Madagascar (*Stephanoits floribunda*). Cette famille se subdivise en 2 genres, les *Stepelieae* et les *Ceropiae*.

Autres familles des plantes grasses: les *Geraniaceae,* (Pelargonium), les *Vitaceae,* les *Portulacaceae,* les *Anacampseros,* les *Commelinaceae,* où l'on rencontre le Tradescantia, les *Piperaceae,* les *Oxalidaceae,* les *Moraceae,* les *Zogophyllaceae,* les *Apocynaceae,* les *Passifloraceae,* les *Pedaliaceae* et les *Cucurbitaceae.* Les plantes grasses, dont les cactus du désert, sont si bien adaptées à la sécheresse et à un environnement particulièrement difficile, que bien des gens croient que ces végétaux vont être améliorés grâce à de bons soins, tandis que d'autres, au contraire, sont convaincus que le manque de soins est la clef du succès dans la culture des plantes grasses. Il est vrai que ces plantes, dans leur habitat naturel, croissent dans des conditions qui sont souvent bien spéciales, surtout en ce qui a trait au sol et au drainage. Par contre, lorsqu'elles sont cultivées à l'intérieur, elles ont trop de bons soins, sous forme d'arrosages et de fertilisation ce qui, malheureusement, entraîne inévitablement leur mort.

Dans les jardins et les habitations on a, autant que possible, éliminé tout ce qui pourrait être préjudiciable aux plantes grasses qu'on y cultive. On leur évite de vivre dans un sol sec, de subir un soleil brûlant, d'être affectées par la sécheresse ou de souffrir des déprédations des animaux. Cependant, ces conditions, en apparence favorables et bénéfiques, entraînent de graves problèmes. Très souvent ces plantes dépérissent lorsqu'on les cultive hors de leur habitat naturel auquel elles sont parfaitement adaptées. Tout ce qui les protège, feuilles aqueuses et épaisses, forme compacte, armure, tout cela devient inutile.

Il est donc indispensable de bien connaître les plantes grasses, leur anatomie et leur physiologie et d'être familier avec leur milieu naturel pour réussir leur culture. Il faut beaucoup de bon sens et être un observateur attentif. Voici un résumé des exigences des plantes grasses (cactus et autres).

Le sol : Le terreau pour les plantes grasses (cactus et autres) devrait être préparé à l'avance et composé, à parties égales, de sable grossier et propre, de compost de feuilles (feuilles d'érables par exemple) bien décomposé et de bon sol de jardin. Le mélange doit être bien mêlé, friable et ne pas présenter d'odeur désagréable.

Empotage et rempotage : Ne pas arroser après l'empotage ou le rempotage. Laisser la plante et le sol au sec durant plusieurs jours. Arrosez modérément au cours des 2 premiers mois. Cela permet aux racines blessées de se guérir.

Arrosages : Les arrosages constituent l'un des plus grands problèmes dans la culture des plantes grasses, du moins pour les débutants, puisqu'ils arrosent ces plantes comme les autres plantes d'intérieur ou oublient complètement de les arroser.

Les plantes grasses doivent être arrosées généreusement mais à intervalles irréguliers. Cela permet au sol de se dessécher légèrement avant le prochain arrosage. Un bon arrosage fait sortir le bioxyde de carbone accumulé dans le sol, tout en entraînant l'air frais dans le sol ou terreau. De plus, les racines poussent partout dans le sol et non pas uniquement près de la surface. Le meilleur moment pour arroser ces plantes est le matin, afin que le sol ait le temps de s'assécher suffisamment avant le soir.

S'il est bon d'arroser assez généreusement les plantes grasses au cours de la période de croissance, au printemps et durant l'été, par contre il leur faut beaucoup moins d'eau durant l'automne et l'hiver, alors qu'elles sont dans leur époque d'hibernation et qu'elles prélèvent l'humidité accumulée dans leurs tissus. Il suffit alors (de novembre à mars) de les arroser seulement pour les empêcher de se recroqueviller. Si l'ambiance de la pièce est fraîche et humide, il faut arroser les jeunes plants tous les 15 jours et les vieux plants tous les 30 jours.

Fertilisation : Contrairement à ce qui est répandu généralement, les plantes grasses poussent dans un sol riche, même s'il est sablonneux. Le sol doit être bien approvisionné en matière organique et en minéraux essentiels. Le meilleur engrais pour ces plantes est sans doute la poudre d'os, soit une cuillerée à thé par pot de 6 pouces de diamètre. À l'occasion, vous pouvez donner aux épyphites et aux zygocactus une fertilisation avec une solution faite en trempant une livre de tourteau de coton dans 5 gallons d'eau durant 24 heures. Vaporisez le feuillage 2 ou 3 fois avec cette solution au cours de la saison de végétation. À vrai dire, la meilleure façon de fertiliser les plantes grasses, c'est de leur donner un nouveau terreau.

Insectes et maladies

Plusieurs insectes et maladies affectent les plantes grasses. Cependant, il est facile d'identifier et de combattre ces ennemis. Même si la lutte contre les insectes et les maladies de ces plantes ne présente pas de grandes difficultés, la meilleure méthode est, évidemment, la prévention. La première précaution qui s'impose, c'est de se procurer des plants sains. Il faut, ensuite, les installer dans un endroit convenable, où ces végétaux auront suffisamment de lumière et d'air et où l'on veillera à les garder propres ainsi que leur environnement. Avec ces précautions de base, les risques de dommages par les insectes et les maladies sont réduits au minimum.

Maladies fongeuses

Les maladies fongeuses qui sont causées par négligence et de mauvaises conditions de croissance peuvent être prévenues facilement. Les arrosages excessifs, la sécheresse exagérée, les écorchures, les racines brisées, les blessures mal guéries sont quelques-unes des causes de la pourriture des plantes grasses. Dès qu'elle commence, les plantes paraissent fanées, décolorées et leur croissance est arrêtée. Il faut découvrir les points de pourriture, les nettoyer jusqu'aux tissus sains sans tarder, saupoudrer de soufre et les laisser sécher.

Troubles physiologiques

Lorsque les plantes grasses sont maltraitées elles le montrent de plusieurs façons. Les plantes qui reçoivent trop de soleil jaunissent ou blanchissent à leur partie supérieure et portent bientôt des galles brunes comme de l'écorce. Les plantes gelées deviennent molles et spongieuses. Il faut couper ce qui a été affecté par le gel. Celles dont les racines nourricières ont été endommagées ou affamées, fanent, jaunissent et dépérissent. Les plantes grasses qui manquent de lumière et d'air deviennent étriquées, anormalement étirées et s'étiolent.

Tous ces problèmes sont faciles à éviter ou à prévenir en donnant à ces plantes les soins appropriés.

Une leçon

En guise de conclusion, disons que ce qui attire le plus chez les plantes grasses, c'est en quelque sorte l'amitié qui lie bien des gens à ces végétaux, c'est la grande leçon d'endurance, de persévérance d'attachement à la vie qu'elles nous enseignent d'une façon si discrète. Elles sont l'exemple vivant des vertus de patience et d'épargne, de cette sagesse qui consiste à plier sous l'adversité, à emmagasiner en soi-même les ressources vitales dont on aura besoin dans les mauvais moments.

Les plantes grasses sont des plantes fortes, qui rendent forts les gens qui les cultivent!

Si ces plantes se sont «ajustées» à leur environnement, elles n'ont pas pour cela perdu leur individualité ou leur force pour s'adapter aux exigences du milieu. Elles ont fait face à l'adversité et au changement avec force, non pas avec soumission. Elles ont triomphé de leur environnement.

Les soins à donner à l'agave

Agave filifera. On peut aussi, parmi les centaines de petites variétés d'agaves, cultiver les suivantes à l'intérieur: *Agave filifera, Agave miradorensis* et *Agave Victoriae-reginae*.

Ces plantes de la famille de l'Amaryllis, sont relativement faciles à cultiver dans la maison. Voici un résumé des soins à leur donner:

Lumière: l'idéal c'est d'installer le plant dans une fenêtre située du côté sud de la bâtisse, bien qu'il soit aussi possible de réussir la culture de la plante dans une fenêtre bien ensoleillée, orientée à l'est ou à l'ouest, ou encore sous un éclairage artificiel (à 3 pouces sous des tubes fluorescents). La température doit être celle que l'on a normalement dans une maison durant l'hiver (18 à 22°C).

Le terreau: un mélange pour cactus (sol sablonneux et graveleux, poreux, friable, riche en matière organique).

Arrosages: une fois la semaine au printemps et durant l'été. Au cours des autres saisons (automne et hiver), arroser généreusement puis attendre que le sol se dessèche en surface avant d'arroser de nouveau.

Fertilisation: au printemps et en été, fertiliser, tous les 15 jours, avec un engrais soluble pour plantes d'intérieur, formule 20-20-20 par exemple. Au cours de l'automne et de l'hiver, employer le même engrais, mais diminuer la concentration de moitié. Il faut, d'autre part, éviter les courants d'air froids ou les températures inférieures à 13 °C.

Ces plantes se multiplient par boutures de feuilles, en été et durant l'été.

Les fougères aiment la lumière et l'humidité

Les fougères sont bien lorsqu'elles sont placées près d'une fenêtre orientée à l'est ou à l'ouest, ou encore devant une fenêtre bien éclairée située du côté nord ou sud de la maison, durant l'hiver. L'éclairage artificiel, sous des tubes fluorescents ou l'équivalent, leur convient également bien. Il leur faut une température de 15 à 21 degrés C durant l'hiver et même de 23 degrés C, à condition que l'atmosphère soit suffisamment humide. Elles poussent bien dans un sol pour violettes africaines ou un sol à terrarium. Les arrosages sont fréquents afin de maintenir le sol légèrement humide.

Un sol sec entraîne le dépérissement des extrémités des frondes. Les fougères ont besoin d'une fertilisation toute l'année, tous les 15 jours, avec un engrais complet et soluble, soit la formule 20-20-20, en suivant les recommandations du fabricant.

Les plantes de Noël, des cadeaux de plus en plus appréciés

À l'approche du temps des Fêtes la plupart des amateurs de plantes d'intérieur sont irrésistiblement attirés par les expositions de plantes de Noël dans les jardineries, les pépinières ou chez les fleuristes. Ils y viennent simplement pour admirer et presque toujours repartent avec un plant ou deux pour orner une pièce ou une fenêtre et ils n'oublient pas, en outre, de choisir des plantes qu'ils donneront en cadeaux à leurs parents et amis.

Les plantes que l'on reçoit à Noël ou au Jour de l'An sont toujours des présents fort appréciés. Quelle joie, en effet, que d'enlever l'emballage qui entoure un plant et de voir, avec admiration, ses teintes admirables qui s'associent si bien à l'ambiance des jours des festivités!

Conserver la beauté

Tous ceux qui reçoivent une plante à l'occasion des Fêtes veulent la conserver le plus longtemps possible, au moins quelques semaines et peut-être d'une année à l'autre.

Cela est réalisable, mais il importe, en premier lieu, de surveiller les conditions (température, lumière, humidité), dans lesquelles la plante va être gardée, car elles jouent un rôle capital. Il faut aussi lui donner des soins appropriés.

On sait que la température a un rôle très important dans le développement normal des plantes d'intérieur. En général, les plantes de Noël préfèrent une température assez fraîche, soit de 18 à 20 °C environ.

Pour ce qui est de l'éclairage, précisons que presque toutes les plantes des Fêtes sont en pleine floraison ou couvertes de bourgeons et n'ont pas besoin de soleil ou d'un système d'éclairage artificiel pour épanouir leurs fleurs. Toutefois, lorsqu'une plante est conservée pour fleurir à nouveau l'année suivante, il est nécessaire de tenir compte de ses préférences pour l'éclairage, c'est-à-dire beaucoup de lumière ou très peu. Une fenêtre fraîche et ensoleillée est idéale pour les azalées, les cyclamens et les bégonias de Noël.

Par contre, une fenêtre ombragée est l'endroit qui convient le mieux aux jardins sur plat et aux plantes cultivées pour leur feuillage (dieffenbachia, philodendron, ficus, bégonia rex, caladium, etc.). À remarquer, toutefois, que même si les poinsetties préfèrent un lieu bien éclairé, il est possible de les conserver dans une pièce où elles ne bénéficieront pas directement de la lumière solaire.

En général, les fleurs épanouies durent plus longtemps si elles ne sont pas exposées aux rayons du soleil ou aux reflets de la neige. Les plantes qui portent plusieurs bourgeons ont besoin de beaucoup de lumière solaire. Une solution de compromis, dans leur cas, consiste à les placer près d'une lumière diffuse jusqu'à ce que les fleurs se fanent, puis à couper ces dernières et à laisser la plante en pleine lumière pour l'éclosion de ses bourgeons. Quoi qu'il en soit, dans tous les cas, le soleil d'hiver ne saurait être trop ardent, même pour les fleurs épanouies.

Humidité et arrosages

Il est très important de ne pas oublier qu'à l'intérieur des maisons les plantes ne sont pas dans les mêmes conditions que lorsqu'elles étaient dans les serres. Certaines ont été cultivées dans une atmosphère fraîche, alors que d'autres l'ont été à des températures plus élevées. Dans les serres, l'humidité est relativement élevée, tandis qu'en général, dans les maisons, c'est plutôt le contraire qui prévaut. On peut fournir aux plantes l'humidité nécessaire, soit avec un humidificateur, soit en disposant les pots dans un plateau dont le fond est recouvert d'une couche de gravier baignant dans l'eau. Vous pouvez aussi vaporiser de l'eau tiède sur les plantes à l'aide d'un petit vaporisateur domestique. Notez que l'eau ne doit pas toucher les fleurs qui se couvriraient de taches. La vaporisation fournit une humidité de courte durée, mais elle aide beaucoup au développement des bourgeons et du feuillage. L'humidité doit être maintenue à 50 pour 100 ou plus.

Les plantes grasses, comme les kalanchoés et les cactus, peuvent fort bien s'en tirer avec une humidité moins élevée, quoique le choc que subissent les autres plantes dans une pièce trop chaude les affecte également si l'atmosphère est trop sèche. Il ne faut pas oublier, par ailleurs, que toutes ces plantes viennent d'être sorties de la température modérée et de la haute humidité d'une serre. Si l'humidité de l'atmosphère ambiante est importante, il ne faut pas perdre de vue le fait que les plantes d'intérieur ont besoin d'un renouveau d'air. Pour changer l'air de la pièce où elles se trouvent, sans toutefois les refroidir exagérément, il suffit d'ouvrir légèrement une fenêtre ou une porte dans une pièce adjacente et d'entrouvrir quelque peu la porte qui fait communiquer les deux pièces. Les plantes durent beaucoup plus longtemps dans un endroit où l'air est renouvelé de temps à autre. Il est indispensable, néanmoins, d'éviter les courants d'air directs.

Arrosages indispensables

Les plantes de Noël, pour la plupart, exigent des arrosages fréquents et généreux, toujours effectués le matin, et toujours en se servant d'une eau à la température de la pièce, c'est-à-dire, d'une eau bien dégourdie. Il faut, d'autre part, ne pas exagérer les arrosages, et savoir se limiter à maintenir le sol légèrement humide. D'ailleurs, il est prouvé que plus de plantes d'intérieur sont détruites par un excès d'eau que par la sécheresse.

Lorsqu'il est question des plantes associées à l'époque des Fêtes de Noël et du Jour de l'An, il est normal de parler tout d'abord des poinsetties ou *Poinsettia,* puisqu'aucune de ces plantes ne les dépasse en popularité. Pour faire durer les poinsetties, il est important de savoir qu'elles ont été cultivées en serre et seront affectées si elles ne reçoivent pas des conditions de croissance similaires à celles qu'elles ont connues dans les serres. Il leur faut beaucoup de lumière. Des températures convenables constituent un autre impératif à retenir, avec des arrosages généreux et assez fréquents pour maintenir le sol légèrement humide en tout temps. La meilleure température est celle qui varie entre 16 et 18 degrés C. D'autre part, un degré élevé d'humidité est nécessaire. Si les températures sont plus basses ou plus élevées que celles mentionnées précédemment, les feuilles jauniront et tomberont, de même que les bractées.

Si vous donnez aux poinsetties les soins dont elles ont besoin, elles demeureront belles jusqu'à la fin de février et même jusqu'au début de mars, moment où elles commenceront leur période de repos.

Azalées et chrysanthèmes

Les azalées produisent de superbes fleurs avec de bons arrosages et un excellent éclairage, près d'une fenêtre ensoleillée, et une température de 21 à 24 degrés C le jour et de 16 degrés C durant la nuit.

Incidemment, lorsque la température est trop élevée, il y a un risque que les bourgeons sèchent et ne s'ouvrent pas.

Les plants de chrysanthèmes cultivés en pot à l'intérieur sont habituellement des variétés de serre, qui conservent leur beauté durant trois semaines ou plus, selon la quantité de bourgeons et l'endroit où les plants se trouvent.

Plantes à fruits

Les piments décoratifs, cerisiers de Jérusalem et orangers nains sont trois plantes à fruits qui ont besoin de beaucoup de lumière et d'une température fraîche, soit de 16 à 18 degrés C le jour et de 7 à 10 degrés C la nuit.

En outre, le sol doit être maintenu uniformément humide, parce que les fruits et les feuilles tombent rapidement lorsque les racines sont desséchées. Il est intéressant, d'autre part, de signaler qu'il est facile de cultiver de nouveaux plants à partir des graines contenues dans les petits fruits. Les semis se font en juin.

Gardénias et camélias

Les exigences des gardénias et des camélias sont bien différentes. Dans les serres, les gardénias sont cultivés à la chaleur et au soleil, alors que l'on cultive les camélias au frais et à l'ombre. Ainsi, dans nos demeures, il faut garder les gardénias dans une pièce chaude, devant une fenêtre ensoleillée, alors que les camélias poussent bien dans la chambre la plus fraîche de votre maison et près d'une fenêtre ensoleillée.

À vrai dire, les camélias ne se cultivent généralement pas en appartement, puisque ce sont des plantes à climat frais (4 à 7 degrés C) au cours de leur floraison. Inutile d'y penser, à moins que vous ne disposiez d'un solarium partiellement chauffé, ou de l'équivalent.

Par ailleurs, les gardénias et les camélias ont besoin d'une atmosphère humide pour fleurir abondamment.

Cyclamens et kalanchoés

Les cyclamens préfèrent une température non seulement fraîche, mais plutôt froide. Il est malheureusement rare que l'on puisse trouver des spécimens sains dans les salons. C'est une erreur que de blâmer le fleuriste de ces insuccès. En réalité, ces échecs sont dus au fait que cette plante ne peut pas supporter la chaleur. Si vous la cultivez à une température de 13 à 18 degrés C, en pleine lumière, avec un sol bien arrosé, elle

Les plantes de Noël, des cadeaux de plus en plus appréciés.

produira de petits bourgeons durant quatre mois et plus. Vaporisez de l'eau, une fois par jour, et fertilisez le sol avec un engrais soluble (10-30-20), tous les quinze jours. Installez les pots dans un plateau de gravier baignant dans l'eau dont l'évaporation fournira l'humidité requise. Utilisez de l'eau tiède pour les arrosages, car le cyclamen ne peut subir l'eau froide.

Les kalanchoés sont de petites plantes grasses dont les petites fleurs rouges, groupées en touffes au sommet des tiges, durent plus longtemps que celles de n'importe quelle autre plante des Fêtes.

Ils préfèrent une température de 16 degrés C la nuit et de 21 à 24 durant le jour.

Au cours de la floraison, placez-les près d'une fenêtre bien éclairée en tout temps. La propagation se fait par bouturage ou par semis. Laissez le sol s'assécher entre les arrosages, sauf lorsque les plants sont en fleur. Le kalanchoé n'exige pas la même humidité que les autres plantes. S'il est placé dans une atmosphère humide ou si on l'arrose trop, il développera le mildiou, une couche blanche sur les feuilles.

Bégonias de Noël

Les bégonias de Noël peuvent fleurir durant plusieurs semaines si on leur donne les soins appropriés. Il s'agit de maintenir les plants près d'une fenêtre ensoleillée où la température est plutôt fraîche, soit de 13 à 16 degrés C. Il faut aussi humidifier l'air ambiant, soit à l'aide d'un humidificateur ou en installant les pots sur un plat rempli d'eau et de gravier.

Le cactus de Noël

Le cactus de Noël ou *Zygocactus truncatus* demande, pour bien fleurir, beaucoup de lumière et une température modérée. Cette plante, qui dans son habitat naturel pousse sur l'écorce en décomposition des branches d'arbres, ne supporte pas un sol détrempé. Un drainage efficace est essentiel au succès de sa culture. Le sol doit être riche en matière organique et en éléments nutritifs.

Le terreau qui convient au cactus de Noël se compose de 4 parties de bon sol de jardin, 2 parties de sable ou de vermiculite, 1 partie de compost et 1 partie de charbon de bois concassé.

La période de floraison des zygocactus commence à la mi-novembre et peut durer jusqu'en février. La lumière et la température sont alors très importantes si vous voulez obtenir une floraison abondante et de longue durée. Pour favoriser le développement des bourgeons floraux, il est nécessaire que la plante ait des nuits longues (12 heures) et des jours courts. Durant la nuit il faut l'obscurité complète et une température de 16 à 18 degrés C.

Si la température atteint ou dépasse 21 degrés C, même avec des nuits longues, il n'y aura pas de bourgeons. Ces plantes perdront leurs bourgeons si elles sont exposées aux courants d'air frais, ou si vous les arrosez trop, ou encore lorsque les arrosages sont insuffisants.

Toutes les plantes de Noël ont besoin d'être fertilisées. Un excellent moyen de leur fournir rapidement les éléments nutritifs dont elles ont besoin consiste à les fertiliser, tous les 15 jours, avec un engrais complet et soluble, formule 10-30-20, pour les plantes à fleurs, et 20-20-20, dans le cas des plantes vertes ou plantes tropicales.

L'amaryllis est un bulbe à fleurs extraordinairement décoratif

L'amaryllis hollandais est indéniablement l'un des bulbes à fleurs les plus spectaculaires cultivés à l'intérieur. Ses belles grosses tiges, atteignant parfois jusqu'à trois pieds de hauteur, portant un feuillage d'un vert brillant, sont couronnées de magnifiques fleurs en forme de trompettes d'un diamètre dépassant souvent six pouces. Cette plante majestueuse domine son entourage. De plus, elle peut refleurir durant plusieurs années.

L'amaryllis fait maintenant partie de la grande famille des plantes d'intérieur cultivées dans nos demeures parce que son cycle floral commence en décembre et s'étend jusqu'au mois d'avril. Ses superbes fleurs sont de plusieurs couleurs différentes, depuis le rouge brillant, jusqu'au blanc pur, en passant par toutes les teintes intermédiaires. Il existe même des variétés aux pétales striés, comme les «picotées» dont les fleurs blanches sont bordées de rouge.

L'amaryllis est maintenant, avec les poinsetties et les azalées, l'une des fleurs traditionnelles de l'époque des Fêtes.

Aucun soin particulier

Mais si l'amaryllis est l'une des plus belles plantes d'intérieur, elle n'est pas exigeante et ne demande pas de soins spéciaux. Elle fleurit plus rapidement que tous les autres bulbes, soit quatre à six semaines après avoir été mise en végétation. Son gros bulbe aime se sentir à l'étroit dans son contenant. Ainsi, l'espace entre le bulbe et le côté du pot ne devrait pas dépasser un demi-pouce.

Terreau poreux

Le terreau doit être léger et poreux, par exemple un mélange de bon sol pour plantes vertes, de tourbe horticole, de sable grossier ou de perlite. Pour que ce terreau friable ne soit pas entraîné hors du contenant par les arrosages, il faut couvrir l'orifice au fond du pot avec des tessons de pot de terre cuite ou du gravier.

La quantité de terreau nécessaire doit suffire pour remplir le pot jusqu'à un pouce du bord ou sommet et il faut que le bulbe ne soit enterré qu'aux deux tiers de sa hauteur. Lorsque le bulbe est bien installé, tassez fermement le terreau puis arrosez avec de l'eau tiède, jusqu'à ce que l'excédent d'eau sorte par l'orifice de drainage.

Grâce à sa majestueuse beauté et à sa longue durée, l'amaryllis, le bulbe à fleurs le plus facile à cultiver, a conquis une multitude d'admirateurs.

Un bon départ

Au départ, l'amaryllis a besoin de chaleur, mais évitez de l'arroser après sa mise en pot. Installez-la dans l'obscurité, dans un endroit chaud, mais bien aéré, jusqu'à l'apparition des premières feuilles et des bourgeons à fleurs. À ce moment, déménagez-la dans une pièce bien ensoleillée et arrosez-la géné-reusement. Par la suite, vous n'arroserez que lorsque la surface du terreau est sèche au toucher. Le plant ne doit pas être au soleil direct lorsque les fleurs sont épanouies, afin de prolonger la floraison.

Conserver les feuilles

Après la floraison, les hampes (tiges) florales sont coupées près du bulbe mais les feuilles doivent être conservées afin que le bulbe puisse, grâce à la photosynthèse, refaire ou reconsti-tuer sa réserve de nourriture. Quand les fleurs sont disparues, commencez à fertiliser pour aider le bulbe à se régénérer. Utilisez un engrais complet, soluble, d'usage général, soit le 20-20-20. Cette fertilisation est répétée tous les 15 jours.

Plein soleil

Lorsque les fleurs sont fanées, le plant est placé au soleil direct. Il doit aussi être arrosé régulièrement et être fertilisé, au 20-20-20, deux fois par mois. Au début de juin, lorsque les gels nocturnes ne sont plus à craindre, il peut être installé à l'extérieur, préférablement dans un endroit semi-ombragé du jardin et doit recevoir les mêmes soins qu'à l'intérieur. À la fin d'août, lorsque les feuilles commencent à jaunir, c'est le signe que le plant a besoin de repos.

Coupez tout le feuillage, à un pouce au-dessus du sommet du bulbe. Sortez ce dernier du pot et entreposez-le dans une cave fraîche, ou l'équivalent, à une température de 10 à 12 degrés C. Arrosez légèrement le bulbe une fois par mois. À la fin de novembre ou au début de décembre, lorsque le bulbe donne des signes de vigueur, rempotez-le et recommencez le cycle de la floraison. La technique exposée brièvement ici vous assure un plant d'amaryllis sain et vigoureux pour plusieurs années.

Les mini-géraniums excellent dans la maison

Je crois qu'il est difficile de trouver des plantes d'intérieur plus intéressantes à cultiver dans un logis que les géraniums miniatures. Ils sont si petits qu'une collection complète des diverses variétés peut être convenablement logée sur le bord d'une fenêtre bien ensoleillée. Toutefois, je dois souligner que ces plantes minuscules se cultivent idéalement sous un système d'éclairage artificiel, par exemple l'étagère d'une bibliothèque où l'on a fixé des tubes fluorescents horticoles, Agro-Lite, Gro-Lux, Plant-gro, etc. Le sommet des plantes doit être à trois ou quatre pouces en dessous des tubes.

Lumière et température

Les tubes fluorescents doivent rester allumés durant 14 à 16 heures par jour. La température de la pièce est maintenue entre 15 et 18 degrés C durant le jour et à 13 la nuit. Dans ces conditions, ces plants fleurissent presque tout l'hiver.

Puisque les producteurs donnent plusieurs noms différents à ces petits géraniums, la terminologie prête à confusion. Quelques-uns classent globalement comme géraniums miniatures les plants en dessous de 12 pouces de hauteur. Ces plants se divisent en plusieurs sous-groupes: les véritables miniatures, jusqu'à six pouces, les nains, de six à huit pouces, et les semi-nains, de huit à douze pouces.

LES MINI-GÉRANIUMS

D'autres collectionneurs sont moins rigides quant à la hauteur des plants et décrivent les géraniums miniatures comme des variétés qui demeurent petites longtemps avec des méthodes de culture ordinaires; les plants nains sont ceux qui restent petits longtemps s'ils sont gardés dans un petit pot, mais qui grossiront, tout en demeurant compacts, s'ils en ont la chance.

Il y a aussi les semi-nains, qui sont des plants dont il faut surveiller la croissance pour qu'ils ne grossissent pas trop. On connaît, par ailleurs, une quatrième catégorie, les microminiatures, des plants extrêmement petits, très difficiles à cultiver et déconseillés pour les jardiniers amateurs débutants. Tous les minigéraniums offrent le grand avantage de fleurir beaucoup plus abondamment que les géraniums standards. Cependant, pour obtenir ces résultats, il est indispensable de leur prodiguer des soins spéciaux.

Terreau

Les géraniums miniatures ont une excellente croissance lorsque le terreau est changé une fois par année et préférablement deux fois. Puisque la grosseur du plant est contrôlée surtout par celle du pot, il n'est pas recommandé de rempoter une plante dans un pot plus grand, à moins que ses racines ne soient vraiment trop à l'étroit dans le contenant ou que l'on désire encourager une croissance optimale. Le rempotage se fait donc dans le même pot. Le terreau doit être poreux, plutôt léger, c'est-à-dire contenir suffisamment de sable grossier, de perlite ou de vermiculite. Parmi les terreaux recommandés, mentionnons un mélange d'une part de bon sol de jardin et de sable à mortier, ou un mélange de deux parts de sol, une part de sable et une de tourbe horticole.

Arrosages

Il faut arroser ces géraniums minuscules lorsqu'ils sont en pleine croissance ou en floraison, alors que le sol commence à se dessécher en surface, ce qui veut habituellement dire un arrosage quotidien. Si les petits pots de 2 à 2½ pouces (5 à 6 cm) gradent les plants à l'état nain, par contre le terreau peut s'assécher trop rapidement.

Des pots plus grands, de 3 à 3½ pouces (8 à 9 cm), qui sont les plus utilisés pour ce genre de culture, peuvent donner de meilleurs résultats. Ajoutons que les géraniums semi-nains sont ordinairement placés dans des pots de 4 à 5 pouces (10 à 13 cm). Une bonne circulation d'air est une nécessité! Néanmoins, même si la ventilation de la pièce est adéquate, il importe d'éviter l'entassement. Une taille régulière des tiges intérieures contribue à une aération suffisante.

Fertilisation

Les mini-géraniums ont besoin d'une fertilisation tous les 20 ou 30 jours, avec une solution, à la moitié ou au quart de la concentration normale, d'un engrais complet et équilibré, la formule 10-30-20 par exemple. Il est bon, en outre, de fertiliser lorsque les nouvelles feuilles sont pâles et que la croissance du plant est très lente. Par contre, quand le feuillage est plus foncé qu'il ne doit l'être pour une variété donnée, la croissance exagérée, avec très peu de fleurs, c'est le signe d'une fertilisation exagérée.

Mini-géraniums

Intoxication

Dans les cas extrêmes de fertilisation excessive, les nouvelles pousses preuvent prendre une teinte brunâtre et les tiges commencer à devenir molles à partir de leur extrémité vers le bas. D'autre part, les tiges qui pourrissent et noircissent au niveau du sol sont l'indice d'arrosages exagérés. Dans le cas d'une fertilisation trop généreuse, cessez immédiatement de fertiliser le plan puis rempotez-le dans un nouveau terreau ou irriguez le sol plusieurs fois par plusieurs arrosages successifs. Avant de recommencer la fertilisation, attendez que le plant redevienne normal et laissez le sol se dessécher en surface entre chaque arrosage.

Période de repos

Parfois, surtout au milieu de l'hiver, les minigéraniums peuvent cesser de fleurir. Lorsque cela survient, laissez les plants se reposer quelque temps. Au cours de cette période, ne les fertilisez pas et arrosez au strict minimum jusqu'au moment où ils recommenceront à pousser et à bourgeonner. Si un plant ne reprend pas sa croissance normale après un temps raisonnablement long, sortez-le de son pot et vérifiez ses racines. Coupez toutes les sections de racines endommagées, avant de le rempoter dans un nouveau terreau dont vous aurez rempli un pot plus grand.

Les géraniums miniatures se présentent sous une foule de types de feuillage et de fleurs. Il y a par exemple les feuilles de fantaisie et les feuilles de lierre, ainsi que les fleurs de plusieurs couleurs et formes. La plupart de ces petites plantes descendent des géraniums ordinaires et, comme tels, portent le nom botanique de *Pelargonium horticum*.